◎中国保险学会创新专项课题

丛书 主　编 ◎ 姚庆海
副主编 ◎ 江崇光（江合）

互联网保险

Hulianwang Baoxian

赵占波 ◎ 著

首都经济贸易大学出版社
Capital University of Economics and Business Press
·北　京·

图书在版编目（CIP）数据

互联网保险/赵占波著．—北京：首都经济贸易大学出版社，2017.5
ISBN 978－7－5638－2635－3

Ⅰ.①互…　Ⅱ.①赵…　Ⅲ.①互联网络—应用—保险业—研究
Ⅳ.①F840.3－39

中国版本图书馆 CIP 数据核字（2017）第 073988 号

互联网保险
赵占波　著

责任编辑　合　力
封面设计　砚祥志远·激光照排 TEL：010-65976003
出版发行　首都经济贸易大学出版社
地　　址　北京市朝阳区红庙（邮编 100026）
电　　话　（010）65976483　65065761　65071505（传真）
网　　址　http：//www.sjmcb.com
E－mail　publish@cueb.edu.cn
经　　销　全国新华书店
照　　排　北京砚祥志远激光照排技术有限公司
印　　刷　北京建宏印刷有限公司
开　　本　710 毫米×1000 毫米　1/16
字　　数　396 千字
印　　张　22.5
版　　次　2017 年 5 月第 1 版　2022 年 8 月第 4 次印刷
书　　号　ISBN 978－7－5638－2635－3
定　　价　56.00 元

序　言

保险从产生那天起就是市场经济的产物，它是化解人与自然、人与社会、人与人以及人自身面临的各种风险的制度创新之一，是市场经济条件下风险管理的基本手段。市场面临的风险需要用保险的“大数法则”来对风险进行分摊。自 1347 年意大利热那亚商人为其海上贸易商船签署第一份保单开始，保险就逐渐渗透到人类经济社会生活的方方面面。

中国保险业萌芽于 19 世纪初的广州，经历了曲折的发展，现已成为全球第三大保险市场，是我国改革开放近四十年来发展最为迅速的行业之一，中国已经从保险弱国成长为全球最重要的新兴保险大国，并向着保险强国迈进。然而，我们也看到，中国的保险深度和密度与发达国家还有一定差距，风险识别能力和风险管理意识明显不足，一些深层矛盾和问题也日益浮现，服务模式、发展方向、经营水平等问题制约着保险业的进一步发展。我们必须认识到，自然灾害、环境污染、食品安全、养老、医疗等关系到每个人的人身安危和切身利益，是全社会共同面临的风险；也必须认识到，只有在不断的改革创新中找准问题、解决问题，才是保险业加快发展的必要手段。每个人都是风险的制造者和承担者，也理应成为化解风险的参与者。

习近平总书记在博鳌论坛上提出构建“人类命运共同体”的先进理念。共同体成员之间的紧密联系不仅体现在利益共享上，更反映在责任和风险共担方面。因此，人家应该团结起来，互助互信，共同应对风险，这也是保险的哲学意义所在。通俗来讲，保险就是“人人为我，我为人人”，同舟共济渡难关。

现代保险服务业是社会保障体系的新支柱，是创新公共服务供给的新方式，是化解矛盾纠纷的新举措，是重大灾害治理的新机制，是粮食安全的新保障，是经济发展的新动力，是国家“走出去”战略的新动力。近年来，在中国保监会“抓服务、严监管、防风险、促发展”的基本思路指导下，致力于提升保险业的服务能力，并积极探索各种化解风险的重要领域，从百姓日常生活到国家发展战略，与保险的关系日益密切。广大公众只要客观地了解保险、理智地走进保险、正确地使用保险，就能真正体会到“保险让生活更美好”的丰富内涵。

随着互联网技术的发展，我国网络营销也越来越普及，保险的作用、功能不断拓展，业务延伸至经济社会的众多领域，保险行业也迎来了发展的新节点。2016年，全行业共实现原保险保费收入3. 10万亿元，同比增长27. 50%，保险服务能力再上新台阶。新技术应用方兴未艾，云计算、移动互联网等新技术在保险业的应用不断深入，使得保险业有效地降低了运营成本，促进了产品创新。

每一次保险行业的大发展以及服务领域的进一步拓宽，背后都有理论创新作为坚强后盾。当前，在互联网背景下研究保险营销模式变革的探讨和研究中做出一点理论创新是艰巨而有意义的工作。《互联网保险》由北京大学赵占波教授著，它的出版，既是知识的创新，又是时代的沉淀。本书结合时事热点，着眼保险行业格局，在营销模式中进行提炼创新，覆盖了保险行业痛点和保险营销4D模型以及未来保险在区块链、无人驾驶及AR/VR领域的发展，极大地丰富了保险业营销理论研究成果。

同时，本书具有三大特点：第一，领域广泛。横向来看，全书涵盖了保险业发展的历史、现状、七大痛点、未来发展趋势的研究内容；纵向来看，本书又深入探究营销变革的4D模型分析，思路清晰，结构合理，横跨理论与实际等多元领域。第二，案例丰富。本书收纳了保险业以及其他行业的营销案例，在理论研究的基础上结合案例进行阐述，方便广大读者理解，具有很强的趣味性。第三，角度新颖。传统营销理念在今天看来仍然具有实践意义，但在新互联经济时代，互联网思维对传统营销思维提出了重大的挑战。本书提出的独特的4D模型，从Demand、Dynamic、Deliver、Data的全新角度讨论新形势下的保险营销模式，值得广大读者的收藏、学习和借鉴。

保险业在现代社会，特别是在现代城市崛起的过程中，应该发挥更加重要的作用，保险业不应该仅仅定义为金融业的一个组成部分。保险业作为现代服务业，应该服务于现代社会的各行各业，服务于人类生产生活的各个领域，应该为社会提供风险保障和经济发展的动力。

未来，保险业在服务现代社会，特别是在金融和科学技术之间构建良性互动关系方面值得更深入的探讨，在这个飞速发展的时代，也需要更多类似著作进行行业洞察和深入判断。

中国保险监督管理委员会原副主席 周延礼

前　言

2016 年我国保费收入突破 3 万亿元大关，保险业总资产突破 15 万亿元大关。行业增速达到 22. 31%。保监会数据显示，2016 年共有 117 家保险机构开展互联网保险业务，实现签单保费 2 347. 97 亿元。互联网渠道保费规模成为拉动保费增长的重要因素之一。综合考虑保险规模、互联网 +、用户行为习惯等因素，预计 2020 年互联网保险保费规模将达到 8 000 亿元，渠道渗透率将高达 20%。中保协发布的《2016 中国互联网保险行业发展报告》显示，互联网保险保费收入在过去 4 年间增长了 40 倍。毫无疑问，未来互联网一定会重构保险行业的新生态。

当前，互联网保险产品虽有不少创新，但真正能够引起市场普遍关注并形成影响力的产品很少。一些带有噱头的贴条险、好人险、恋爱险、高温险等虽然可以归结为具有创新元素的产品，但是或有悖于传统观念，或不利于正能量的传播，均已被叫停。而我们说真正思维的创新，一是给用户创造价值，二是让一切交易回归人与人之间的本质，并且围绕这两个核心来改造传统金融保险商品的定价和设计，而不是盲目地去做一些对用户没有太多价值的创新。目前来看，基于场景的创新型互联网保险产品已经相继出现。例如，手机碎屏险、旅游险、飞机延误险、个人资金账户安全险等。未来，越来越多类似的需求将会出现，且这些需求分散在互联网上的各种使用场景中。

不少传统保险公司仅仅将互联网当成渠道，尚未理解互联网保险的本质。伴随着保险资金投资渠道逐渐放开，保险业务整体稳健发展，以及监管政策的全面完善，保险作为“社会稳定器”和“经济助推器”的作用日益凸显。今后几年将会进入互联网保险强劲发展的阶段，智能互联时代，保险营销模式迫切需要变革。在用户、购买方式、购买决策以及购买环境更新变化的趋势下，需要关注以下几个方面：

第一，保险以人的需求为中心，而不是以产品本身为中心。保险应该是以人为本，以顾客需求为中心，而不是以产品为中心。保险从业者需要切身实地为用户考虑，制定合乎个人实际的保险服务，真正为用户解决问题，满足需要，才能真正体现保险价值。保险用户相互影响，互相讨论，险企了解用户各自的需求，制定私人化的服务，形成一个保险到用户、用户到用户、用户到保险的完美闭环，促进保险行业的健康发展。当前传统经济正走向社群经济，社群化下与用户的动态沟通能够帮助保险企业了解、预测、创造不同用户群体的不同需求，实现精准营销。传统营销中消费者是被动地接受，而在移动互联时代，消费者不仅承担消费角色，还承担了部分生产者的角色（即产销者），消费者们的创造力以新产物的形式得到了分享和释放，让用户互相影响，形成良好的保险环境。通过社交媒体的网络口碑效应，近距离参与用户购买决策过程，实现保险公司与消费者的动态沟通和良性循环。

第二，保险业不再有营销员，都变成了经纪人。保险公司的经营，未来不再是人海战术，而是更精细化的经营。营销员身份转变，摇身变成经纪人，进行私人化的服务（类似于私人医生），以形成让客户资源稳定的良好局面。经纪人的核心工作是预判风险、进行保险方案设计以及事后的服务。保险不再是卖出去，而是帮助用户决策风险的处理方式。保险公司以险种生产和销售为中心的推销模式已经无法满足消费者的需求。未来势必会根据不同人、不同需求、不同环境甚至不同想法制定不同的险种，即私人定制保险。经纪人不光要懂保险，还要懂税务、法务，需要以家庭为单位进行服务。保险经纪人只有真正从用户需求出发，真正从用户的视角考虑对保险产品和服务的需求，才能实现共赢。

第三，保险产品的本质是服务而不是保单。保险产品销售成功，仅仅是保险公司与客户之间发生关系的起点，售后服务质量对客户未来的行为（包括口碑传播）将变得异常重要。消费者需要升级自己的体验，保险用于消除个体性差异，而不是被强迫，也就是说，服务将成为保险公司制胜的法宝。短时间内，资产类产品会促进消费者意识快速提升，但是终究会最快走向稳健成长；政策类保险会因为新技术而颠覆，比如，当前无人驾驶技术的发展被看好，未来车险的承诺会逐步由保险公司变为车商。

第四，互联网保险不应该仅仅是销售渠道。今天多数保险公司都将“互联网保险”看作销售渠道，也仅当作销售渠道。尽管2016年互联网保险销售额再创新高，这也仅仅是多数保险公司通过与各大电商的合作甚至简单的销售合作取得的成果，多数保险公司还没有真正基于互联网思维进行产品创新，没有基于互联网进行“场景”搭建，没有基于新生代用户的需求进行产品开发和设计，也没有基于互联网进行“获客”推广或售后服务，所以传统保险公司的理念转变势在必行。如果保险公司仅根据各大电商平台的需求被动设计并供应产品，那么，在不久的将来，保险公司将有可能沦为保险产品的“单一供应商”，将部分失去或者彻底丧失话语权。看看今天各大电商跟航空公司合作的情形或者保险公司在航空意外险方面返还给电商平台的“高比例”技术服务费，就应该知道这样的结果并不是危言耸听。

管理学家德鲁克曾说互联网带来了零距离，这是它最大的影响。零距离要求从以企业为中心转变为以用户为中心，即真正以用户的需求为中心。在移动互联网迅猛发展的大背景下，重新审视用户行为变化以及营销模式变革对各大保险企业都具有重要的理论价值和现实意义。希望本书中提出的4D营销模型能对传统保险公司未来成功转型助一臂之力。

在互联网背景下研究保险营销模式变革并试图做出一点理论创新是一项艰巨而有意义的工作，笔者一直试图在这方面做出一些努力。感谢各大保险公司、保险平台、航空公司、旅游平台等对我一直以来的大力支持和帮助，尤其是在保险营销理论和实践方面给予了笔者不少素材和启发，使研究进程大大加快。尽管做了最大努力，但由于时间仓促和水平有限，书中难免会有一些不当之处，欢迎各位批评指正，以便再版时更正。

赵占波

2017年4月18日于燕园

目录

保险行业现状篇

保险行业痛点篇

用户需求篇

动态沟通篇

价值传递篇

数据决策篇

保险行业未来篇

保险行业现状篇

1 保险行业发展现状

1.1 保险行业发展历程

1.1.1 传统保险发展历程

1.1.1.1 中国保险业的开端

中国保险市场的发展要追溯至鸦片战争时期。当时，外国保险公司纷纷登陆中国，它们凭借着不平等条约所持有的政治特权，不断扩张自己的业务领域，垄断了中国早期保险市场，从中获取了丰厚的利润。面对如此局面，一些爱国志士决定不再坐以待毙，纷纷开始自办保险，维护民族权利。1865 年 5 月 25 日，义和公司保险行在上海创立，这是我国第一家自办的保险机构，开创了民族保险业的先河。

1.1.1.2 新中国成立前在夹缝中生存发展的民族保险业

民国初期，中国民族保险业获得了难得的发展机遇，主要得益于 3 点原因：一是民国初建，为稳定政权，需要刺激工商业的发展；二是第一次世界大战爆发后欧美列强卷入战争，无暇顾及中国市场；三是

“五四”运动爆发，激发了人民群众振兴图强、反帝斗争的民族精神。从1912年到1925年间，国内陆续创办了华安合群等30多家民族保险公司，寿险市场一度发展迅速，可惜由于经营不善，不少公司最终停业。

20世纪20年代中后期，金融资本投入保险市场，民族银行开始尝试兴办保险企业，使保险业有了突破性的发展。这期间，出现了太平保险公司这样实力雄厚、信誉良好的大公司，分支机构和代理网点遍布全国各大城市。但是之后抗日战争爆发，保险业遭到了巨大的打击。

1.1.1.3 新中国成立后发展一波三折的保险业

新中国成立后，中国保险业的发展史可谓跌宕起伏。1949年到1997年，我国保险业经历了新中国成立初期的起步和20世纪六七十年代的低谷，再到如今稳步发展。

1949年至1997年，保险行业发展年鉴如表1－1所示。

表1－1 1949—1997年保险行业发展历程

时间	保险大事件
1949. 10. 20	中国人民保险公司在北京成立，标志着新中国统一的国家保险机构诞生。
1952	中国人民保险公司由中国人民银行领导改为财政部领导，至此由国营保险公司垄断的独立保险市场初步形成。
1953. 03	中国人民保险公司召开了第三次全国保险会议，会议通过了停办农业保险、整顿城市业务的决定。
1954	由于农村的实际需要，又在东北等地区逐步恢复农村保险业务。 在第一个五年计划期间完成了对私营保险业的社会主义改造，太平、新丰两家保险公司通过合并实现全行业的公私合营。
1958—1979	国内保险业务全部停办。
1979. 11	十一届三中全会后，全国保险工作会议在北京召开，国内保险业务开始复苏，进入了一个崭新的发展阶段。

续表

时间	保险大事件
1980	除西藏以外的28个省、自治区、直辖市都恢复了保险公司分支机构，总数达311个。
1986	成立了新疆生产建设兵团保险公司。
1990	海外保险业务得到很大发展，我国海外保险机构已发展到60多家，保险业逐渐打破了中国人民保险公司独家经营的格局。
1991.04	中国太平洋保险公司成立，同时吸引了世界各地许多保险公司来华设立联络机构。
1992	平安保险公司由区域性保险公司改为中国平安保险公司；1991年4月，中国太平洋保险公司成立。

1.1.1.4 稳步发展阶段的保险业

1998年至今，国内保险行业开始步入稳步发展阶段。1998年至今保险行业发展年鉴如表1－2所示。

表1－2 1998年至今保险行业发展历程

时间	保险大事件
1998.11	保监会成立，要求产、寿险实行严格的分业经营。
2002	招商信诺人寿保险有限公司、恒安标准人寿保险有限公司、利宝互助保险公司重庆分公司等6家外国保险公司获得批准正式进入我国市场，并允许美国友邦保险有限公司北京分公司等16个外资保险公司营业机构正式开业。
2003.11	中国人民财产保险股份有限公司在中国香港上市，成为第一家在境外上市的内地金融企业。此后，中国人寿股份有限公司、中国平安保险（集团）股份有限公司、中国太平洋保险（集团）股份有限公司、中国再保险（集团）公司纷纷走上上市之路。
2007	除出口信保外，中资保险公司全部完成股份制改革。
2013	众安在线正式成立，保险业与互联网紧密结合。
2015	易安财产保险公司、安心财产保险公司和泰康在线财产保险公司3家互联网保险公司获批筹建。
2016	共有22家保险公司获批，其中包括8家寿险公司、3家财险公司、3家相互保险公司、2家再保险公司、2家资产管理公司、2家健康险公司、1家养老保险公司和1家科技保险公司。

如今，我国保险业市场呈多元化发展趋势。其中，较明显的发展新模式主要有两点：第一，保险公司开始进入集团化模式，目前我国共有8家保险集团；第二，保监会先后批设了专业农业险公司、专业车险公司、专业健康险公司、专业养老险公司、保险资产管理公司等，专业保险公司开始涌现。

1.1.2 互联网保险发展历程

对中国保险行业来说，互联网保险在过去近20年里经历了兴起、发展以及不断成熟的过程。从宏观的角度看，这一过程主要可归纳为4个时期，分别包括长达10年之久的萌芽期、突飞猛进的探索期、正在经历的全面发展期和即将到来的爆发期。

1.1.2.1 萌芽期（1997—2007年）

1997年年底，中国第一个面向保险市场和保险公司内部信息化管理需求的专业中文网站——互联网保险公司信息网诞生，在成立当天即收到客户的投保意向书，从而形成了我国第一张通过互联网销售的保险单，标志着我国保险业迈入了互联网之门。

2000年8月，国内两家知名保险公司太平洋保险公司和平安保险公司几乎同时开通了自己的全国性网站。其中，太平洋保险公司网站成为我国保险业界第一个贯通全国、连接全球的保险网络系统；平安保险开通的全国性网站PA18，因其在网上开展的全方位的保险、证券、银行、个人理财等金融业务而被称为“品种齐全的金融超市”。2000年9月，泰康人寿保险公司在北京宣布了“泰康在线”的开通，实现从保单设计、投保、核保、交费到后续服务的全程网络化。与此同时，“保险界”等由网络公司、代理人和相关从业人员共同建立的保险信息网站也不断涌现。

然而，鉴于当时互联网和电子商务整体市场环境尚不成熟，加之受到第一次互联网泡沫破裂的影响，受众和市场主体对互联网保险的认识不足，这一阶段互联网保险市场未能实现大规模发展，仅能在有限的范围内起到企业门户的资讯作用。随着2005年《中华人民共和国电子签名法》的颁布，我国互联网保险行业迎来了新的发展机遇。

1.1.2.2　探索期（2008—2011年）

阿里巴巴等电子商务平台的兴起为中国互联网市场带来了新一轮的发展热潮。伴随着新的市场发展趋势，互联网保险开始出现市场细分。一批以保险中介和保险信息服务为定位的保险网站纷纷涌现，有些网站还得到了风险投资的青睐，比如慧择网、优保网和向日葵网等。在风险投资的推动下，互联网保险取得了更大更快的发展，同时市场竞争也日益加剧，一场互联网保险的市场争夺战在全国范围打响。

政府对保险行业信息化及保险电子商务的发展给予了高度重视，并加大了政策上的扶持。随着电子商务相关政策法规环境的不断健全，保险行业电子商务发展逐渐步入快速发展轨道。截至2016年年底，全行业实现网上保费收入合计2 348亿元，其中，财产险保费收入403亿元，人身险保费收入1 945亿元。据有关统计报告显示，截至2016年年底，中国互联网用户达7.31亿人，其中67.5%的网民希望通过网络、电话等方式获取金融、保险服务。电子商务用户逐步显现出年轻化、知识化的特征，且具有一定的消费能力。在中国上网用户稳定增长的基础上，在线购物人群呈几何级增长，保险电子商务营销前景广阔。

在这个阶段，由于互联网保险公司电子商务保费规模相对较小，电子商务渠道的战略价值还没有完全体现出来，因此在渠道资源配置方面处于易被忽视的边缘地带。保险电子商务仍然未能得到各公司决策者的充分重视，缺少切实有力的政策扶持。

1.1.2.3　全面发展期（2012—2014 年）

相关统计数据显示，2012 年，我国全年保险电子商务市场在线保费收入规模达到百亿元，在售险种仍多以短意险为主，部分寿险公司也在尝试销售定期寿险、健康险、投连险和万能险。据不完全统计，目前在售互联网保险产品有 60 多种，主要集中在交通意外险、综合意外险和境内外旅行险。

各保险企业依托官方网站、保险超市、门户网站、离线商务（Online to Offline，缩写为 O2O）平台、第三方电子商务平台等多种方式开展互联网业务，逐步探索互联网业务管理模式，包括成立新渠道子公司开展集团内部代理，成立事业部进行单独核算管理，通过优势网络渠道获取客户，实现线上、线下配合，在淘宝、京东等第三方电子商务平台建立保险销售网络门店，成立专门的互联网保险公司等。其中，第三方电子商务平台凭借其流量、结算和信用优势，日益成为推动互联网保险快速发展的中流砥柱。

2013 年，保险公司首次大规模参加“双 11”活动，高收益万能险成为最大的卖点，国华人寿 10 分钟销售破亿元的盛况让业界看到新的生机。2016 年的“双 11”，众安保险以 2.1 亿的保单数量和 133 亿余元的保费收入瞬时声名鹊起。中国人保、太平洋保险、平安保险等均为“双 11”给出了力度不等的优惠活动，加入到这场“饕餮盛宴”。一个又一个的网销“神话”和网民数量的不断增多，让各传统保险公司纷纷将未来的发展方向集中在互联网上，保险公司进军电子商务已经成为不可阻挡的趋势。相比于中小型保险公司借助第三方平台实现创新的方式，大型保险集团则更青睐于成立自有的电商公司。多家保险机构自建电子商务公司或网销平台，以期实现与产、寿险等不同业态的“协同效应”。互联网保险并不是把保险产品放到互联网上售卖这么简单，而是要充分挖掘和满足互联网金融时代应运而生的保险需求，更多地为互联网企业、平台、个人提供专业的保险保障服务。

经过2012—2014年这段时间对互联网保险的销售、营运、管理、风控、数据积累及分析，保险行业已摸索出一套相对可控、可靠的体系和经验，确立起了互联网保险的基本模式。

1.1.2.4 爆发期（2015年以后）

2016年1月16日，中国经济报刊协会在北京发布了2015年度十大经济新闻。保险业凭借在2015年“一枝独秀”的良好表现，“保险业逆势发展，中国成为全球第三大保险市场”入选2015年度十大经济新闻。

2015年，保险业进入了历史最好的发展时期，在经济增速放缓的环境中逆势发展。中国已成为全球第三大保险市场，行业规模仅次于美国和日本。保险业发展亮点纷呈：大病保险已覆盖8亿城乡居民，为解决“因病致贫、因病返贫”提供了保障；涉及2亿多车险消费者切身利益的商业车险改革已扩至全国18个地区；农业保险提质扩面，服务“三农”，保持全球第二大农险市场地位；开展信用保证保险等业务支持小微企业发展，助推大众创业、万众创新；保险资金服务“一带一路”战略和实体经济发展，3 000 亿元中国保险投资基金获批筹建；保险业积极迅速理赔，在“东方之星”客轮翻沉事件、“8. 12”天津特别重大火灾爆炸等灾难事故中，充分发挥保险的社会稳定器作用。

大病保险、三农保险、信用保险以及正在推进的巨灾保险、指数保险等业务和产品的创新为国家改革做出重要贡献的同时，也使产业自身获得了更好的发展机遇，保险业在改革创新的基础上进入了发展的快车道。

历经十几年的发展，电子商务对传统行业的影响正在不断加深。电子商务、互联网支付等相关行业的高速发展为保险行业的电商化奠定了产业及用户基础，保险电商化时代已经到来。2016 年“双 11”，阿里巴巴全天交易额突破 1 207 亿元，其中，移动端交易额 990 亿元，占比为 82%。2015 年，天猫“双 11”活动总成交额为 912 亿元，而这个数据在 2014 年是 571 亿元。

2013 年以来，人们见证了互联网保险迅速发展的关键时期。互联网保险具备一切新事物所拥有的朝气蓬勃和创新活力，尽管我们暂不能为“互联网保险究竟能否完全取代传统保险”的议题下定论，然而不可否认的是，未来互联网保险的发展有着无穷潜力，不容小觑。尽管传统保险企业短期内还难以迅速实现业务和产品向互联网的全面转型，但相信在不远的将来，保险行业会积极探索出互联网对传统保险业务的突破口，进而寻求新的业务发展空间。

从近年互联网金融的发展形势来看，“善融商务”和“交博汇”等银行电商平台深度影响着银行的传统经营模式；P2P 网络借贷、众筹模式等依托互联网的金融业态更是“黑马”频现，多家商业银行电子交易替代率超过80%。金融业市场化改革加紧了“大资管时代”的步伐，“互联网化”成为金融板块之间竞争博弈的重要维度。

越来越多的保险公司充分认识到，真正的互联网保险，不仅是把传统的保险产品移植到网上，更是重新构造股东、客户、企业、网络平台以及关联各方的价值体系和运作逻辑；不单要搭建O2O、企业对消费者（Business to Customer，缩写为B2C）的保险营销架构，更要探索客户需求定制服务，甚至未来可能形成基于互联网的保险互助机制，让互联网保险这一新兴渠道真正形成一种新的业态。在保险业革新的道路上，专业互联网保险模式将扮演更重要的角色。

中国互联网络信息中心（CNNIC）2017年1月22日发布了《第39次中国互联网络发展状况统计报告》，报告显示，截至2016年12月，中国网民达7.31亿，2016年新增网民4 299万人，互联网普及率为53.2%。其中，手机网民规模达6.95亿，有95.1%的网民通过手机上网。2016年，基础应用、商务交易、网络金融、网络娱乐、公共服务等个人应用发展日益丰富。其中，手机网上支付增长尤为迅速。截至2016年12月，手机网上支付用户规模达到4.75亿，较2015年12月网上支付用户增加5 831万人，年增长率为14.0%，网民使用手机网上支付的比例由2015年年底的57.7%提升至67.5%。此外，网民数量的激增和旺盛的市场需求推动了互联网领域更广泛的应用发展热潮。2016年，1.38亿网民通过互联网实现在线教育，1.95亿网民使用网络医疗，2.25亿人使用网络预约出租车，网络预约专车人数已达1.68万。互联网普惠、便捷、共享等特性已经渗透到公共服务领域，也为加快提升公共服务水平、有效促进民生改善与社会和谐提供了有力保障。

在中国网络零售市场快速发展的带动下，企业开展网上销售、采购业务的比例均超过30%，销售规模增长迅速。随着网络移动端的广泛使用，移动营销成为企业推广的重要渠道。在开展过移动营销的企业中，微信营销推广使用率达75.3%，成为最受企业欢迎的移动营销推广方式。据麦肯锡预测，到2020年，我国保险业电子自助渠道保费收入占比将上升到10%。

2016年“双11”当天，多家保险公司也参与了狂欢。来自蚂蚁保险平台的数据显示，截至2016年11月11日中午12时，12小时内消费保险产生3.9亿笔，为“双11”消费提供的保障金额达到160亿元。2016年“双11”全天24小时，保险行业共完成6亿笔保单，平均每分钟41万单，共计提供224亿元保障金额，9家保险公司在蚂蚁保险平台上再次刷新全球保险纪录。这一中国独有的保险模式在体量和速度上都已经突破了全球保险业的纪录。这意味着，中国的消费保险已经成为全球保单量最大险种。

2016年，消费保险在数量上和险种类别上都有高速增长，险种类别从去年的4种扩充至30余种，退货运费险不再是唯一的领跑险种，保险为商品资质、质量、价格、物流和售后等各个环节提供保障。这些保障包括：质量保障类（如衣服褪色险、鞋子脱胶险、生鲜腐烂险等），物流保障类（如退货运费险，物流破损险），售后保障类（如化妆品过敏险），价格保障类（如保价险），信用保障类（如订单险）。消费保险已经实现整个消费链路全覆盖，为至少400万小微商家、3亿多消费者降低了消费成本。

未来，伴随着移动互联网的发展，互联网保险将迎来新一轮高潮，它将围绕移动终端开展全方位的保险业务，包括产品销售、保费支付、移动营销及客户维护服务等一系列业务活动。从在移动终端开展业务，到无纸化运作的便利性，再到客户服务的先天优势，移动终端技术为互联网保险的发展提供了诸多可能，最终打造了智能移动保险生态系统，该系统提供高级定制的产品线，也包括打破时间、空间局限的全方位移动服务。

1.2 保险行业概况

1.2.1 保险行业呈稳步增长态势

经历了保险行业初期的快速扩张后，目前国内保险行业处于稳定发展时期。从保险行业的各项指标可以看到，目前保险行业已经有了较大的规模，增长速度也已经保持平稳。

根据保监会发布的2015年保险统计数据报告，我国保险行业现阶段快速增长。从2015年全年的统计数据可以看到，保险行业在各项指标中不仅具有较大的基数，而且基本保持两位数以上的持续增长速度。

2013—2015年我国保险行业统计数据如图1－1所示。

从图1－1中可以得出，2015年全年保险行业收入已达24 282.52亿元，同比增长20.00%；而与之相对应的是，保险行业赔付支出为8 674.14亿元，同比增长20.20%。总体而言，我国保险行业的市场规模在快速扩大，盈利空间也在逐步提升。

市场的增长为保险行业带来了更多的资金，国内宏观经济的稳步增长和良好的投资环境也为保险行业的资金提供了较好的投资渠道，这为

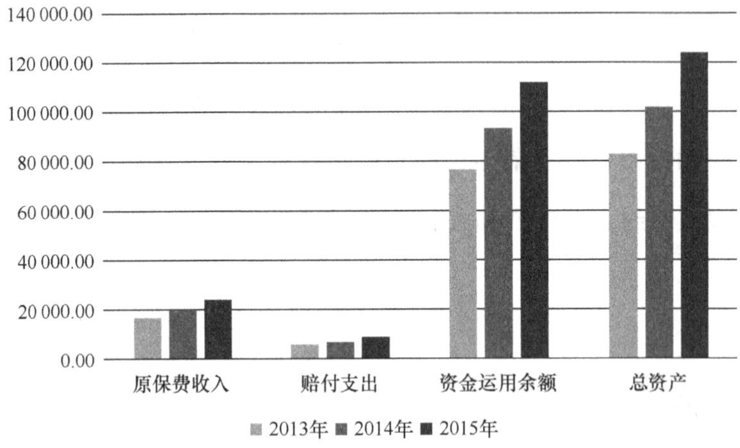

图 1－1　2013—2015 年我国保险统计数据对比（单位：亿元）

数据来源：保监会官网。

保险行业带来了更多的利润。从保监会发布的数据来看，2016 年，保险全行业共实现保险费收入 3.10 万亿元，同比增长 27.5%。保险业总资产达到 15.12 万亿元，较年初增长 22.31%，同比增长 21.66%。在这样的基础上，保险行业获得了可观的利润。可以看到，借助保险行业广阔的市场和国内良好的经济和投资环境，保险行业目前依然处于稳步增长的态势中，我国保险行业不仅具有广阔的市场存量，更有不错的市场前景。

（1）中国保险市场的潜力。目前，国际上在分析保险市场的发展潜力时，普遍采用两个指标，即保险深度和保险密度。据统计，一般发展中国家的保险深度为 4%，人均保费一般超过 200 美元，这是发展中国家的平均水平；而发达国家保险深度达 12%，人均保费通常达到 2 000到 3 000 美元，例如，美国保险深度为 9%。相比较而言，中国目前的保险深度远未达到发展中国家的平均水平，截至 2015 年年底，中国保险深度为 3.59%，保险密度为 1 775 元/人。这些数据充分说明了中国保险业落后的现状，我国保险市场还十分不成熟，保险机制还有待进一步改善。但是，从另一方面来看，也说明保险产业在中国将有巨大的发展潜力。2014 年，国务院发布的保险业“新国十条”中明确提出，到 2020 年，保险深度（保费收入/国内生产总值）提高到 5%，保险密度（保费收入/总人口）达到 3 500 元/人，为保险业未来的发展指明了方向。只要在市场和机制等各方面多下功夫，终会迎来我国保险行业的春天！

（2）中国保险市场发展趋势。从世界保险业的发展来看，正在实施保险业发展的战略转移，即由非寿险业向寿险业拓展，从某种意义上讲，非寿险的保源是有限的，而寿险的保源是无限的。

保监会把保险产品的种类分为两大类，分别是财产险和人身险。人身险中又分为寿险、健康险、人身意外伤害险。2016 年，我国产险公司原保险保费收入 9 266.17 亿元，同比增长 10.01%；寿险公司原保险保费收入 21 692.81 亿元，同比增长 36.78%。按业务分类，产险业务原保险保费收入 8 724.50 亿元，同比增长 9.12%；寿险业务原保险保费收入 17 442.22 亿元，同比增长 31.72%；健康险业务原保险保费收入 4 042.50 亿元，同比增长 67.71%；意外险业务原保险保费收入 749.89 亿元，同比增长 17.99%。①

由图 1－2 可以看出，我国保险产品中寿险收入占据了保费收入的大部分。该结果比较容易解释。中国是一个拥有 13.68 亿人口的大国，

① 数据来源：保监会官网，2016 年保险统计数据报告。

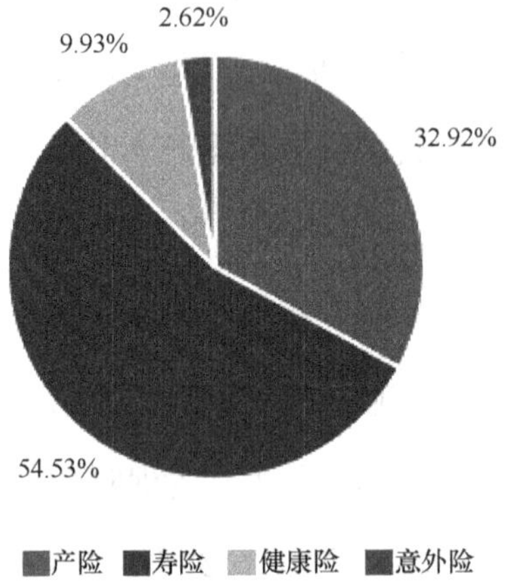

图 1-2　2015 年我国各保险业务原保费收入占比

数据来源：保监会官网。

如此庞大群体的生老病死都需要人寿保险来提供保障服务。近年来，寿险保费收入基本呈逐年递增趋势，说明中国保险市场在寿险业方面的巨大发展潜力；健康险业务增长迅速。同时，国民经济的持续稳定增长和发展的良好态势为保险业提供了良好的发展环境。我们有理由相信，随着居民财富的积累与购买力的增强，各种类保险产品均存在巨大的潜在市场资源。

1.2.2　保险行业多样化发展模式

1.2.2.1　传统营销模式

（1）保险公司传统营销模式概况。传统的保险营销渠道包括直销制与中介人制（见图 1-3）。传统直销制是保险公司职员直接接触保险客户并向其销售保险单的一种保险营销方式。保险中介人制是指利用保险代理人和保险经纪人等中介机构推销保险商品的方法。

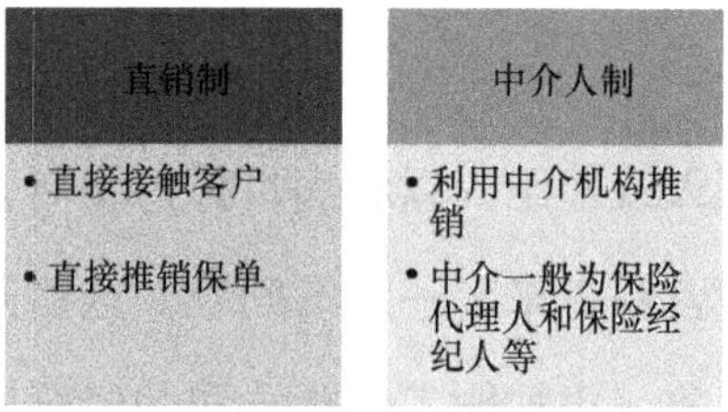

图 1－3　保险企业传统营销两大模式的特点

在传统保险市场上，各保险公司主要推行保险代理营销机制，靠为数众多的保险业务人员去开拓市场，但部分保险营销人员的素质不高和保险营销中推行的人海战术已使人们“谈险变色”。另外，在目前的保险代理人营销机制中，客户完全处于被动地位，多数情况下客户只是通过保险营销人员的讲解来了解保险知识，缺乏与保险公司的直接交流。

（2）保险公司传统营销模式的弊端。

①传统保险市场营销模式的基本思想是市场导向。在传统营销模式下，保险公司首先进行市场调查，并以此确定目标市场和营销策略组合，然后再集中公司可利用的资源，尽可能地满足顾客需求。但是它忽略了顾客的不成熟性和保险公司资源的有限性对市场营销的不利影响。保险公司试图以有限的市场网络建设成本获得尽可能多的销售收入，但实践中却事与愿违，并在营销中受到极大的挑战。

②传统保险市场营销模式是以产品而不是以客户为中心的。现有销售模式下，不同的渠道有不同的产品。这会导致出现同一个客户拥有同一公司不同销售渠道的多张保单、同一公司多头服务的现象，不仅浪费保险企业成本，而且影响保险企业在客户心中的品牌形象，也不利于建

立和培养长期忠诚客户群。这种销售模式会使企业间没有明确的市场细分目标，产品大同小异，以同一产品应对各个层次的客户，体现不了个性化的营销特征。

③由于保险代理人或经纪人以利润目标为导向，机会主义与道德风险时有发生，给保险营销带来了一定的问题。这些问题不仅损害了保险人和中介人的公众形象，更加剧了保险公司的经营风险。其中，保险中介人特别是保险代理人、保险经纪人加入保险商品的买卖之后，由于其自身利益与委托人利益不一致，会产生信息不对称、隐瞒欺骗、骗取赔款、虚假信息、信任下降等严重问题（见图1－4）。

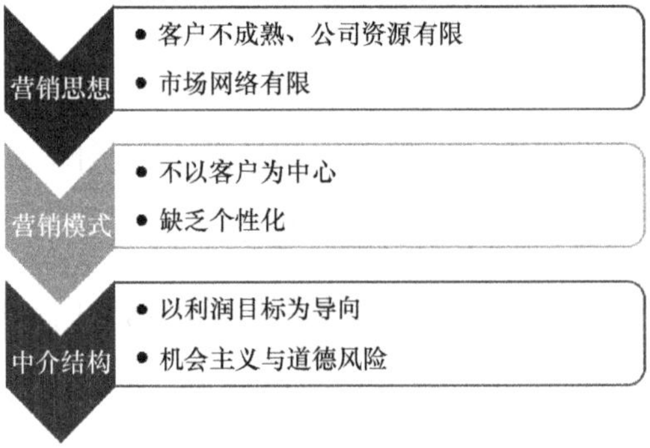

图1－4　保险公司传统营销模式的三大弊端

1.2.2.2　互联网保险营销新模式

（1）互联网保险营销的兴起。2015年，我国互联网保险累计实现保费收入2 233.96亿元，同比增长160%，远高于同期全国电子商务交易增速。2011年到2015年，互联网渠道保费规模提升了41.6倍，占总保费收入的比例由2013年的1.7%增长至2015年的9.2%，对全行业保费增长的贡献率高达34%，成为拉动保费增长的重要因素之一。

中国保险业协会的数据显示，2015 年，互联网保险保费规模实现了跨越式发展，全年互联网人身险累计保费 1 465.60 亿元，同比增长 3.15 倍；全年互联网财产险累计保费收入 768.36 亿元，同比增长 51.94%。其中，包括万能险、投连险在内的理财型业务的保费，在互联网人身险累计保费收入中占比 83.2%；车险在互联网财险累计保费收入中占比仍高达 93.20%。

图 1－5 是 2011 年到 2015 年互联网保险市场的规模情况。

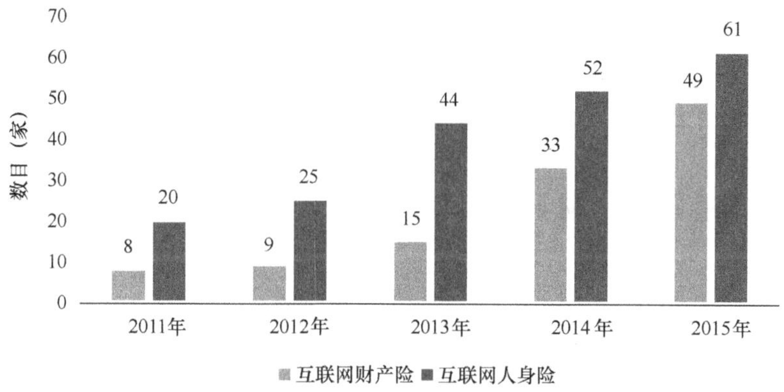

图 1－5　2011—2015 年经营互联网保险业务的保险公司数目

数据来源：中国保险行业协会统计数据。

通过对 5 年内互联网保险公司数量和规模保费的比较，可以看到互联网保险公司的数量呈明显的递增趋势，而且规模保费也在快速上涨（见图 1－6）。中国保险行业协会数据显示，截至 2015 年年底，共有 61 家公司开展互联网人身险业务，全年新增 9 家；在 71 家财产险会员公司中，共有 49 家公司开展互联网财产险业务，占比 69%。与此同时，大型保险集团纷纷成立独立的电子商务公司，探索专业化经营之路。

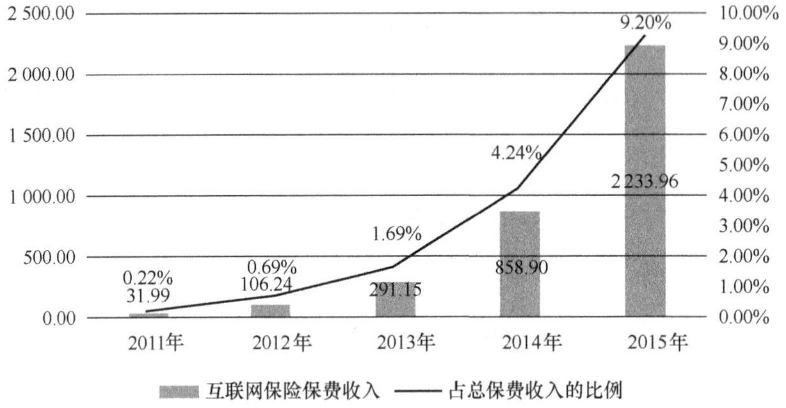

图 1－6 2011—2015 年互联网保险保费及占总保费收入的比例（单位：亿元）

数据来源：中国保险行业协会统计数据。

对人身险而言，从业务结构来看，寿险占互联网人身险保费收入的 96.6%，较 2015 年上半年的比例有 1.1 个百分点的提升。其中，包括万能险和投连险在内的理财型业务保费占互联网人身险保费的比例高达 83.2%，较上半年提高了 7 个百分点。此外，以短期险为主的意外险仅次于寿险居第二，虽然其保费收入仅占互联网人身险保费收入的 2.7%。从渠道结构来看，人身险公司通过官网实现的业务保费规模累计 41.7 亿元，占互联网人身险累计保费收入的 2.8%；第三方平台依托其流量、结算和信用优势，实现业务保费规模累计 1 423.8 亿元，占互联网人身险累计保费收入的 97.2%。

对财产险而言，从业务结构来看，车险依然“当仁不让”。在 2015 年全年互联网财产险累计保费收入 768.36 亿元中，车险保费收入 716.08 亿元，占比 93.20%；非车险保费收入 52.28 亿元，占比 6.80%。从渠道结构来看，财产险公司通过第三方网站合作的业务保费规模累计63.50亿元，占比8.26%。其中，双方合作的主要保险产品为车险、旅游险、意外险、家财险、电子商务交易险等。

财产险公司合作的第三方网站主要分为综合类电商及门户平台。如阿里巴巴合作保费27.59亿元，占比第三方合作保费的43.44%；网易合作保费6.96亿元，占比第三方合作保费的10.96%；垂直类网站如旅游类包括去哪儿网、携程网、同程网等，携程网合作保费6.99亿元，占比第三方合作保费的11.00%，去哪儿网合作保费6.47亿元，占比第三方合作保费的10.18%；航空类包括亚航官网、深圳航空等；汽车类包括风行汽车网；游戏类包括5173网站；单独的第三方平台主要包括保险360、E家保险、大家保网、江泰保险经纪、百川保险经纪、中民网、慧择网等。

此外，财产险公司通过移动终端（APP、WAP和微信等方式）实现保费收入74.83亿元，占比9.74%。其中，国寿财险、平安财险、大地财险、永诚财险、人保财险等24家财产险公司通过微信平台实现保费收入22.18亿元；平安财险、人保财险、中华联合财险、天安财险、太平洋财险等10家财产险公司通过APP/WAP实现保费收入52.65亿元。

随着网络的飞速发展，不断体现出网络在商务方面的巨大优势，保险业作为一个多专业部门协同工作、通信实效要求比较高的行业，若能充分发挥网络快速、便捷的特点，加强基础建设，充分利用网络上众多的准客户基础，那么，保险市场将会有飞跃性的发展。

（2）互联网保险产品的竞争优势。互联网保险并非有天然优势，只能提供更优质的产品。从电商的逻辑看保险，可以将保单看作一款产品。从用户角度理解，之所以选择第三方电商渠道，是因为电商可以提供更低的价格、更好的体验以及更符合消费习惯的方式；从企业端看，电商能够集约销售成本、实现线上线下交叉销售，通过物流基础提升用户体验，以及充沛的 C 端流量保证。

然而，对互联网保险而言，一方面由于市场太大，创业公司并未形成物流模式，另一方面价格不敏感、用户体验雷同及并未形成线上保险消费习惯等问题制约了互联网保险的发展。因此，互联网保险并非像有些行业一样，天然具有线上优势。因此，为了在产品中获胜，互联网保险应该提供更好的产品与服务（见图 1－7）。

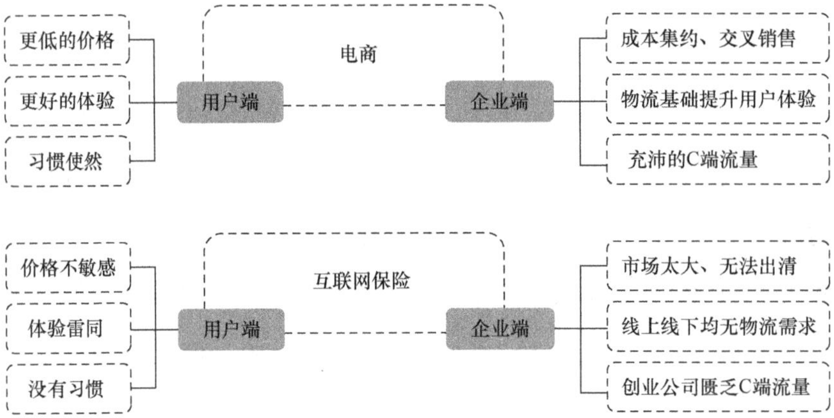

图 1－7　互联网保险产品与电商产品的竞争比较

资料来源：华兴资本。

（3）互联网保险营销渠道端。目前，互联网保险采用最多的是 B2C 平台模式，它可以跨时间、跨地域与客户进行交流沟通，极大地压缩了成本，是互联网保险创新最直接的方式。除此之外，B2Agent2C 和 B2B2C 是衍生的两种模式（见表 1－3）。

表 1－3　互联网保险营销渠道

营销渠道	模式分类		典型公司
B2C	渠道创新	官网销售平台	泰康在线、平安直通
		第三方比价平台	最惠保、OK 车险、车车车险、喂小保
		第三方销售平台	慧择网、中民保险网、大家保
		互联网大流量平台	淘宝保险、网易保险、京东保险
B2Agent2C	代理人升级	工具类	超级圆桌、保险师、IM 保险人、保险家
		推单平台	零零网、聚米、i 云保
B2B2C	中小企业级服务	团险	豆包网、保险极客、金保 360

①互联网保险 B2C 模式。B2C 平台下的互联网保险营销的主要渠道有以下 4 个，分别是保险公司官网直销、综合性电商、网上保险超市以及保险垂直搜索。这 4 个渠道各自的特点如图 1－8 所示。

图 1－8　互联网保险营销的 4 大模式及各自特点

其中，后三种渠道可以统称为第三方保险商务平台。随着互联网行业的兴起，第三方保险商务平台中目前兴起了专业互联网保险公司，是互联网保险的第五种销售渠道。下面我们就这五个渠道做详细介绍。

a. 官网直销。官网直销模式主要是指一些有实力的保险公司通过原有的公司网站或另外建设一个网站设立保险产品门店，在网上门店完成从宣传保险产品到签发保单甚至到理赔的整个保险业务过程。由于通过主页来宣传保险企业的产品和服务，能够自主掌控宣传方式和宣传内容，是最有利于企业与消费者沟通的营销模式，而网站就如同保险企业在互联网上开设的分公司，客户可以直接通过网络详细地了解产品，因此，这种营销模式不仅能够极大地方便客户，使客户从被动变主动，而且能够节约成本，提高效率。

官网营销模式的特点主要表现为：由具有较强实力的保险公司自建，销售本公司的产品，在销售保险产品同时宣传保险知识和公司形象，提供的服务流程较全面，网上直接支付较普遍。目前已经有超过60 家保险公司开通了官网销售功能，从早期的门户资讯类功能发展到交易功能，再到部分保险公司已经实现了保单和理赔的全流程线上闭环服务。这方面做得比较好的有泰康在线、平安财险、人保财险等。官网直销模式的 4 大优势如图 1 －9 所示。

图 1 －9　官网直销模式优势总结

b. 第三方保险商务平台。第三方机构模式是指由保险公司、保险经纪人或代理人之外的机构开设网上平台，为众多保险公司和客户提供交易场所，并收取服务费。保险公司和顾客在这个平台上碰面，互相促成保险合同。这种模式的特点主要表现为：由第三方商业机构建设，提供众多保险公司产品，但是不能完成理赔等业务，网上支付也较少涉及。易保网、网险、保网、买保险网是这一模式的典型。1997 年 11 月 28 日，我国第一家保险网站——中国保险信息网正式开通运行，并进入国际互联网。同年 12 月，新华人寿公司在网上完成第一份网上保单，更是标志着我国保险业已经搭上了网络快车。2000 年 3 月 9 日，国内推出首家电子商务保险网站——“网险”。该网站由太平洋保险北京分公司与朗络电子商务公司合作开发，真正实现了“网上投保”。“网险”目前推出了包括网上个人和团体保险两大类 30 余个险种。保险网络营销在我国有着良好的发展前景，但是由于我国起步较晚，目前仍受到监管不足、人力资源缺乏、前期成本高、产品种类少等因素的制约。

②B2Agent2C 模式，拥抱而非取代代理人。提供代理人工具类的互联网保险公司旨在帮助代理人在互联网上，尤其是在移动端实现更好的获客。例如，超级圆桌、保险师、IM 保险人、保险家、保险袋袋等。代理人与潜在保险用户通过代理人工具增加互动频次，增强信任感。比如，内容资讯、制作计划书等，通过免费保险或小额高频保险吸引潜在用户等。B2Agent2C 模式下，互联网保险公司希望通过工具或佣金驱动的推单平台经营优质的代理人资源，进而获取代理人背后精准的保险客户资源。相对于 B2C 的低频，该模式中 700 多万代理人是高频使用者，并且代理人在线下拥有丰富的客户资源，提供好的产品和好的服务能够一定程度上吸引代理人的流量，但试图把最核心的资源迁移到线上还需要更大的创新。

③B2B2C，服务是核心竞争力。互联网保险公司是与企业的 HR 对接，帮助企业解决员工社保、团险、补充险的管理和出险服务，取得企业的信赖，进而获得企业的团险、补充险订单，并通过这一过程与员工个人达成关系。利用信任感向其销售长期高额的产品。为企业提供周到的服务是根本竞争力所在，互联网公司所需要的产品线可以少而精，需要有一定的产品定制化能力。

（4）互联网保险发展策略。互联网保险发展应顺应时代，强化互联网思维，“以用户为中心”，强调“用户体验至上”，推动销售、服务、产品、营销以及管理的互联网化，满足用户多元化需求互联网保险发展策略详见表 1 –4。

表 1 –4　互联网保险发展策略

产品策略	营销策略	服务策略	管理策略
简单	精准	实时	集中
标准	借力	互动	高效
灵活	整合	友好	安全

2 保险行业面临的机遇及挑战

2.1 互联网推动保险进入大发展时代

2.1.1 互联网发展迅速

随着 WiFi 的大面积普及，上网变得更加轻松、方便。根据 2017 年中国互联网信息中心（CNNIC）发布的第 38 次调查报告，手机网民规模首次超越传统 PC 网民规模。而截至 2016 年 12 月，我国手机网民规模达 6.95 亿，有 95.1% 的网民通过手机上网。智能手机的普及和发展对用户购物行为的改变发挥了重要的推动作用，无论是保险还是其他行业，用户行为的改变都应该引起商家的足够重视。从图 2 – 1 可见，2015 年 10 月移动互联网用户人均网络流量使用中，WiFi 使用量最大，2G 和 3G 较少，4G 具有一定发展空间。网络环境的改善与智能手机相得益彰，同时也意味着人们对互联网的使用黏性大大增强。现如今，随着 4G 网络的普及，其发展潜力不可限量，相信移动互联网将成为未来引领生活的绝对主流。

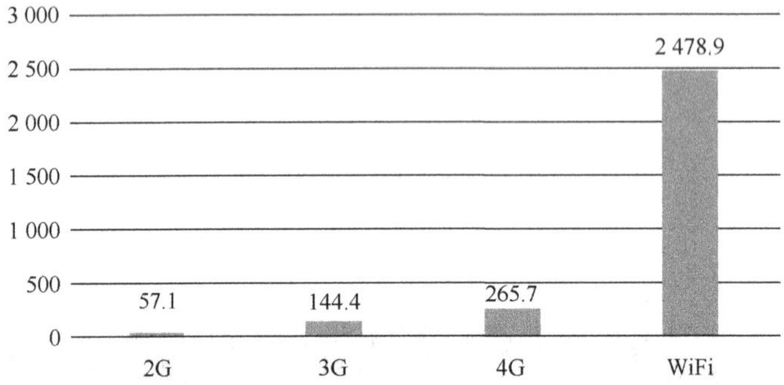

图 2－1　2015 年 10 月移动互联网用户人均网络流量（单位：MB）

数据来源：Quest Mobile 互联网产业研究报告（2015 年三季度）。

未来互联网的发展趋势还是以移动互联网为主。图 2－2 是 2014 年 Adtime Atlas 调查的网民关于 APP 的使用情况。移动互联网用户平均每天启动 APP 的时长接近 2 小时。这意味着，我们的闲暇时间中有 1/3 的时间在使用 APP。这是一个很重要的信息，说明了人们对手机 APP 的喜爱和依赖。CNNIC 第 37 次中国互联网络发展状况统计报告显示，2015 年，中国网民的人均周上网时长为 26.2 小时，平均每天上网时长约 4 小时。

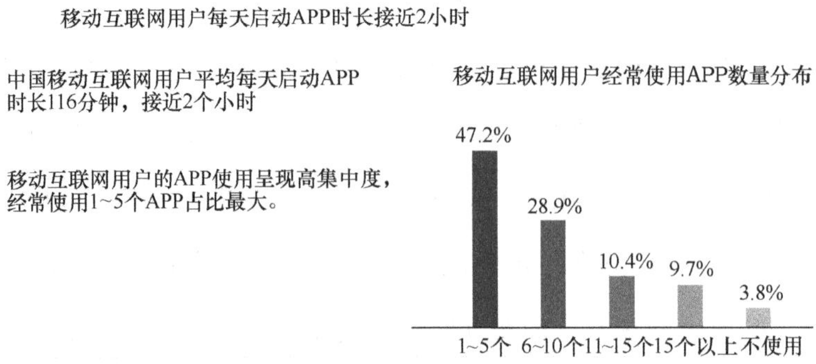

图 2－2　移动互联网网民 APP 使用情况

数据来源：2014 年 6 月底 Adtime Atlas 云图——大数据管理平台数据。

随着人们的购买习惯从线下转为线上，商家开始将注意力转移至线上或 O2O 形式。图 2－3 为广告主在数字营销中的投放情况。随着互联网生态圈的不断完善，现已拥有颇具规模的移动互联网广告产业链（如图 2－4 所示）。

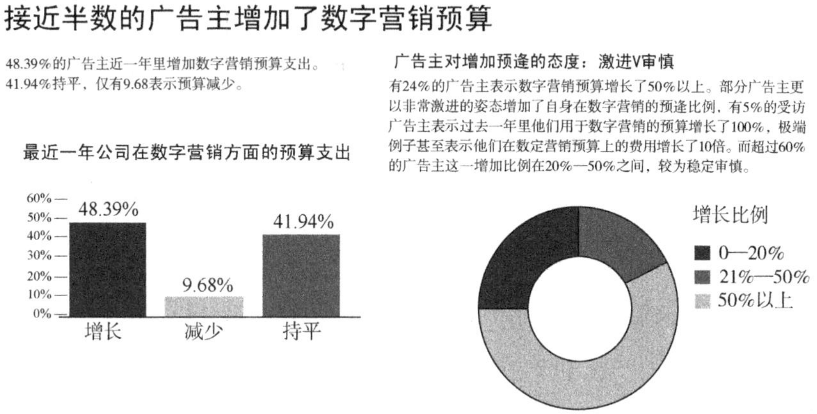

图 2－3　互联网成为广告新领域

数据来源：2014 年 6 月底 TopDigital 白皮书项目组对超过 150 个品牌的问卷调研。

图 2－4　中国移动互联网广告产业链

数据来源：2014 年二季度 DCCI 根据公开信息和深度访谈整理。

2.1.2 互联网保险趋势

互联网广告业的发展从侧面反映了互联网营销的魅力和潜力，而网购业务的繁荣能正面推动互联网保险的发展。如今网购市场日渐成熟，截至2016年6月底，我国网络购物用户规模达到4.48亿，较2015年年底增加3 448万，增长率为8.3%，我国网络购物市场依然保持着稳健的增长速度。商务部公布的有关数据显示，电子商务已成为我国国民经济重要的增长点，其中，移动电子商务呈爆发性增长，2015年，我国移动购物市场交易规模达到2.1万亿元，年增长率达123.8%。近几年是互联网的关键年，京东和阿里相继上市，“双11”和“双12”盛况空前。2016年“双11”阿里销售额达1 207亿元，让人们对互联网销售模式有了更大的信心。而且网购的结构也在逐步优化，最明显的特征是B2C所占比重大幅增加，信息消费在整个销售中的比重不断提高。2014年，我国电子商务交易总额增速（28.64%）是国内生产总值增速（7.4%）的3.86倍；全年网络零售额增速较社会消费品零售总额增速快37.7个百分点。2014年，与电子商务密切相关的互联网行业收入增长50%；全国信息消费规模达到2.8万亿元，同比增长18%；信息消费带动了相关产业1.2万亿元的发展，对GDP贡献约0.8个百分点。店庆、节假日促销、“双11”、“双12”等活动进一步刺激了网购用户的消费热情，促使网络交易额迅速增长。美国互联网市场调查公司comScore在《2013中国大陆—台湾—香港关注数字未来》报告中指出，中国人平均每月在零售网站上花费近150分钟，居亚太地区之首，比全球平均值高出了187%。据权威机构预测，到2017年，中国将成为全球第二大 B2C 电子商务市场，仅次于美国。同时，中国电子商务规模 2020 年将达到 1 万亿美元。

互联网市场的快速发展和日渐成熟使网民对互联网产品的接受度不断提高，这给网络保险营销提供了更为广阔的发展空间。

从图 2－5 和图 2－6 百度指数的对比中可以看到，互联网保险从 2014 年 8 月起突然受到大规模的关注，并且在 2015 年全年持续保持较高的关注度，这其中的原因与各家保险公司纷纷开展互联网保险业务大有关系。同时，网民通过搜索引擎查找保险相关信息的需求增长明显，这对保险公司和各级代理商来说是个重要信号，说明传统的保险营销将

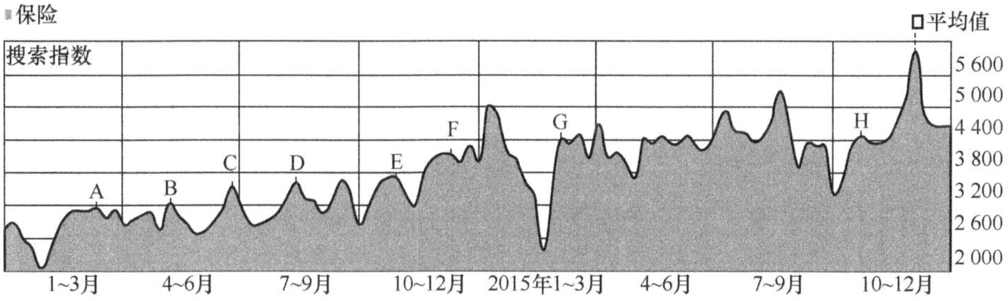

图 2－5　2014—2015 年“保险”关键词百度指数

数据来源：百度指数。

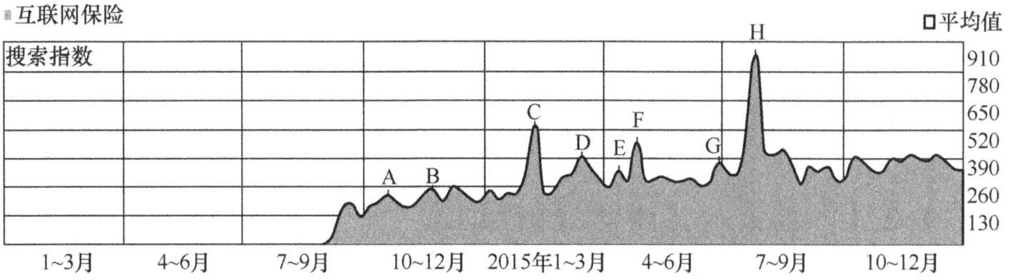

图 2－6　2014—2015 年“互联网保险”关键词百度指数

数据来源：百度指数。

会逐渐被网络营销所替代，互联网保险是行业发展转型阶段的必然选择。未来，互联网很可能颠覆保险行业，引领保险企业走向大变革与大时代。

人们对创新互联网保险的需求明显，除了大家耳熟能详的保险种类，小众的保险类型同样需要进行互联网保险创新，如社区保险。通常我们所说的社区保险主要是社区医疗保险，针对城镇户口中没有办法参加职工医疗保险的人群，交的费用比较少，报销比例和总报销额度也没有职工医保高的一种保险类型。2014 年，我国城镇居民基本医疗保险在缴费和待遇方面发生了较大的变化，总体方向是保证居民能够及时方便地享受医疗保险待遇。还有一种社区保险的代表——“保险养老社区”。保险养老社区是指由保险集团（控股）公司、保险公司或保险资产管理公司投资并具有实际控制权，在一定地域范围内建立起来的集居住、养老和护理等多种功能于一体的综合服务社区。此外，部分保险机构参与投资养老社区，但对养老社区不具有实际控制权，这一类养老社区不属于保险养老社区，而是参与投资养老社区。保监会于 2014 年 12 月 31 日印发了《保险养老社区统计制度》，增加了对保险机构投资养老社区的监管。毫无疑问，无论是社区医疗保险还是养老社区，互联网技术的发展都会极大地方便居民购买保险，切实满足居民的需求，为社区保险的发展助力。

2.2 保险行业的机遇与挑战

2.2.1 技术发展带来的机遇

保险公司在现今的互联网浪潮下，需要做出相应的改变。我们必须看到，互联网给整个社会带来了翻天覆地的变化。

2.2.1.1 大数据技术

大数据本身是一个比较抽象的概念，单从字面来看，它表示数据规模庞大，但是仅数量上的庞大显然无法看出大数据这一概念和以往的“海量数据”（massive data）、“超大规模数据”（very large data）等概念之间的区别。业界对大数据有4个公认的特点：规模性（volume）、多样性（variety）、高速性（velocity）和价值（value）（见图2－7）。大数据是数据分析的前沿技术。简言之，从各种类型的数据中，快速获取有价值信息的能力就是大数据技术。这项技术正在颠覆越来越多的行业。

美国于2012年提出《大数据研究和发展计划》[①] 后，我国政府在2012年也批复了“十二五国家政务信息化建设工程计划”，为我国进入开放、共享和智能的大数据时代奠定了基础。

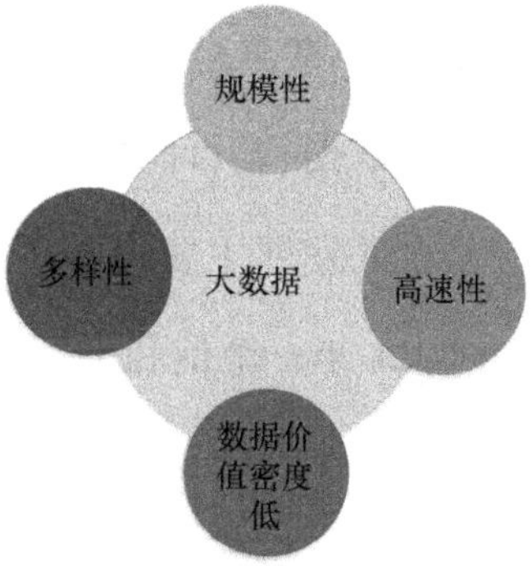

图2－7 大数据的4个特征

在金融行业，大数据能够解决金融领域海量数据储存、查询、优化以及声音、音效等非结构化数据的处理。这一技术的发展对目前保险行业领域的产品设计、客户管理以及风险管理提供了新的发展机遇。

2.2.1.2 云计算

云计算（Cloud Computing）的概念最早是由美国IBM公司于2007年提出来的。IBM在技术白皮书中把云计算定义为：“用来同时描述一

① 2012年3月，奥巴马政府宣布投资2亿美元启动该计划，这是继1993年美国宣布“信息高速公路”计划后的又一项重大科技发展部署。

个系统平台或者一种类型的应用程序，一个云计算的平台按需进行动态地部署（provision）、配置（configuration）、重新配置（reconfigure）以及取消服务（reprovision）等。云计算在描述应用方面，描述了一种可以通过互联网进行访问的可扩展的应用程序，'云应用'使用大规模的数据中心以及功能强劲的服务器来运行网络应用程序与网络服务。任何一个用户通过合适的互联网接入设备以及一个标准的浏览器就能够访问一个云计算应用程序。"云计算具有大规模的资源共享、高扩展性、高可用性、快速部署、低成本等突出优点。

2.2.1.3 多平台

除了大数据和云计算，"多平台"也是互联网发展的基础设施之一。多平台的发展主要得益于传媒技术的发展。例如，2010 年"微博元年"，2011 年，微信和平板电脑的发展。伴随着传媒技术的发展，消费又进入了一个错综复杂的多平台时代。所谓"多平台"，是指受众接受信息渠道日益多元化的现象。如今的受众可以通过传统媒体（报纸、广播、电视），传统互联网（台式机、笔记本电脑）、移动设备（智能手机、平板电脑、可穿戴设备）等方式来接收信息（见图 2－8）。

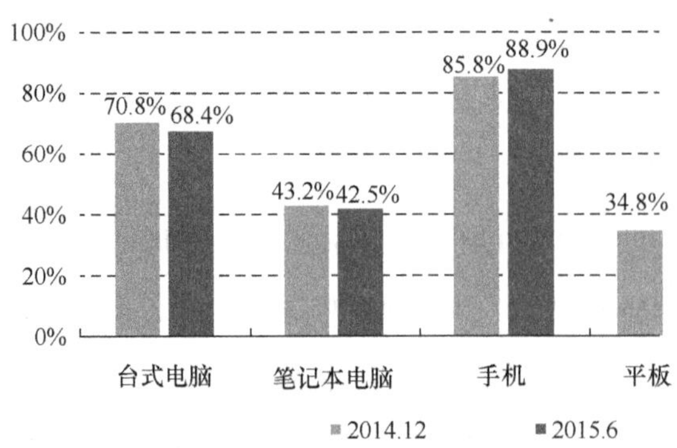

图 2－8　互联网络接入设备使用情况

其中，移动设备是互联网时代最大的主角，从2012年开始，我国移动端用户开始高速增长，到2015年6月，中国手机网民规模达5.94亿，占总网民数的88.9%（见图2-9）。

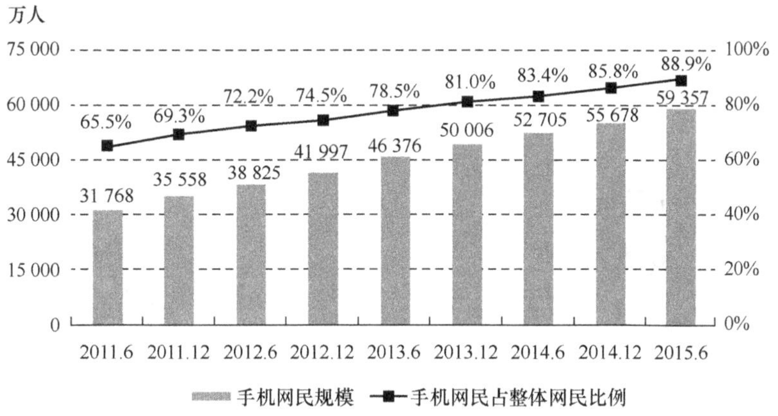

图2-9　中国手机网民规模及其占总网民数的比例（单位：万人）

数据来源：中国互联网信息中心《第36次中国互联网络发展状况统计报告》。

2.2.1.4　移动互联网

就本质而言，移动互联网就是将移动通信和互联网二者结合起来成为一体。4G时代的开启及移动终端设备的凸显必将为移动互联网的发展注入巨大的能量。移动互联网是一种通过智能移动终端，采用移动无线通信方式获取业务和服务的新兴业态，包含终端、软件和应用三个层面。终端层包括智能手机、平板电脑、电子书阅读器、MID等；软件层包括操作系统、中间件、数据库和安全软件等。应用层包括休闲娱乐类、工具媒体类、商务财经类等不同应用与服务。

首先，从图2-10和图2-11可以看出，移动互联的“连接”作用直接将保险用户与保险公司提供的服务连接起来，从终端硬件、软件与应用，保险公司可以从多维角度加强与用户的联系，这将给保险公司服务能力带来巨大挑战。其次，随着移动互联的发展，新技术也异军突起，例如移动支付的发展和 LBS 的发展将从“移动互联入口 + 场景 + 支付”的商业模式开始，彻底颠覆保险行业。

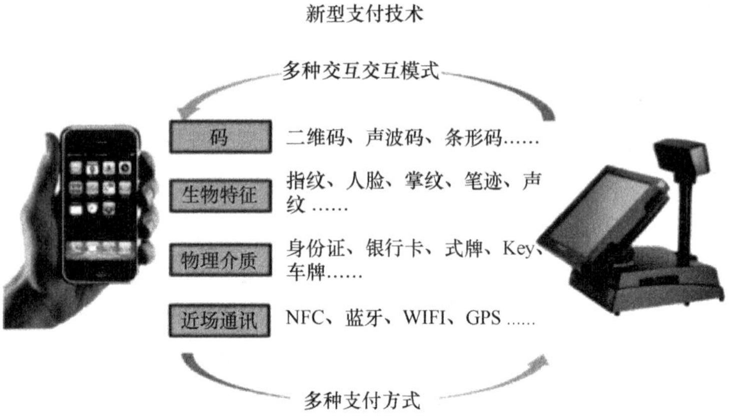

图 2－10　未来有可能出现的支付模式

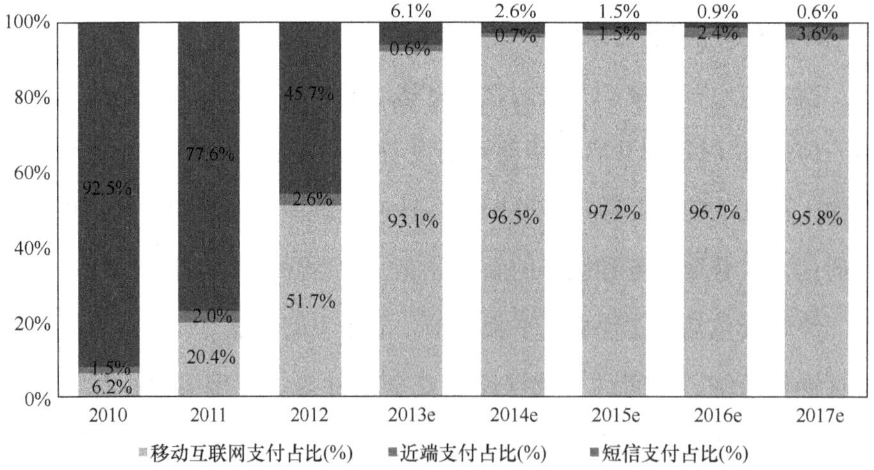

图 2－11　2010—2017 年中国第三方移动支付市场交易规模结构

数据来源：艾瑞咨询。

互联网新技术，诸如云计算、大数据、移动互联网、商业社交、O2O、智能硬件等都会对未来的保险行业发展产生支持和促进作用。具体的作用如图 2－12 所示。

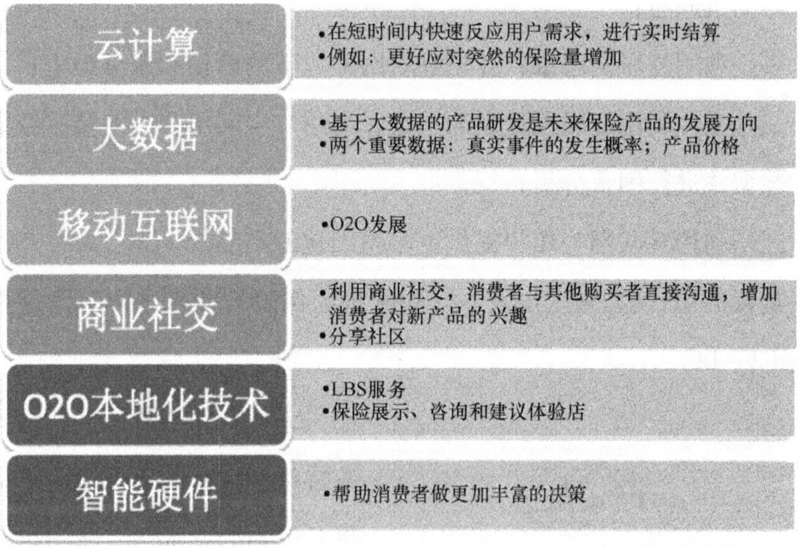

图 2－12　互联网技术对保险行业的重要作用

总之，大数据技术、移动互联、云计算和开放的平台是互联网保险创新必需的基础设施，而如果互联网保险公司能够充分利用 O2O 和商业社交的概念，更能够促进业务升级（见图 2－13）。

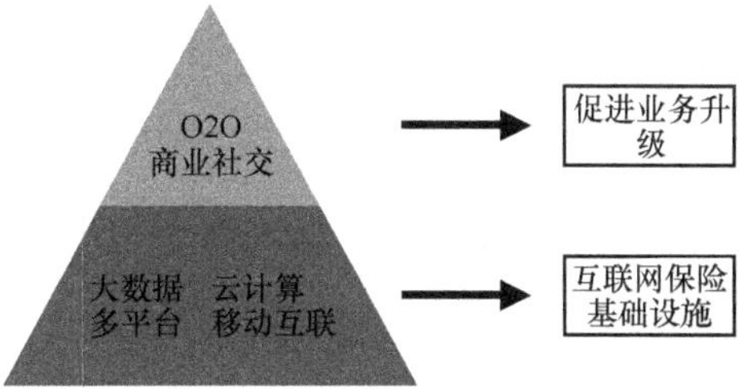

图 2－13　互联技术对互联网保险发展的作用

因此，保险公司在这样的新环境下，应当开发更多创新型的营销模式，为用户提供更多的优质服务，提升用户对保险电商的接受程度，这将为保险公司带来更多的机遇。保险公司主动参与到互联网变革中，可以获得的机遇有：

一是利用互联网思维，开拓互联网环境下的营销和服务渠道；

二是充分利用互联网提供的渠道，与用户实现更多的对接，获取更多的数据并进行细致分析；

三是利用互联网为用户提供更多精细化的产品。

从营销4P模型角度出发，互联网将为保险行业带来以下发展机遇（见图2－14）：

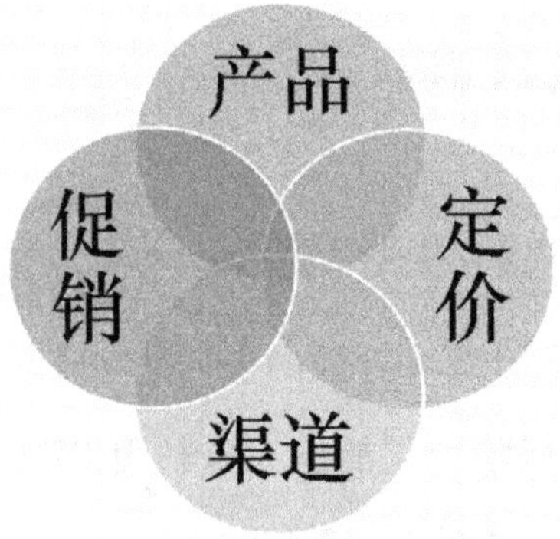

图2－14　互联网给保险行业带来的4方面发展机遇

①从产品来看，互联网渠道的特殊性将有助于保险公司提供更有针对性、费率更低的产品，主要是因为网销渠道相对成本较低，可有效降低保险产品费率。保险产品的保费中除了包含预期未来的赔付外，还包含销售费用、管理费用等。网销渠道的产品大多与银保渠道相似，但我们估计网销渠道的手续费率（手续费/首年保费）仅为0.5%左右，相比银保的4%要低得多。因此，网销渠道销售的保险产品可适当提升理财型保险产品给予客户的收益率，或者降低保障型保险产品的保费费率。从保险公司的角度而言，保险具有

海量数据基础、市场发展空间大、提供非标产品（产品+服务）、效率低和用户痛点多的特点，这4点正是使保险行业易于在新互联经济时代进行转型的4大要素，它们也将成为保险借势互联网时代发展的优势。而互联网的发展，大量地消除了信息不对称，消费者地位上升，服务要求越来越高，而且保险消费意愿由隐性转为显性，消费主动性、频次和金额提升，带来更广泛的保险产品创新空间："保险生活化"成为重要的创新方向，"服务即产品"从隐性理念上升为显性指标，消费者不再为买保险而买保险，保险随着互联网润物细无声地渗入衣、食、住、行、娱、购、医甚至感情生活，由此将衍生出无数花样翻新的保险产品。互联网技术的发展使互联网保险的主旨变为"以客户为中心"，从产品、价格、渠道到促销，其内容不仅包括保险基础服务，更包括多元化的增值服务。可以说，互联网为保险产品的创新提供了无限机会。

②从定价来看，由于节省了销售管理成本，互联网渠道在产品定价方面比传统渠道更便宜、更灵活。在定价时可以提供适当弹性，同时鼓励客户网上自助投保。互联网可以做到将保险标的颗粒化，分散成可以单独定价、单独核保、单独理赔的最小粒度，达到个性化风险控制和精准定价。

③从渠道来看，互联网保险的发展对保险行业较为有利，主要因为互联网保险的发展将为保险行业增加新渠道。我国电子商务近几年来飞速发展，具体到保险行业，电商化的趋势也越来越明显。我国2009—2014年，保险电子商务市场规模变化情况如图2－15所示。

我国保险电子商务市场发展十分迅速。数据显示，2016年保费收入已突破2 300亿元。不论是保险公司、电商网站或者一些专门的保险

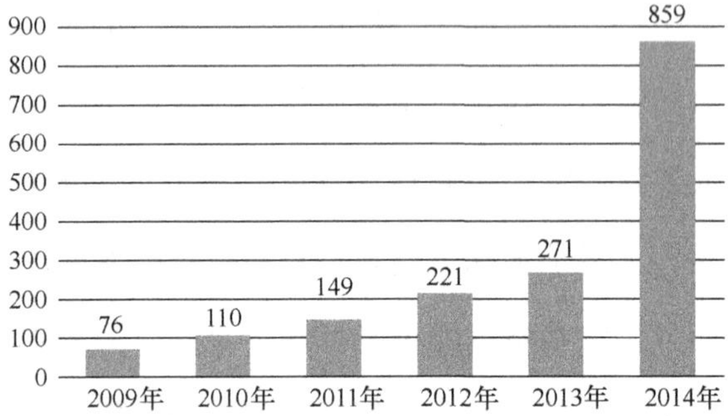

图 2－15　2009—2014 年我国保险电子商务市场规模（单位：亿元）

数据来源：中国保险业协会。

电商平台，都在逐步深入这个行业。许多保险公司，尤其是一些大型机构，已经在自己的网站上销售保险产品；而包括淘宝等电商平台，为保险的销售提供了渠道。同时，作为一个新兴行业，专门从事保险销售的电商网站也如雨后春笋般涌现，如好险啊、向日葵等。寿险行业中传统渠道增长乏力，互联网保险的发展将为保险行业提供新的分销渠道，提供新的增长动力。互联网渠道流量大，接触客户的数量和频率远高于传统渠道，易于销售简单化、标准化的产品，如车险、意外险、短期健康险等。互联网渠道还有助于提升保险公司在与银行谈判时的地位。近几年寿险公司过于依赖银行渠道，导致它在与银行的谈判中完全处于被动地位，手续费率也不断提升。未来随着互联网渠道的不断发展，预计将逐渐减轻保险公司对银行渠道的依赖，这将有助于保险公司在与银行的谈判中更具优势。对许多大商家而言，电商渠道使它们减少了对线下网点和营销人员的依赖。在传统的商业模式中，商家往往需要大量的线下网点，还需要许多线下营销成员。因此，商家需要向消费者推出自己的产品，就需要支付大量的营销成本。为了减少营销成本，许多商家将自己的产品搬到互联网上，通过互联网渠道向消费者分销，避免营销成本给商家带来的负担。

④从促销来看，可以利用互联网等电子手段来组织促销活动，以辅助和促进消费者对商品和服务的购买使用。促销活动的出发点是利用网络的优势实现与客户沟通，这种沟通有别于传统推销中的概念和方式，更多地是挖掘潜在客户，一方面通过开展各类促销活动，另一方面利用网络营销的资源推动公司整体业务。传统企业最常见的打折促销模式在互联网中有了更进一步的发挥。互联网上可以进行免费促销。例如，保险公司为消费者免费提供客户端、第一单保险免费、返还积分、送赠品等活动。由于互联网上营销方式成本低（电子邮件促销、社交工具促销等形式成本几乎为零），互联网上的产品促销类型多样、形式新颖，能满足不同消费者的个性化需求。

互联经济时代还为保险构建新的营销模式提供了机会。生态圈营销模式提供了一种选择，它使品牌营销、精准营销和服务营销一体化，不仅适合保险公司，也适合保险中介、专兼业代理和跨界营销的企业。

此外，互联网也为保险业提供了细分和专业化最好的时机。以互联网环境为背景，形成互联网生态，在新生态环境下滋生新的风险，并对各种未知的风险定量化，产生新的保险产品，为保险行业的发展提供创新土壤。与保险行业处于同一个生态圈，诸如旅游、民航业和医疗等的快速发展将给现有的保险行业带来很多机会。互联网的发展促使很多原本不从事保险业务的公司，如去哪儿、京东等涉足保险行业，增加了互联网保险行业的多元化，也为互联网保险这一蓝海市场增添了更多新鲜血液与不确定性。

2.2.2 互联网带来的挑战

我国保险公司目前仍存在较多缺陷。保险公司面临的变革难点主要有以下几个方面：

一是传统渠道的营销费用与互联网渠道相对较低的交易成本形成的劣势；

二是市场对新兴的保险电商渠道接受程度不高。

在营销方面，保险公司若采用传统营销模式，不仅需要大量的网点，还需要招募很多营销人员，产生高额成本。以中国人寿为例，中国人寿现有近100万保险从业人员，传统营销模式占了很大比重。因此，保险公司的营销费用甚至高达总费用的30%左右，这不仅是保险公司的负担，更会部分转嫁到消费者身上。而保险电商则可能会大大降低营销成本。这样，营销成本的巨大差异有可能使传统保险公司面临巨大的竞争劣势。如果这些保险公司不尽快转型，就有可能在市场竞争中处于劣势。

此外，我们也不得不正视一个事实，保险电商目前还是一个新兴行业，且大部分的保险消费者对互联网上的保险销售的接受程度极其有限。一方面，传统的保险经纪人良莠不齐，对保险行业造成了一些负面影响；另一方面，互联网上的风险也使许多用户不愿意通过互联网进行交易。因此，在这样的背景下，互联网上的保险往往很难得到大众的认同。如何打破这样的局面，使保险行业得到大众的接受，并使保险电商得到用户的认可，就成为一个难题。当前互联网保险的用户群有明显的年龄差异，其中，在“80后”“90后”中接受程度相对较高，其他人群的接受比例有待进一步提高。中国的保险市场处于寡头垄断的环境下，基本上被国内几家保险巨头垄断。而且中国的保险公司由于多年来一直沿用线下保险销售渠道，对传统的代理人、专业中介等渠道也产生了强烈的依赖。银行、保险销售人员、保险公司的利益错综复杂，而且保险购买者利用互联网渠道购买保险的比例虽然在提高，但总体接受程度并不是很高，当前通过互联网实现的保费总额相对于行业总保额的比例仍比较低。在这样的情况下，保险公司并没有很大的激励去做出改变。同时，保险行业的严格监管也为保险行业的创新带来了一定的阻碍，相应的法律法规和监管机构的态度也使许多保险企业并不愿意尝试打破现有的市场结构。

互联网浪潮的来临对保险行业来说带来的更多是挑战：

- 保险产品设计得十分粗糙，不符合互联网个人精准化营销的要求。

现阶段的保险产品设计面临着两大难题。一是产品开发能力弱：虽然各保险公司都意识到产品开发的重要性，但由于自身能力不足，在保险产品开发方面常常显得心有余而力不足。保险产品的开发需要一批有经验的团队进行研发设计，这对保险从业人员有更高的要求。二是费率难以准确制定，潜在风险大。现阶段，要掌握某一种承保责任的纯费率的参考统计数据还比较困难，因为我国经验数据、统计资料缺乏，尤其是意外伤害和重大疾病的统计数据，而且这些数据的可靠性不高。

- 对保险从业人员也有更高的素质要求。

传统的保险销售人员主要是通过线下渠道拓展和维护用户。在中国保险行业发展的早期，大量的保险销售人员促进了中国保险行业的快速发展。他们通过发展自身亲友之间的关系以及对潜在用户的拜访，使保险市场快速发展起来。因此，传统保险销售人员更多是利用自身人际关系的拓展和个人对用户的影响力来拓展保险市场。这不仅使保险销售人员处于各自为战的分立状况，同时也使保险的销售面临高昂成本。而在互联网环境下，新的市场环境对保险电商从业人员提出了更高的要求。保险电商从业人员不仅需要有较高的专业素质，还必须有团队合作精神和严密的分工。保险电商更多地是一个电商平台和互联网企业，因此不仅需要负责建立和维护网站的技术人员，同时还需要设计专门的交易和风控机制，并建立对应的营销策略。因此，保险电商人员更多地是需要专门技能。同时，保险电商人员还需要使自己的网站能够吸引更多的用户，促成更多的交易，这也对保险电商提出了更高的要求。除此之外，互联网还改变了传统保险销售的方式和格局。互联网使保险公司能够和用户有更多更频繁的联系，并拥有更多的实时数据和数据处理能力。这些都使保险能够与客户发生更多的互动，甚至拓展到健身、运动以及许多周边产业。这就要求保险电商人员对互联网产业有更深刻的理解，拥有互联网思维方式，理解数据的作用。我们可以看到，保险已经借助互联网渠道向手机终端、可穿戴设备、运动、物流等多个渠道拓展。把握行业发展趋势，抓住互联网中的机遇，成为保险电商从业人员的必备素质。

- 忽略本职工作，服务产品创新少。

随着保险行业逐步向社会资本开放，一些资金蜂拥而至。一些企业新进入保险行业，对行业规律和发展理念漠不关心。它们动机不纯，目的并不是想要做保障平台，而是欲通过保险牌照，收取保费后在市场做相应的资本运作，以求在投资端获取巨额收益或者用聚来的资金反哺产业。即以保险公司为平台，利用保险业务提供的大量现金流输送源源不断的投资资本，而后再通过一系列资本运作赚取收益或者重塑产业。

目前，保险机构争相发行万能险等高收益保险产品，并最终投向股市。万能险属于人寿保险的一种，此类保险除了给人们的健康投保以外，还可以让客户直接参与保险公司为投保人建立的投资账户内资金的投资活动，将保单的价值与保险公司独立运作的投保人投资账户资金的业绩联系起来，而且一般会在确保投保人享有账户金额的本金与利息的前提下，借助理财专家进行资金运作。首先，万能险缴费灵活，投保人可以任意选择变更缴费期，可在未来收入发生变化时缓缴或停缴保费，也可过三五年或更长时间后再继续补缴保费，还可一次或多次追加保费。其次，万能险的保额可调整。投保人可在一定范围内自主选择，或随时变更基本保额，从而满足对保障投资的不同需求。最后，万能险保单账户资金领取方便。投保人可随时领取保单价值金额，与此同时，保险公司以及银行渠道也更愿意推万能险产品。这样一个险种看似不错，其实风险很大。

万能险保费主要分 3 部分：初始费用、保障费用、投资费用。初始费用就是买保险的手续费部分；保障费用则是保障被保险人人身财产安全的部分；而投资费用则是让保险公司持有并参与其资本运作的部分。如果投资费用提高，那么保障费用必然降低。保障费用过低的话，如何保证人们的人身财产安全？保险公司会用投资收益来补上。但如果投资收益小于保障费用，那么，投保人就需追加缴纳保费。与此同时，万能险还存在一定的退保风险。由于购买万能险需要扣除初始费用、风险管理费等诸多费用，故前几年保单个人账户的价值会非常低。如果提前退保，消费者的损失将十分严重。并且万能险的实际收益是有折扣的，虽然都有保底收益，但高于保底的收益无法确定。任何投资都难以做到立竿见影，投保人可能需要较长时间才能看到真正的收益。与美国的终身制万能险不同，中国的万能险一般是购买后一至两年可能就需按照账户价值退保。基于万能险的账户期限较短，对险企“大佬”而言，使用万能险加以高杠杆做长期投资是不切实际的。因此他们一般会寻找稳定分红的绩优股，快进快出做激进式的投资，故资金风险巨大。就像王石说的：“万科股票当然可以随买随卖，但一旦持有超过 5% 的股权时，就不是短期投资，而是长期股权投资了。短债长投，这个风险是非常大的。”而伴随着保险资金的疯狂入侵，像万科、格力、伊利等公司也都岌岌可危。中国优秀的实体企业面对“野蛮人的入侵”尚无法自保，这会使面临下行风险的中国经济雪上加霜。如果说，万科和格力等公司的高层被清洗掉，那么，将大大摧毁中国对实体经济的信心，进而将资金过度投入金融行业，造成实体经济更严重的空心化，这对中国经济的危害是不可想象的。

2015 年以来，保险公司在资本市场可谓风头极盛，保险资金在中国股市兴风作浪，完全违背保险公司长线、稳健甚至保守的投资风格。这些号称“保险”的资本逐步从风险保障者跃然变成风险制造者。最为保守的行业——保险却不顾风险违背规律，它们借助旗下的保险公司，主动投入高杠杆、高风险、高收入的资本游戏，屡屡做出让业界惊叹的动作：巨资砸向 A 股、不动产，辅之纵横捭阖的谋略，借杠杆之力以搅动资本市场。

保险公司在资本市场的频频大动作带来了忧虑。一方面，保险资本有过度产业化的倾向。保险行业的初衷是保障，追求安全、流动性，这些应该是第一位的，如果过度介入产业，就像收购万科这样，可能就背离了保险公司的初衷。另一方面，宝能是万能险，万能险虽然是保险，但它带有很强的理财产品的特点，再加上向银行借款，这样一种十分激进的方式去买股票，造成股票价格剧烈波动，给保险资金的安全性带来了极大的隐患。这样的做法也会损害整个保险行业的声誉，会让投保人对保险资金的安全产生担心。

即使是广受推崇的“巴菲特模式”，在既定的“产业 + 保险 + 投资”业务链中，也要兼顾承保利润和投资收益，而并不只是利用保险杠杆在资本市场翻云覆雨。国际保险市场上不乏前车之鉴。20 世纪 90 年代末，日本先后有数家大型保险公司因一味追求规模扩张而自吞苦果，最终受股票和地产双重萧条影响，导致退保率攀升、投资收益下降、资产缩水而不得不申请破产。它山之石或可鉴，这也正是保险监管部门近期持续提示资产配置风险、守住风险底线的缘由。

保险是一种风险转移工具和财务稳定器，其核心价值在于为人们提供风险保障。风险管理和保障功能是保险业独有的，是其他行业不可代替的重要功能。通过购买保险，消费者可以获得损失补偿，或是实现人生不同阶段的财务平衡。因此，保险资金是为被保险人服务的，而不是为资本市场托市的。通过保险牌照加大杠杆持续搅动资本市场的高举高打模式背离了保险企业的初衷与使命。

没有真正经历过金融危机的保险公司及其背后控制的管理层被所谓的“前所未有的暴利机遇”冲昏了头脑，步步偏离投资的本质。保险公司聚集大量资金，保险资金“被借道”“被创新”到理财型保险产品，让“避险资金”去配置股票这种“风险资产”的行为未免可笑。

我国保险业的专业经营水平还不高，保险产品单一，供给不足，服务方式和手段落后，缺乏专业人才。目前，各家保险公司已经开发和销售的产品结构雷同，保险责任不足，保险公司业务员销售的产品基本上只有几种。2015 年，我国著名的保险公司在保监会备案的产品屈指可数，并且保险从业人员中真正受过系统保险专业教育又有保险专业水平的保险专业人才不到 30%，其中既了解国际保险市场又懂得精算和计算机技术的高级人才更是凤毛麟角。因此，普遍服务意识差，服务态度不好，服务技能不高。

此外，我国保险公司不太重视市场调查，把握不住消费者的切实需求。例如，与国外大型保险公司相比，发达国家的保险公司基本上顾客有什么需求就开发什么产品，如某位明星的某个身体部位也有可能成为保险的对象。我国保险业可以大胆地借鉴和探索，以消费者需求为中心，按需设计产品。

保险行业痛点篇

3
保险行业现存问题

中国保险市场虽然经历了多年的发展，但从本质上讲仍然处于起步阶段。换句话讲，我国目前的保险市场是不成熟的保险市场，是发育不良的保险市场。如果我们就当前保险市场的发展进行认真的分析，不难看出尚存在许多问题，这些问题如不加以分析并及时解决，势必会给中国保险业的发展带来阻碍，影响中国保险市场的健康发展。

中国保险市场不良发展，有3个方面因素（见图3－1）。

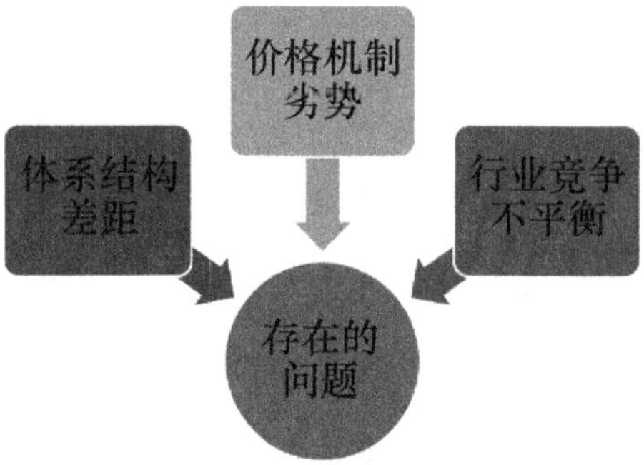

图3－1　中国保险市场不良发展的3方面因素

（1）体系结构。从保险市场的体系结构来看，目前我国保险市场的体系结构还很不完善，离多元化的保险市场体系结构仍有很大差距。

（2）价格机制。在保险市场上，保险商品的价格即费率起着十分重要的调节作用。随着外国保险公司的进入，由于其先进的技术以及丰富的管理经验，外国保险公司设计的寿险产品在费率上较国内寿险产品具有更大的竞争优势。

（3）行业竞争。目前我国保险市场上的竞争还处在由“费率战”向“险种战”“服务战”转化的阶段，存在的主要问题包括市场垄断竞争发展不平衡、手续费标准执行混乱、专利及知识产权的保护不好解决、服务手段滞后等。

3.1 产品创新匮乏

作为兼具保障和理财功能的业务，保险业资产规模与人民币存款、居民理财产品规模仍相去甚远。国内保险业起步较晚，基础薄弱，是典型的转轨市场和新兴市场，总体上还很稚嫩。在这样的条件下，做好保险监管工作也需要创新。近年来，中国保险产品数量迅速增加，促进了保险业的快速发展，但保险产品创新也存在一些问题，如产品结构雷同、创新动力不足。很多保险产品的创新只在于表面，如包装等，因此，将保险产品弄得极度复杂，几乎到信息不对称的地步。虽然理论上所有信息都在条款里，但面对动辄几十页的条款，普通消费者并没有能力去识别。看似相同的两款分红类产品，条款中“隔年返还”和“逐年返还”的一字之差，计算出来的结果就相差一倍。此外，现有保险产品同质化程度高，无法满足人们风险保障和投资理财的需要，这是巨大的保险消费需求未能释放的重要原因。保险产品应以市场需求为导向，在产品形态、费率形成等方面有创新性改变，满足客户的需要。

传统的保险产品同质化问题已经是业内的老话题了。目前的保险市场上，各家保险公司主力险种大多十分类似，一般都是哪家保险公司推出的险种销售状况较好，其他保险公司马上模仿，或在保险责任方面略做修改后就立马推出，抄袭痕迹严重。很多公司的新产品一经推出即面临着被复制的威胁，复制的周期通常是半个月，甚至只要 10 天。这就导致保险市场上众多产品雷同的状况。纵观保险市场上实时推出的产品缺乏个性化不说，而且大多主力险种都是综合型险种，产品之间无法进行自由组合，不能够满足不同群体的多样需求。此外，这些保险产品很难实现精细化的定价，而对不同的用户制定同一个保费显然是不合理的。

现阶段消费者对保险产品提出了更高的要求。调查显示，客户在选择保险公司时注重的因素主要有以下几个：保险公司的信誉；偿付能力；代理人素养；理赔速度；服务态度；性价比。这 6 大因素在消费者心目中的地位也略有不同。消费者在做购买决策时各因素的比重如图 3 –2 所示。

由图 3 –2 可知，消费者对保险产品的关注点和需求是多方面的，这就要求保险企业在产品设计和投保环节等各方面都有较大改进，而这些也将在未来的互联网变革中成为重点突破口。

互联网保险市场蕴藏着众多产品创新的突破口，各种互联网保险产品层出不穷，然而值得注意的是，当前互联网保险产品结构仍然存在不平衡、产品单一化、缺乏创新等问题，亟待解决。现阶段我国互联网保险产品主要以“低价值、低黏度、标准化”的产品为主。短期意外险

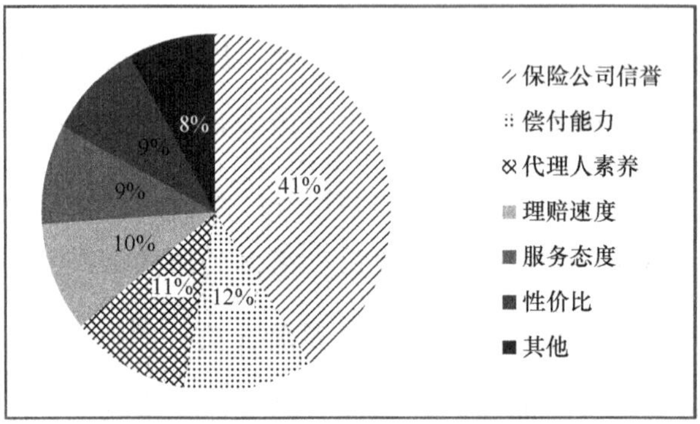

图3-2　客户选择保险公司时各因素占比

数据来源：IDC 2014 年第三季度《中国保险电子商务发展分析与预测》。

和保险理财产品亟须产品升级。网销渠道主打短期意外伤害险，一方面是与客户的消费习惯相关，另一方面也和目前债券保险的产品信贷相关。

从客户的角度来讲，为类似出游这种短期行为通过电子商务渠道购买一个短期的旅游保险或者意外保险非常方便、快捷。这类产品目前从产品本身来讲也是网上保险的主流，它可以很快地在线完成投保流程，而且产品形态简单，容易比价。所以客观上，需求和供应两个方面造成了目前网销中短期意外伤害险接受程度较高的现状。短期意外险成为网销渠道价格战的首选目标，而对高收益的保险理财产品，其自身的确有一定的优势，在收益率、灵活性、安全性方面也取得了较好的均衡。然而，凡事都有两面性，高收益保险理财产品也隐藏着风险。作为“价格战”的另一种表现形式，各类理财产品网销也借助像“双 11”这样的电商促销时机展开“拼收益”的攻势。愈发火热的健康险亟须完善专业服务。随着消费者对自身健康和医疗保障的关注，健康险成为继车险和意外险、理财保险之后另一个有刚性需求的领域。健康险或健康管理与互联网理财产品不同——理财产品只要收益高，网络交易方便，就能做出规模，但健康保险并不一定如此，健康保险强调个性化服务，其高端性、私密性、专业性特征更类似财富管理的特点，不像意外险等可以“走”量，健康险似乎不具备“走”量的特点。

互联网时代需要用发展的眼光看待新生事物。与传统的代理人渠道相比，互联网目前销售的有复杂健康险种，可为消费者提供在线自测保费等便利。根据自身的年龄、职业状况和保障额度需求，消费者可以自行测算所需交纳的保费，同时可以选择月交、季度交、年交或一次性交费等方式，省去了以往电话联络业务员以及后续约见的烦琐环节。但是，包括重疾险、万能险在内的复杂保险并不像意外险或车险一样拥有简单、明确的保险责任，因此，各大保险公司的网销平台亟须完善其服务购买流程。比如，在网页的醒目位置提供热线咨询电话，便于消费者进一步的咨询等。同时，专业化的互联网健康险产品设计也需要加强，如推出针对专属人群的健康险种等。

对于长期寿险，诸如年金险、两全险，如果借助互联网信息量大、信息公开透明等优势，也可以逐步让客户接受。其中有两个关键问题需要加以处理：第一，复杂产品的推介需要很多的沟通工作；第二，客户对保险公司的信任度。科技的发展已经提供了很多及时交流沟通的渠道，包括视频交流、社交网络，都能够帮助保险公司和客户进行沟通，让客户更全面地了解复杂产品的一些特点。目前，泰康人寿等在互联网业务领域探索时间较长的公司已经在长期寿险产品的创新和销售方面有所尝试，并且在不断扩大销售规模，但长期寿险发展有限，市场整体尚未成规模。

现阶段，保险市场面对巨大的市场需求，各保险公司出于抢占市场份额的目的，不断推出保险产品。但是，层出不穷的保险产品在创新方面还存在很多不足：一是保险多以附加险的形式存在，导致产品结构不合理，保户必须支付更高的保险费购买主险才能获得附加险保障，直接限制了保险保障功能的发挥。二是保险产品存在保险责任相近的问题，缺少产品差异性，主要原因是保险公司创新动力不足且保险产品复制成本过低，保险产品的创新主要体现在保险合同条款中，保险公司之间易互相抄袭，使各保险公司产品趋同。保险产品的保单文字具有开放性，同时新的保险产品需要保险公司大力宣传，保险公司对保单条款进行的任何创新性改动都易被竞争对手模仿，而我国目前又缺乏对保险创新产品进行保护的制度，这样模仿者就不需要为模仿行为付出代价，必然挫伤保险产品创新者的积极性。同时，保险产品创新本身就蕴含着风险，其间需要使用大量的人力、物力资源，如果没有一定的风险补偿机制，产品创新者宁愿放弃创新所带来的收益，以规避产品创新失败所带来的损失，这也在一定程度上限制了保险企业的创新行为。三是保险公司更多地是出于自身考虑而设计相应的保险产品，对新型产品的研发滞后，无法满足市场需求。

改革开放初期，我国市场经济欠发达，经济主体相对比较单一，保险产品单一。随着经济全球化、信息一体化趋势的不断加强，人们的消费方式和生活方式发展了翻天覆地的变化，原来的保险产品已很难适应与满足市场需要。同时，我国现有的部分保险产品与市场需求相脱节，不适销对路。中、东、西部呈现出差别增长，保险企业应该看到这种差距，抓住历史时机实现新的增长，大力开发新的保险产品，开拓新的保险市场，才能够逐步满足人民群众化、差异化、个性化的保险需求。例如，随着人口老龄化问题的加剧，社会上对老年护理保险的需求也相应增加，而目前我国商业医疗保险市场对该险种的开发十分有限，多是作为附加险经营，缺乏专业的服务。

保险产品创新是保险业创新的重要组成部分，对保险业的发展具有举足轻重的作用。创新是保险企业寻求生存与发展、提高竞争力的重要手段。中国的保险公司仍然处于技术创新的低层次阶段，仅少数大的保险公司致力于开展自主创新研发活动，大多数保险公司的许多产品主要还是从外部引进，再进行局部的开发和改进而成，依靠低水平的技术创新活动维持保险企业的生存与发展。现如今，人们的消费需求开始升级，生活要求日益多样化，对养老保健、医疗卫生、文化教育、汽车住宅等改善生活质量的需求明显提高，这些都对保险产品创新提出了更高的要求。产品创新是保险企业实现自我发展、赢得未来竞争的需要。

3.2 逆向选择与道德风险

3.2.1 逆向选择

保险市场中的逆向选择是指由于保险公司与投保人之间的信息不对称而导致的次品驱逐良品的现象。通常，保险公司会吸引高风险类型的投保人，因为愿意购买保险的人往往是最具有风险的人。比如，有一群人想买医疗保险产品或者人寿保险产品，其中一些人可能有与生俱来的高风险，比如，他们很容易得病，有家族病史，或天生喜欢比较危险的生活方式等，而另外一些人具有与生俱来的低风险，例如，家族寿命都比较长，或者生活规律。这样的风险信息是个人的私有信息，保险公司无从获知，也无法观察到，因此，保险公司将对所有的人以同样的保险费率进行保险。但是，这样运作的保险公司很可能由于多数投保人是高风险类型人士而破产关门。因为如果只有很容易得病的人才投保健康险，而不容易得病的人不参加保险，那么，保险公司需要赔给保户的钱将远远高于它们按照平均得病率计收的保费，从而给保险公司带来巨大的损失。这里，私有信息的存在使投保人可以就他们本身的身体情况或风险程度说谎。这样一来，从保险公司的角度来看，它们得到一大堆“逆向选择”得来的投保人。平常人们说“选择”，都是往好的方面选，保险公司的上述市场活动带来的选择，“选”出来的是相对不好的一群，故这种选择叫作“逆向选择”。逆向选择会导致保险公司因风险过高而破产。

3.2.2 道德风险

在保险市场中，道德风险其实可以分为两类，第一类：保险人的行为没有被被保险人察觉，从而产生一种道德风险；第二类：被保险人的行为没有被保险人察觉，从而产生一种道德风险。这类危险的产生是因为保险人一方和被保险人一方的实际行为与真实意图相互无法确认，在某个问题上不如对方了解得详细，这种双方信息量的不对称给一方有了可乘之机。

在现在的保险经营中，保险公司和投保人的纠纷时有发生，要么是投保人提供虚假的个人信息骗保，要么是保险公司偷偷更改投保金额、索赔和结算等记录，理赔的时候对免责条款的认定发生分歧。具体来说，在我国商业医疗保险市场，由于信息不对称问题的存在，导致道德风险频频发生，带病投保、过度消费、诱导需求等现象屡见不鲜。然而，多数商业保险公司都将医疗保险作为寿险的从属进行定位，使医疗保险成为寿险发展的辅助工具，忽视医疗保险自身的风险特点和管理规律，保险公司对商业医疗保险的风险控制能力薄弱，导致医疗保险的赔付率一直居高不下，保险公司的利润微乎其微，经营效益不容乐观。而这些问题的关键都在于对投保人的个人信息缺乏真实可信的数据采集和存储手段。

简单地说，逆向选择与道德风险产生的原因如下：

（1）保险活动中的利益主体是不一致的。在保险活动中，投保方、保险人和保险中介人的利益是不一致的，各方为了追逐自己的利益，常常引发道德风险。

（2）保险活动中的信息是不对称的。当事人在法律地位上的平等并不意味着对保险专业知识、保险标的信息等的占有平等。对信息的高度依赖决定了当事人之间必然存在信息博弈，并且由于第三利益个体中介人的存在，加大了信息博弈的程度。

（3）不确定性的存在。不确定性既是保险存在的重要原因，也是道德风险存在的重要原因，不确定性是不可能彻底消除的。从投保方的角度来看，正因为保险事故不是必然会发生，由此产生了人为地促使其发生的可能。从保险中介人的角度来说，也正是不确定性的存在，使其收取保费后不入账等违法行为层出不穷。

3.3 理赔复杂

3.3.1 结算复杂

保险理赔是指在保险标的发生保险事故而使被保险人财产受到损失或人身生命受到损害时，或保单约定的其他保险事故出现而需要给付保险金时，保险公司根据合同规定，履行赔偿或给付责任的行为。保险理赔是直接体现保险职能和履行保险责任的工作。保险人收到被保险人或者受益人的赔偿或者给付保险金的请求后，应当及时做出核定；对属于保险责任的，在与被保险人或者受益人达成有关赔偿或者给付保险金额的协议后10日内，履行赔偿或者给付保险金的义务。

买保险是为了多份保障，让保险公司能及时为自己撑起一把“保护伞”，但许多被保险人或受益人在保险理赔过程中常感到“理赔难”，“理赔难”已经成为我国保险业发展的桎梏。随着经济的发展，人们对保险的关注也越来越多，尽管如此，仍有一大部分人对保险望而却步，其主要原因就是“理赔难”引发了投保人极大的忧虑。在核保理赔方面，一些保险公司尚未建立不同方面专门的保险核保理赔制度，缺乏保险核保理赔资格认证体系，这无疑加大了风险控制的难度。

（1）立案查勘。保险人在接到出险通知后，应当立即派人进行现场查勘，了解损失情况及原因，查对保险单，登记立案。

（2）审核证明和资料。保险人对投保人、被保险人或者受益人提供的有关证明和资料进行审核，以确定保险合同是否有效，保险期限是否届满，受损失的是否是保险财产，索赔人是否有权主张赔付，事故发生的地点是否在承保范围内等。

（3）核定保险责任。保险人收到被保险人或者受益人的赔偿或者给付保险金的请求，经过对事实的查验和对各项单证的审核，应当及时做出自己应否承担保险责任及承担多大责任的核定，并将核定结果通知被保险人或者受益人。

（4）履行赔付义务。保险人在核定责任的基础上，对属于保险责任的，在与被保险人或者受益人达成有关赔偿或者给付保险金额的协议后 10 日内，履行赔偿或者给付保险金义务。保险合同对保险金额及赔偿或者给付期限有约定的，保险人应当依照保险合同的约定，履行赔偿或者给付保险金的义务。

单就保险理赔所需资料来说，索赔时应提供的单证包括：保险单或保险凭证的正本、已缴纳保险费的凭证、有关能证明保险标的或当事人身份的原始文本、索赔清单、出险检验证明、其他根据保险合同规定应当提供的文件。其中，出险检验证明经常涉及的有：

因发生火灾而索赔的，应提供公安消防部门出具的证明文件。由于保险范围内的火灾具有特定性质，即失去控制的异常性燃烧造成经济损失的才为火灾。短时间的明火，不救自灭的，因烘、烤、烫、烙而造成焦煳变质损失的，电机、电器设备因使用过度、超电压、碰线、弧花、走电、自身发热所造成其本身损毁的，均不属于火灾。所以，公安消防部门的证明文件应当说明此灾害是火灾。

因发生暴风、暴雨、雷击、雪灾、雹灾而索赔的，应由气象部门出具证明。在保险领域内，构成保险人承担保险责任的这些灾害，应当达到一定的严重程度。例如，暴风要达到 17.2 米/秒以上的风速，暴雨则应当是降水量在每小时 16 毫米以上，12 小时 30 毫米以上，24 小时 50 毫米以上。

因发生爆炸事故而索赔的，一般应由劳动部门出具证明文件。因发生盗窃案件而索赔的，应由公安机关出具证明。该证明文件应当证明盗窃发生的时间、地点、失窃财产的种类和数额等。

因陆路交通事故而索赔的，应当由陆路公安交通管理部门出具证明材料，证明陆路交通事故发生的地点、时间及损害后果。如果涉及第三者伤亡的，还要提供医药费发票、伤残证明和补贴费用收据等。如果涉及第三者的财产损失或本车所载货物损失的，则应当提供财产损失清单、发票及支出其他费用的发票或单据等。

因被保险人的人身伤残、死亡而索赔的，应由医院出具死亡证明或伤残证明；若死亡，还须提供户籍所在地派出所出具的销户证明；如果被保险人依保险合同要求保险人给付医疗、医药费用时，还须向保险人提供有关部门的事故证明，医院的治疗诊断证明及医疗、医药费用原始凭证。

3.3.2 保险业涉及洗钱

随着保险行业的快速发展和业务创新，保险业日益成为洗钱的秘密通道。保险作为一种转移、分散风险的机制，本身并不牵涉洗钱，但保险业的内在特征却在一定程度上为犯罪分子洗钱提供了便利条件，在业务承保和理赔阶段存在洗钱风险。理赔是保险业务流程的最后一个阶段。保险公司应该在核保、合同变更和理赔环节对投保财产价值、投保财产风险状况等信息以及合同关系人之间的利益方面加以专业控制，进行严格的客户身份识别。但是由于我国保险市场规则的缺失，一些保险中介机构为了拿到佣金和手续费，甚至指导那些不符合资格的投保人如何提供虚假资料以顺利通过审查，这与反洗钱相关规定中要履行客户身份识别的要求相差甚远；理赔时，保险公司为了稳固自己的市场份额，对投保人提出的无理要求有姑息的成分，为洗钱分子“甩干”进入洗钱过程的“黑钱”创造了机会。①

此外，如果说佣金诱惑是保险公司冒险参与洗钱的原动力，那么，保险支付结算手段的快速发展则是保险洗钱现象泛滥的加速器。洗钱行为主要依赖资金的划拨、转移。而现在保险销售渠道不断增多，随着支付结算技术的快速发展，资金的划转和提取，无论是境内还是跨境，都非常便捷和迅速，犯罪资金将难以被监控和追缴，这都大大加大了保险洗钱的风险。

3.4 互助保险需求巨大

相互保险是指“具有同质风险保障需求的单位或个人，通过订立合同成为会员，并缴纳保费形成互助基金，由该基金对发生合同约定的事故所造成的损失承担赔偿责任，或者当被保险人死亡、伤残、疾病或者达到合同约定的年龄、期限等条件时承担给付保险金责任的保险活动”。

相互保险公司的特点有：

① 亢强，武陪云．基层保险业在反洗钱工作中存在问题及建议［J］．内蒙古金融研究，2012，11：71－72.

（1）投保人与被保险人目标一致，有“互助共济”的本质。相互保险组织没有外部股东，由全体投保人共同所有，不存在投保人与保险人之间的利益冲突。

（2）逆向选择和道德风险较低。首先，相互保险作为一个互助性组织，专注于某个特定群体，这个群体对自身的风险有更清楚的认识和评价，能很好地克服信息不对称问题，从而更好地防止逆向选择。其次，成员之间相互了解且利益相关，有较强的道德氛围，产生道德风险的可能性比较低，从而规避了骗保等风险。

（3）产品价格低廉，保障范围较大，会员有接受和购买能力。首先，相互保险往往能拥有更低廉的产品定价。其次，相互保险公司是非营利性的，投保人不必像股份制保险公司一样，为了股东要求的利润而额外付出过多保费。再次，由于信息对称，很多相互保险公司可省去一部分核保和核赔费用。最后，由于逆向选择和道德风险相对较低，相互保险公司不必在定价中过多体现这方面的风险。在美国，相互保险公司在业务竞争中曾经大幅度降价，直到降至股份制保险公司无法与之竞争的水平。

（4）获客优势明显。相互保险能够有效地控制获客成本，并获得更多长期优质客户。首先，由于非营利性的特性，使客户更容易信任相互保险公司，从而降低了获客难度；其次，相互保险专注于职业群体等特定的客户群体，往往有着特殊的销售渠道，比如，与相关的专业协会合作等，能快速直达客户，有利于降低销售成本；最后，由于客户的“主人翁”意识，客户有更强烈的意愿去推荐公司和产品给其他客户，从而实现一个更强大的“口口相传”效应。

（5）客户满意度和忠诚度较高。由于没有股东盈利的压力，无后顾之忧，相互保险公司往往能够开发符合投保人长期利益但无法马上获益的险种，从而使产品真正适合客户。其次，由于客户即为股东，客户与公司的关系比较紧密，因此，误导销售、理赔难等乱象将得到有效地改善，相互保险公司更注重对客户的服务质量。最后，“股东”身份的参与感也将进一步加强这种忠诚度。综上所述，相互保险公司的客户满意度和忠诚度相对较高。

（6）管理未来的能力较强。股份制保险公司在制定保险费率时的假设若在未来发生负面的变化（如长寿风险增加、投资收益率下降等），可能直接影响到保险公司的偿付能力，严重时可能导致保险公司破产。再者，相互保险公司在保险定价方面有较大的回旋余地，可以使保险费率高到保持足够的准备金，当情况更悲观时，可以最终通过投保人分摊（如增加保费、减少保额等）的方式加以解决；当情况更乐观时，则可清理过多的准备金，返还给投保人。

近年来，随着市场经济的发展和人们风险防范需求的增加，各类社会主体发展相互保险的愿望愈发强烈，特别是互联网技术的发展，使相互保险面临新的发展机遇，同时“新国十条”中明确提出“鼓励开展多种形式的互助合作保险”。为促进相互保险规范的发展，中国保监会在充分借鉴国际监管经验并结合我国保险市场实际的基础上，制定了《相互保险组织监管试行办法》，鼓励探索相互保险的发展。

相互保险有助于改善我国保险市场组织形式单一的局面。同时，在互联网时代，以互联网为媒介组织相互保险公司，具备运营成本更低、覆盖人群更广、沟通更及时等优势，目前已经有相关机构在审批设立进程中。

3.5 人力成本占比过大

行业人力成本在总保费收入中的占比逐年提升，从2012年的3.99%上升到2014年的4.74%，产险公司的人力成本远高于寿险公司，达到16%以上。随着中国劳动力价格持续走高，未来人力成本的总量还会进一步提高。产权保险是一个有着相当规模的利基市场，在美国，2014年保费达110亿美元。产权保险主要是为了在房地产交易中（居住或商用）防止产权缺陷造成损失，保护房地产产权人和/或抵押贷款借款人的金融利益。产权缺陷包括但不限于未偿留置权、地役权和其他交易时未解决的负债。重要的是，产权保险费和其他保险产品相比，主要是由保险人的承保费用决定，而非由对预期损失的精算风险决定。这是因为产权保险人会在承保之前查询公共记录，造成大量资源需要预付，以增强损失预防，这样一来，保费就需要涵盖相关运营开支和利润率（2%—5%）。这个商业模型可以限制索赔损失（保费的5%—7%），保险公司却必须承担相对高额的固定成本结构，进而导致保费价格居高不下。

查询产权耗费大量人力且成本高昂。美国房地产登记体系结构是一条“产权链”，产权转移的历史交易记录是由人工写入一份流水账本并存入本地司法辖区。但是美国现有体系存在3个问题，直接增强了产权保险的需求和成本：

（1）房地产记录去中心化。由于产权记录是在县一级储存，产权保险公司必须建立和维护一个产权书库——耗时费力——来分地区记录公共记录，以期提高搜索效率，减少索赔。

（2）纸质记录易出错。根据美国土地产权协会的数据，房地产交易中，约30%的房地产产权是有缺陷的。原因之一就是人工、纸质的记录流程（和去中心化的储存），其中的契约文书、抵押贷款、租约、地役权、法庭判决和其他相关负债是在“产权链”上记录保存的，记录系统的完整和安全受制于人为错误。

（3）过高的房地产交易成本。基于上述因素造成的大量产权检索成本，产权保险费用主要反映的是承保和承销费用而非精算风险。保费平均为1 000至1 800美元（假设房地产价值275 000美元，这个费用代表其价值的0.4%—0.6%）。居住和商用房地产产权人无论是购买房产还是融资，都需要支付产权保费，其中，购买居住用房产的保费大约是融资用产权保费的两倍。结果就是，产权保险人会在承保之前雇用许多人力去检查和“纠正”产权问题。摘录人（abstractor）、监管人（curator）、检索和查验人员、律师、销售和营销人员——预计人力资源成本在本行业占保费的75%（如图3－3所示）。

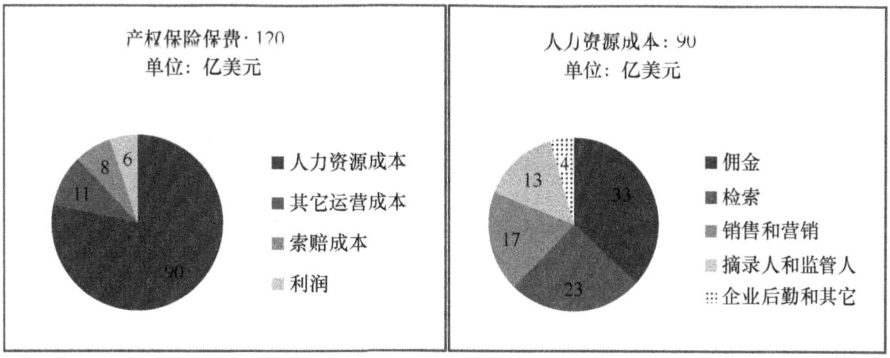

图3－3　人力资源成本在产权保险保费中的占比

这样一个相对高昂的固定成本结构直接导致终端消费者承受更高的保费，产权保险人运营成本结构中的主要部分是人力资源成本。

3.6 急需拥抱用户思维——基因决定定理

吴军在《浪潮之巅》一书中提出："一个公司的基因常常决定它今后的命运，一个人的'基因'也决定了他的发展空间！"这里的基因不是指遗传学上的基因，而是指一个企业能够适应某个市场的企业文化、做事方式、商业模式、市场定位等，或者一个人的性格特征、思维方式、成长背景等。

案例：摩托罗拉——无线通信巨头

摩托罗拉这个无线通信的巨头（移动智能手机业务已于2014年被联想以29亿美元收购）为什么在近几年的手机市场上会显得无所作为？这是摩托罗拉这个家族企业的基因决定的。摩托罗拉是一个非常注重技术和品质的公司，他的产品在技术上非常前沿，品质非常高，客户的好评率非常高。但是近几年手机市场的需求更加偏向于功能和时尚，人们更偏爱功能丰富、外表设计时尚的手机，摩托罗拉的基因决定了它不善于这方面的设计，也不愿意在这方面投入更多精力。所以摩托罗拉的悲剧是注定的，是它的基因决定的。

公司的基因，有的可改，有的不可改。可改的公司往往是不断地把转基因作为一个强制性的任务。最典型的是3M，它有一个硬性的指标，要求每年的营业额必须有很高的比例来自于最近几年的技术——这样转型起来就比较容易。事实上，3M 公司在最近的十几年中有 35% 的收入总是来源于 5 年之内开发的新品。但很多传统的大公司显然不是这样的，有收入的老部门习惯将没有收入的新部门卡死，如原来的微软公司。所以要想成功地转基因，首先，公司的文化本身就是以转基因为核心。GE 就是这样，一百年来，GE 经历了从做电灯泡开始，到无线电，最后到电视机的蜕变。其次，转基因也存在很多偶然性，成功与否看你能否把握住。比如，美国的运通公司和美国第四大的富国银行（Wells Fargo，原意是威尔斯马车运输公司），很难想象，这一家信用卡公司和一家大银行，在历史上居然还是两家快递公司。因为过去的股票不是现在计算机上的一个数字，是实实在在的一张纸，当时运通公司和富国银行的前身就是给人传递股票、传递证券的快递公司，而通过传递股票、证券业务，使它能够接触到买股票的有钱人，于是通过给这些有钱人提供买股票的贷款，最后变成了一家信用卡公司。当时美国买股票跟今天不一样，只要押 10%，股票就可以先给你，所以运通公司和富国银行能通过贷款服务很容易地将这个生意做起来。当然，在今天，这样的事根本不可能发生，因此有些时候，转基因需要一个特定的历史契机。

传统企业在进行互联网保险转型时，往往会遇到许多困难和阻碍。其中，最重要的原因是无法拥有正确的用户思维，而且企业往往遵循着“基因决定成败”的理论。

周鸿祎曾自述：“我的互联网方法论中说没有用户，就没有客户。用户少了，客户就没了。”所以他建议传统企业转型，不要一上来就想怎么去赚消费者的钱。但在大量传统企业的从业者看来，他们并不具备互联网公司所谈的用户和客户理念的基础。很简单，360和微信可以免费，然后再抽象出增值业务；但是米其林轮胎、强生婴儿油却不可以。此外，小米通过低价卖手机，成为后续增值业务的载体，在其他行业，很难找到后续能如此紧密连接用户的方式和渠道。下面我们重点以小米科技公司为例来说明互联网思维对企业转型的重要性。

2011年8月16日，小米科技董事长雷军正式揭开小米手机面纱。小米真正的王牌是互联网思维（见图3－4)，采取了颠覆式的商业模式：用互联网销售，直接面对终端消费者。在雷军看来，互联网不是一种工具，而是一种观念，它包括4个重要因素：快、极致、专注和口碑。

规则一：互联网用户定义产品

小米手机的操作系统MIUI是首个实现每周升级的手机操作系统。MIUI团队由120多名自愿申请的发烧友组成，他们的工作就是泡论坛，广泛收集论坛上粉丝的反馈，根据这些反馈来解决bug，推动升级。同样，米聊团队也会充分收集来自微博、论坛等各个平台的用户

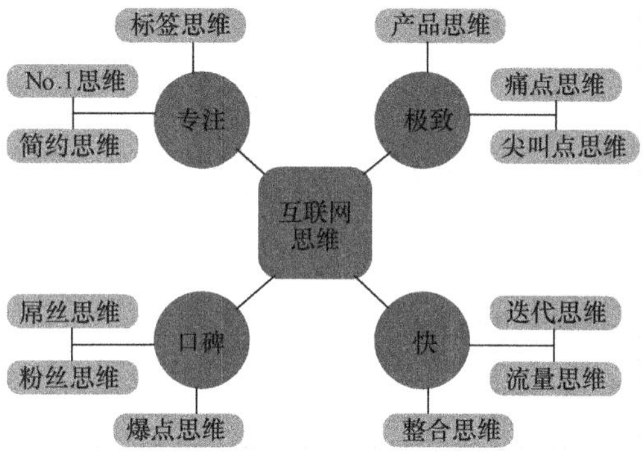

图3－4　互联网思维关注点

反馈，快速迭代。

未来，小米手机仍会是一个“活的系统”，并鼓励发烧友在使用过程中及时反馈问题，根据问题的重要程度给予奖励。

规则二：拥有粉丝而非用户

小米非常注重和用户之间的直接沟通和情感建立。MIUI论坛粉丝（见图3－5）的发展速度很快，靠的是好产品与粉丝的紧密沟通。据悉，在未来的营销中，小米会更注重和用户之间的沟通，进行口碑传播。

图3－5　MIUI发烧友论坛

规则三：开放

开放是小米的信条。在小米手机操作系统 MIUI 的成长过程中，很多模块都向用户开放。用户可以提交 bug，跟踪 bug 处理的进度，也为 MIUI 开发了千变万化的主题和锁屏样式。

规则四：首创纯互联网手机品牌

小米手机是首个互联网手机品牌，采用互联网模式开发，利用互联网销售，商业模式也是“互联网化”，不设线下渠道，最大规模地减少中间的渠道成本，降低了价格门槛。在互联网领域，核心理念是让用户免费使用产品，做口碑营销，扩大用户基础，更多的用户体验反馈又能帮助产品改进，形成良性循环。

小米面临的问题

市场调研公司 Canalys 的数据显示，2015 年三季度，小米在中国的智能手机出货量首次出现下滑，同比跌幅达 8%，其中既包括高端机型小米 4，也包括更廉价的红米系列。

小米获得巨大成功的关键因素包括：建立粉丝群体、借助口碑营销、通过社交媒体传播等，当然产品也不错。但这些方面都不应成为小米的核心竞争力，因为这些很容易被竞争对手模仿，也难以在消费者心中有清晰的差异化定位。近期华为、联想以及金立等对手快速复制了小米的互联网商业模式。这些公司都发现，通过电商销售低价超薄智能手机可以加快消费者更换手机的速度，于是纷纷效仿小米，小米的先发优势消失殆尽。

小米欲实现自己的雄心，必须有真正的产品创新。小米竭力避免被打上智能手机厂商的标签，始终强调自己是一家“互联网公司”，提供一系列设备和在线服务。小米公司的产品包括基于安卓的 MIUI 系统、小米手机、电视机、机顶盒、空气净化器、移动电源、运动相机、健身手环、插线板等几十种，但手机依然是主导产品，并把品牌延伸到其他领域。然而，决定品牌延伸成功的核心要素是品牌强势度与产品相关性，品牌强势度受到品牌感知度、定位度和知名度的影响，产品相关性受到具体产品相关度和受众相关度的影响。由此可见，小米的多元化发展战略亟待反思。因此，真正的产品创新是小米亟待突破的关键问题。

在互联网背景下，免费也是用户思维的一个维度。但是传统行业对这种盈利思维的转变存在一定的困难，因为在这个行业，主流的思维依然是把产品卖出去赚取利润，然而这并不代表传统企业无须改变，在这种模式的冲击下，免费一定会给互联网保险带来巨大的流量。克里斯·安德森的《免费：商业的未来》一书将互联时代的免费分成 3 种模式：直接交叉补贴、三方市场和“免费 + 收费”模式。无论是哪种免费的模式，一定会对未来互联网保险的发展提供借鉴意义。其实在我国已经存在免费领取保险的平台，充分证明这种模式存在的合理性。

除此之外，传统购物中心的“用户思维”是先圈定一个“用户特征谱”，然后努力服务好这部分用户，给他们制造更多惊喜，从而获得最后的转换。例如，很多线下购物中心举办的各类亲子活动等，通过线下活动为商场引流，但这还不算是互联网时代的用户思维。区别在于，目前传统商家举办的这类活动引来的流，商家并不“拥有”调动和把控能力，而互联网企业却对他的用户有很强的连接、传播和把控能力。所以商家可以借鉴互联网的“用户思维”，尽可能把社区周边的目标客户转换为“用户”，通过关注微信或者发卡等方式，使用户能感觉到和购物中心即时、便捷的连接。需要注意的是，转换为“用户”后要谨慎选择发广告的方式，应该学习互联网企业长期维护、运营和娱乐“用户”。

3.7 互联网保险监管充满挑战

保险业作为金融业的组成部分之一，在社会与经济发展中的作用愈来愈重要。随着保险市场的不断开放，我国保险业在迅速发展和壮大自身的同时，也将面临更加激烈的市场竞争，承受更多的可能来自国际金融保险市场风险的影响。因此，如何进一步完善我国的保险监管，成为当前我国保险业发展的热点和难点。

我国对保险业的互联网金融监管主要是功能性监管，以中央银行为主要领导，协同其他监管者一同履行监管任务，目前，保险监管采用微观个体金融风险和宏观整体风险的分业监管。在这种分业监管模式下，各监管机构分别履行自身职责，由于彼此之间进行沟通与交流比较困难，致使监管成本较高。

另外，国内金融机构的混业现象也较为严重，且呈逐年加重趋势，特别是并购现象较为严重，出现了很多金融集团。可以预见，未来几年新型的互联网保险模式将会以很快的速度增长，但是但凡涉及人民财产的事务都蕴藏着巨大的风险，尤其保险产品本来就属于专业化程度很高的产品，如果不能规范保险市场，互联网企业的涉足会给消费者带来更多的不确定性。目前，我国在互联网保险监管方面还处于空白期，一方面，互联网本来就是新崛起的产业，另一方面，互联网保险涉及方面众多，与对传统保险产业的监管存在本质上的不同，因此也加大了互联网保险的监管难度。

李克强总理日前在贵阳的数博会上讲到：一个新事物诞生的时候，我们确实不能“上来就管死了，而要先看一看”，这既是给它一个成长的机会，也是为了暴露监管漏洞，让随后出台的监管政策更加公平有效。这是一种非常有意思的管理模式，即“先发展，再监管”，其核心理念符合互联网商业模式创新的发展规律。这种理念可以解释为何在当前的互联网金融 P2P 领域，有效的监管措施未能及时出台；也可以解释为何保监会各级监管部门一方面为互联网保险领域的快速发展感到欣喜，另一方面却对如何监管充满困惑和不知所措。在出行领域，滴滴打车、神州专车以及 UBER 等打车类软件迅速发展，但至今尚未宣布这些打车类软件是否合法。

一个伟大的公司往往以这种姿态出现：刚进入市场时会被 99% 的主流成功者认为是“异类”，不值得重视或者与其合作，因为这个新进入者常常不按规矩出牌，在某些方面甚至表现怪异。但随着时间推移，量变最终会导致质变，进而获得伟大的成功。腾讯推出“微信”颠覆运营商的“短信”市场是这样，去哪儿网改变航空公司并促使其创新是这样，360 杀毒服务终结中国杀毒软件市场也是这样，UBER 等打车软件重击出租车行业仍然是这样。它们的共同特点是创业者都是狂野的理想主义者，关注并不断挑战潜在的市场。他们有想法，善于利用并优化他人的想法，直到这些想法成为令人难以抗拒的新产品，并最终改变整个商业模式和商业生态。试想，如果在这些创新模式刚刚萌芽时，相关部门就出台相对严格的监管政策，我们的社会将会缺乏促成创新的基因。从某种意义上讲，“先发展，再监管”的高层思维模式将培育创新的土壤，形成鼓励创新的环境，践行伟大的“大众创业，万众创新”的国家战略。

从另外一个角度看，“先发展，再监管”的管理思想反映了相关政策制定部门的大智慧。各位思考一下，有多少专家能够洞察或者预测到互联网技术对我们的工作和生活可能产生的终极影响？例如，有哪位专家预测到了智能手机会终结曾经风靡世界的“诺基亚”？有哪位专家能够想到“微信”会终结各大通信运营商的“短信”业务，并在未来三年内终结其“语音”服务？有哪位专家能够看到“支付宝”等线上支付模式将对银行产生致命的影响，甚至让公众质疑缺乏创新的“银行”存在的合理性？有哪位专家能够想到2014年年初出现的打车软件会彻底改变出租车行业，并让相关管理部门成为社会上“多余”的一部分？有哪位专家在数年前看到各OTA会令各航空公司恐惧？如果各保险公司再不创新，未来将成为单一产品的供应商，这又有哪个专家能够看到？如果缺乏有战略远见和预测能力的专家，又如何能够制定出引导某创新领域发展的政策呢？

既然不能对互联网技术未来的发展趋势做出判断，那就不应该抢先监管。例如，互联网原理和大数据技术在出行领域的应用，使服务提供者和服务需求者的匹配更加高效；使中央树状结构的统一调度变成了网状结构的高效匹配。这种容忍创新、鼓励创新的环境反而诞生了诸如

UBER、滴滴出行、神州专车等极具创新精神的企业。

中国台湾企业的核心竞争力主要在于产品创新，中国内地企业的核心竞争力主要在于商业模式创新，这是两者的本质差异。在互联网时代，通过跨界资源的整合和优化组合，后者的优势将会愈发明显，也会有更大的想象和发展空间。这也是“互联网+”为企业实现“弯道超车”提供的重要机遇。中国香港的科技园在企业创新方面缺乏基因，也缺乏鼓励创新的环境。“先发展，再监管”的管理思路将极大地促进内地企业的创新步伐，反过来，“先监管，再发展”将直接断送创新的可能，并彻底毁掉企业创新的基因。因此，保险监管不能总以高高在上的姿态把行业管死，而是应转变态度，想想自己如何能更好地为保险行业服务，如何更好地规范行业，帮助保险行业起飞，而不是一味地限制。

2015 年 7 月，中国保监会正式印发《互联网保险业监管暂行办法》（以下简称《办法》），这是首份针对互联网金融领域的监管文件。这份文件主要有以下亮点：

一是线上线下监管标准一致。近年来，我国互联网保险呈加速发展态势，为保险业注入了活力，但也存在销售行为触及监管边界、服务体系滞后和风险管控不足等风险和问题，亟须进一步规范。《办法》采取与线下产品一致的监管要求，由保险公司根据自身的管控水平、信息化水平及产品特点，自主选择符合互联网特性的产品开展经营。保险监管机构主要通过事中监控和事后监督等措施，实施退出管理，以加强对互联网保险产品的监管。

二是部分险种放开经营区域限制。基于互联网方便、快捷、跨地域的特点，《办法》有条件地放开部分险种的经营区域限制，如对人身意外伤害保险、定期寿险和普通型终身寿险；投保人或被保险人为个人的家庭财产保险、责任保险、信用保险和保证保险；能够独立、完整地通过互联网实现销售、承保和理赔全流程服务的财产保险业务等。

三是总公司直接负总责。保险机构的总公司要对互联网保险业务负总责，实行集中运营、统一管理，不能以分公司的名义对外经营互联网保险业务。但是，在总公司的统一管理和调配下，分公司可以承担出单、理赔、客户服务等落地工作。

四是防范销售误导。互联网保险业务主要是通过消费者自主交易的方式完成，与传统交易方式相比，缺乏面对面的交流沟通。《办法》对经营主体履行信息披露和告知义务的内容和方式做了较为详尽、具体和明确的要求。

《办法》对互联网保险如何监管做了明确规定，但没有对其实施“单独报备”的限制，同时大幅度放开了准入许可，加强了事中监测和事后处置，建立了退出机制，充分体现了监管部门支持互联网保险业务、鼓励创新的基本态度，也体现了“放开前端、管住后端”的监管思路。

互联网发展速度惊人，各种模式、各种业态层出不穷，任何监管机构都不可能制定一套规则使之适用于今后所有的发展情况，监管过松导致行业风险过大，居民的财产受到威胁；而监管过紧又会限制金融产品创新，不利于行业的长远发展。如何在产品创新和监管红线中划定边界，正考验着监管部门的智慧。

4 智能互联时代保险营销模式变革

4.1 保险企业营销变革迫切

进入21世纪以来，互联网技术的发展提高了人们对海量数据的处理能力，借助该技术，使人们借助计算机系统分析消费者习惯成为可能，精细化的消费产品推送成为可能，极大地释放了消费者的消费潜力。

对保险公司而言，仅将互联网当成保险销售渠道的改变是行不通的。在互联网的冲击下，保险行业出现了很多异于传统的新特点，这些特点需要保险公司对互联网的交易生态进行深入的了解和研究，通过产品创新满足用户需求和提升自己的运营效率。通过对互联经济时代保险行业市场特征变化的分析，寻求互联网保险发展的新出路。

4.1.1 用户的变化

互联经济时代技术和保险销售环境的发展为互联网保险的发展提供了大量机会，但是我们仍需要对互联经济时代用户的特征进行描述，才能够更加有针对性地满足移动客户对保险产品的个性化需求。在互联经济时代，用户已经发生了如下变化。

首先，我国 PC 端互联网市场规模近年来呈现稳步增长态势。2014 年，我国 PC 端互联网市场规模达到 5 053.2 亿元，较 2013 年有 20.6% 的增幅（见图 4－1）。但是随着 2015 年全球 PC 市场趋于疲软，PC 端互联网市场规模增速也相应下降。

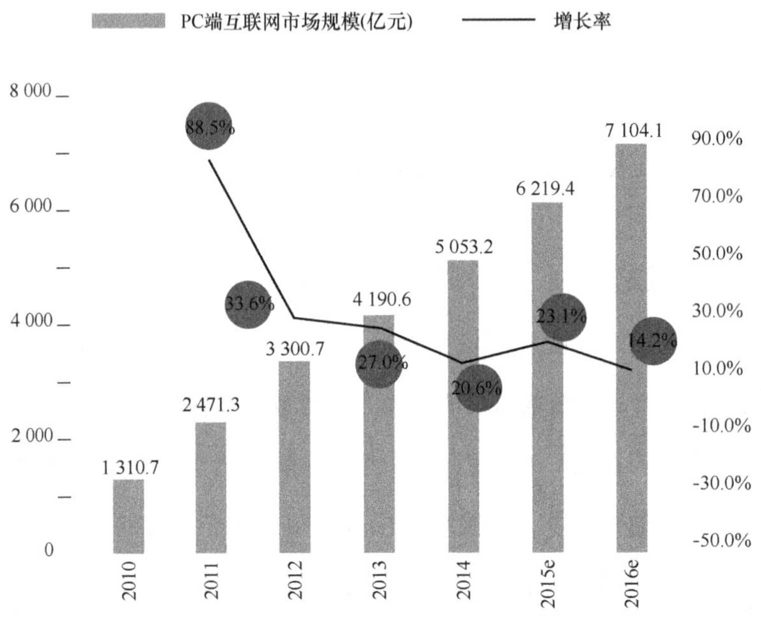

图 4－1　我国 PC 端互联网市场规模及其增长率（单位：亿元）

其次，手机成为网民最主要的上网设备。2014 年，我国移动端网民用户已达到 5.4 亿人，首次超过 PC 端用户数量。截至 2016 年 12 月，我国手机网民规模达 6.95 亿。网民中使用手机上网的人群占比由 2014 年 12 月的 85.8% 提升至 91.5%。而手机也开始逐渐扮演起人体器官的一部分作用。《指尖上的网民》调查显示，20%的移动互联网用户每天查看100次手机，23%的用户没有手机会心慌，34%的用户起床第一件事就是看微信。这一改变，让媒介、内容、传播和消费变得随时随地。“移动”开始主导我们的生活。

表4－1　2015年第四季度全球PC出货量

公司名称	2015年Q4出货量（千台）	2015年Q4市场份额（%）	2014年Q4出货量	2014年Q4市场份额（%）	2015年Q4－2015年Q4增长率（%）
联想	15 384	20.3	16 061	19.4	－4.2
惠普	14 206	18.8	15 452	18.7	－8.1
戴尔	10 236	13.5	10 783	13.1	－5.1
华硕	6 002	7.9	6 201	7.5	－3.2
苹果	5 675	7.5	5 519	6.7	2.8
宏基	5 277	7.0	5 939	7.2	－11.2
其他	18 940	25.0	22 635	27.4	－16.3
总计	75 720	100.0	82 590	100.0	－8.3

第三，社交分享成为移动端最重要的应用。在《指尖上的网民》调查中我们发现，69%的用户使用手机进行即时聊天（QQ、MSN等），64%的用户打开微信，排名前三除了上述两类应用外，还包括社交类应用微博。因此，QQ空间、微信朋友圈和新浪微博成为互联网用户分享量最大的社交平台（见图4－2和图4－3）。移动用户的分享行为在不同性别、年龄和时间上存在差异，晚上9：00以后是分享内容的高峰期，男性相比女性更爱分享内容（见图4－4和图4－5）。社交为保险的发展提供了大规模的用户基础，在德国已经出现了基于社交网站的朋友保险（friends insurance），也被称为点对点保险，其具体商业模式是

与保险公司合作，让传统的保险公司作为再保险人，承担大额索赔，小额索赔在朋友圈中分担（通过“自留保费”）。这种模式可以减少诈骗风险，减少微小的索赔。

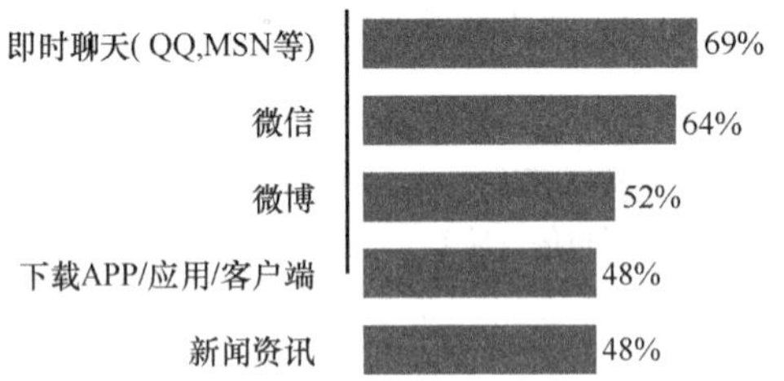

图4-2　用户手机端上网行为

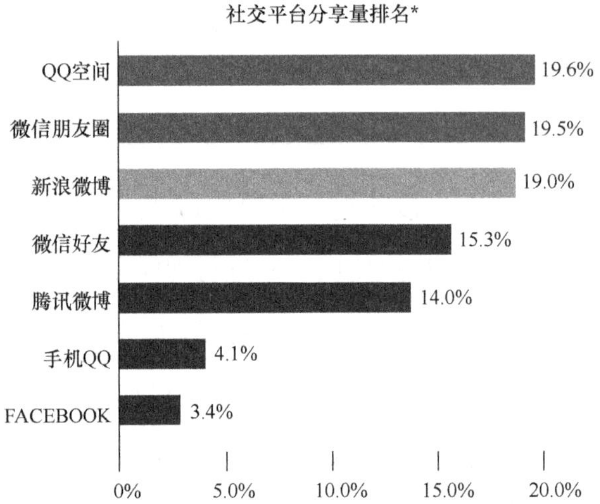

图4-3　社交分享平台排名

数据来源：友盟社会化数据平台：《指尖上的网民调查》。

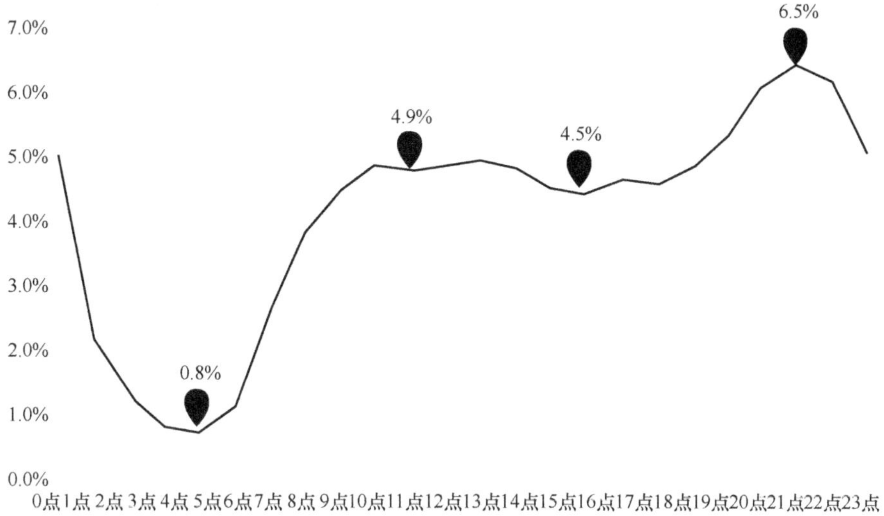

图 4－4　移动用户分享时间偏好

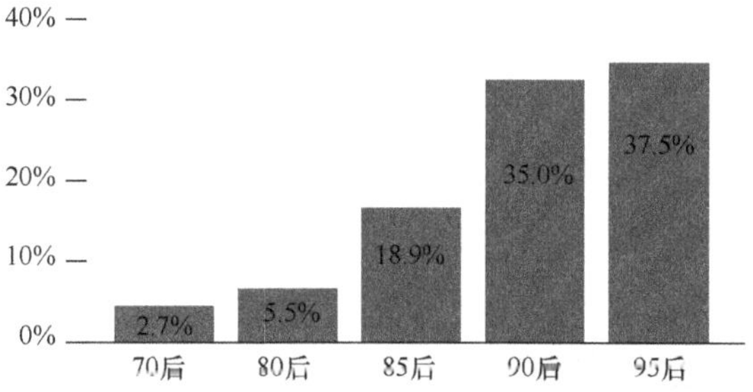

图 4－5　使用社交平台的用户年龄分布

最后，用户移动消费的习惯已经养成。来自中国网购行为研究的数据显示，截至 2014 年 4 月份，我国 89% 的网购用户选择用电脑购物，而 68% 和 23% 的用户分别将手机和平板电脑作为自己的购物终端，并且这一占比正在不断增多，从 2014 年“双 11”淘宝的数据中也可见一斑。截至 2016 年 6 月底，中国网购用户规模达 4. 48 亿人，同比增长 8. 3% 。而带动手机购物用户不断增加的两个最主要原因是支付便捷

（71.2%）和随时随地购买（67.1%）（见图4－6），尤其是随时随地购买这一项，暗示着用户的购买行为已经在潜移默化中发生了变化。

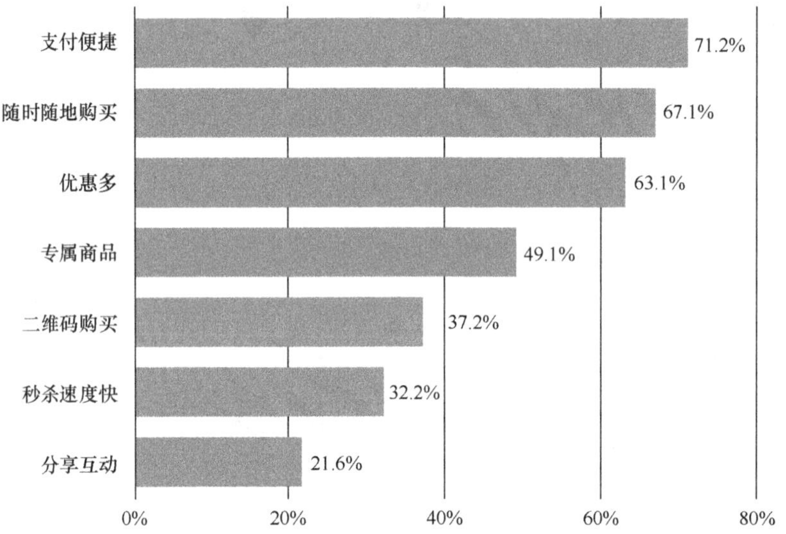

图4－6　选择手机购物的原因

数据来源：互联网数据中心—199IT：《CTR：2014年4月中国网购用户行为分析》。

4.1.2　购买方式变化

首先，在移动化浪潮的推动下，客户能够很方便地获得产品、服务、费率等信息，充分满足“货比三家”的消费心理，相比传统营销模式下营销员或者代理机构主动寻找潜在客户，现在用户的主动性更强。同时，用户开启掌上生活，非常在乎消费体验，包括险种说明是否清晰、交互界面是否友好、保险业务流程是否简单、支付渠道是否广泛等，都会影响客户的购买行为。

其次，消费地点和时间的碎片化。从消费地点的角度来看，用户几乎24小时都把智能手机带在身边，他们希望不管在哪里都能买到自己需要的保险产品和服务，可能在北京，也可能在巴黎。用户不再满足于一个或两个渠道，他们渴望进行多渠道购物。从消费时间的角度来看，用户希望无时无刻都能买到自己需要的产品。例如，在淘宝的12大消费群体中，最大的消费群体是“夜淘族”，多达2 200多万消费者是在每天夜里0点—5点下订单。此外，今天大量的消费者利用每天的碎片时间购物，购物时间从定期每个月到百货店、每周到超市、每天坐在电脑前购物，转向购物其实是一种随时选择的态度。

最后，现在用户的购买行为实际上正在向由生活场景激发的“触点消费”时代转移。因为互联经济时代不仅是一个手机随时随地连接的时代，同时更是一个高效的O2O时代，手机的交互性和个性化特征让很多生活场景都可能激发消费行为。例如，2014年的“双11”，阿里巴巴就充分利用了这个特征，与分众传媒合作，开展手机淘宝客户端与分众楼宇屏幕交互的“摇一摇互动”。这种交互既可能引发APP的操作，也可能把用户连接到线下消费体验当中去。“触点消费”模式不仅反向促进了用户消费地点和消费时间的碎片化，同时也使用户的购买决策更加复杂。

4.1.3 购买决策的变化

用户的购买决策是一系列文化背景、生活经验、品牌认知和情景刺激的综合结果，但是互联经济时代的特征凸显了情景刺激的重要性。也就是我们上面提到的“触点消费”，在这种消费者模式的作用下，消费者的购买决策加快。互联网将产品凸显出来，强调产品的功能、细节、参数及各种实用性价值，像团购、限时购、限时限量促销等电商常用的营销手段都给予消费者一定迅速做出选择的压力。

同时，认知进化使消费者的决策过程更加复杂（见图4－7）。在互联经济时代，消费者获知信息的渠道更加多元，精准的广告、咨询、社会化分享和自发的搜索都成为消费者接触销售信息的渠道。在考虑是否购买产品时，消费者除了判断自身需求之外，还可以通过诸如社会化电商网站、购物分享社区等获知他人的体验和感受，并通过多种渠道（门店、微信、微博）参与品牌互动，体验产品和服务。

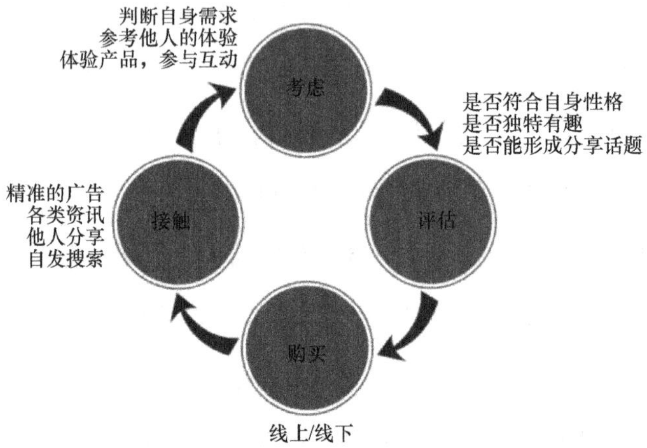

图4－7　互联经济时代消费者的购买决策过程

图表来源：友盟社会化数据平台：《数字创新白皮书》。

最后，除了价格，“喜欢”和“有趣”成为新的产品购买考虑因素。商品是否能展现独立个性，形成话题分享，对消费者最终的购买决策产生了越来越强烈的影响。

互联经济时代彻底让虚拟世界和物理世界融为一体，未来在消费行为方面更大的想象空间是保险销售公司与用户有效连接以及信息的实时传输和交互。无论是上面提到的基于场景的购物渠道，还是基于用户生活圈的场景媒体等，都在为互联网保险行业展现一个全新的移动购物时代。

4.1.4 环境的变化

从保险销售的环境来看，互联网将在渠道、产品设计、定价和营销方式等环节上从根本上影响保险行业，因此需要平衡线上线下经营，全渠道布局互联网保险。

随着互联网的发展，网上购物已经不是什么新鲜事，以 2014 年淘宝“双 11”活动为例，当天的网购交易额达到了 571 亿元，比 2013 年同期增长了 63%。更值得注意的是，在这 571 亿元消费额中，有 42.6% 的是来源于无线端。2015 年，淘宝天猫“双 11”销售额交易更是高达 912.71 亿元，创下新高。2016 年，第 8 个天猫“双 11”全球狂欢节的交易额最终定格在 1 207 亿元。作为“双 11”金融支撑力量的蚂蚁金服也创下多个新的世界纪录——全天完成支付 10.5 亿笔，峰值达到 12 万笔/秒。千亿成交背后，有 6 亿份消费保险在保障交易，保障金额达 224 亿元，平均每分钟 41 万单，9 家保险公司在蚂蚁保险平台上再次刷新全球保险纪录。以上数据充分说明广大网民“移动消费”的习惯已经养成。

但是根据我们的调研结果分析来看，很多规模以上的保险公司在互联网保险的跟进上已经处于劣势地位，如中国人寿。中国人寿官网日均访问量达到 9 万到 10 万人次，最高访问量为 20 万次，但是官网访问人群中，保险购买的转化率非常低，中国人寿年均保费收入在 3 600 亿元左右，日均进账 9 亿元到 10 亿元，但这些收入主要是通过传统渠道推动的，通过网络销售的收入可以忽略不计。这一方面说明中国人寿在网上渠道还有很多可以发力和提高的地方，用更人性化的产品和设计吸引用户；另一方面，中国人寿没有将其线下销售保险的优势转化到线上，不能充分满足目前消费者对互联网保险的需求。未来，互联网保险的建设和发展将是中国人寿的重点战略布局之一。

2015 年前三季度人身险保费收入 13 129.58 亿元，其中，互联网人身保险保费首次突破千亿元，达到 1 181.9 亿元，是去年同期的 4 倍，同比增长 332.24%，比 2015 年上半年增长了 161.02%（见图 4－8）。可以说，互联网保险发展态势十分迅猛。

原保险保费收入	**19040.519936**
财产险	**5910.944832**
人身险	**13129.575103**
① 寿险	10795.084236
② 健康险	1836.711526
③ 人身意外保险	497.779341
原保险赔付支出	**6260.542708**
财产险	**2892.191653**
人身险	**3368.351054**
① 寿险	2742.792854
② 健康险	516.289704
③ 人身意外保险	109.268496

图 4－8　2015 年前三季度保费收入（单位：亿元）

互联网正加速向各行各业渗透，重塑着传统行业的面貌，它改变了传统行业的渠道，改变了产品和服务，降低了交易成本，优化了资源配置。在这个过程中，以客户为中心的理念逐渐形成，用户成为产品的核心，一旦用户的生活方式发生变化，来不及变革的企业将遭受沉重的打击。

李彦宏曾说：互联网产业最大的机会在于发挥自身的网络优势、技术优势、管理优势等，去提升、改造线下的传统产业，改变原有的产业发展节奏，建立起新的游戏规则。在互联经济时代，这种游戏规则的改变不仅出现在行业中，也出现在消费者身上，消费者需求早已不再源于市场供给，而更趋向于个性化、跨渠道，这使企业对消费者的管理和研究变得更加复杂。新时代传统营销模式在企业实践中捉襟见肘，互联网思维要求企业对市场、用户、产品、企业价值链乃至对整个商业生态重新进行审视，如今企业必须制定新的规则来满足消费者，传统营销模式已经不能适应，重新定义营销模式变得十分重要。

4.2 保险企业4D营销模式

伴随着互联网的崛起，新型消费群体出现了社交化、本地化和移动化的特征，其购买特点也逐渐呈现全天候、多渠道、个性化趋势。各类电商平台、新闻门户、SNS（社会性网络服务）社区、线下实体频道都是消费者获取商品信息的渠道来源；社交网络上的UGC（User Generated Content，用户生成内容）、意见领袖的言论评价，都会对消费者的购买行为产生影响；而消费者购买后的品质服务，更会影响其对产品的忠诚度。对企业来讲，这些趋势的出现一方面导致传统营销模式在实践中寸步难行：信息化经营方式从蓝海时代最基本的财务信息化转变成如今超级红海时代的立体营销；原有销售渠道受到严重冲击，企业销售渠道呈现多样化；随着时代的变化，商业重心也发生了剧变。另一方面，技术应用在转变，消费模式在转变，人的思想更在转变，重塑以消费者为核心的企业经营体系势在必行。新互联经济时代，我们提出了涵盖需求（Demand）、数据（Data）、传递（Deliver）、动态（Dynamic）4大关键要素的4D营销理论模型（见图4-9），以消费者需求为基础，以互联网思维为灵魂，重新定义企业营销模式。

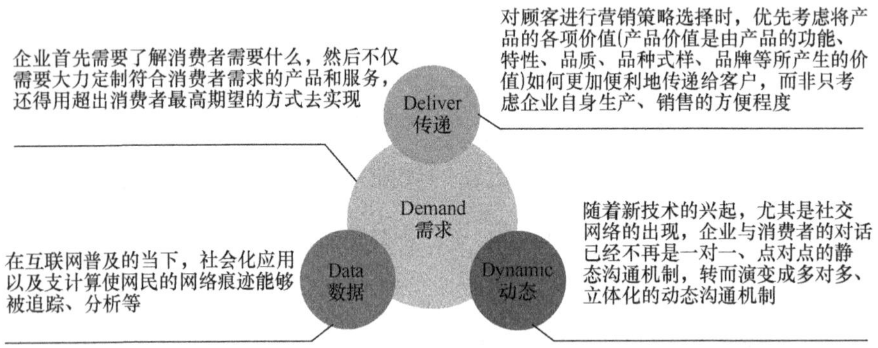

图4-9　4D营销理论

在营销史上，没有什么比4Ps影响更大的了。1960年，密歇根大学教授麦卡锡（McCarthy）提出著名的4P组合，后被科特勒（Kotler）发展至大成，成为最经典的营销理论。4P指的是产品（Product）、价格（Price）、渠道（Place）以及促销（Promotion），该理论认为，一次成功和完整的市场营销活动，就是将适当的产品或服务，以适当的价格，通过适当的渠道和促销手段，投放到特定市场的行为过程。生产企业先进行大量的市场调查，在调查的基础上进行市场分析，然后划分细分市场，对产品进行市场定位。由此可知，4P组合策略要求生产企业能够生产消费者所需要的产品。

市场营销理论经历了从4P到4C、4R的发展历程。20世纪90年代初，美国学者劳朋特（Lauteborn）针对4P存在的问题，从顾客需要的角度出发研究市场营销理论，提出了与传统营销的4P相对应的4C理论，即消费者（Consumer）、愿意付出的成本（Cost）、购买商品的便利（Convenience）和沟通（Communication）。虽然从消费者的角度出发顺应时代发展的趋势，但是顾客的需求也有一个合理性问题。例如，顾客总是想要产品的价格越来越低，如果企业一味迎合顾客的需求，必然要付出沉重的代价。因此，理想状态下企业与顾客之间的关系绝非一方无限制地满足另一方，而是双赢的关系。4C理论片面地强调顾客的需要，没有体现企业所更应该遵循的双赢原则。针对这一问题，20世纪90年代中期，著名整合营销大师舒尔茨（Schultz）顺应营销实践的发展，提出了4R理论，以关系营销为核心，注重企业和客户关系的长期互动，重在建立顾客忠诚。4R包括关联（Relevance）：与顾客建立关联，提高其满意度和忠诚度，减少顾客流失；反应（Reaction）：提高市场反应速度，倾听和满足顾客的需求；关系（Relationship）：重视关系，建立长期和稳固的关系；报酬（Reward）：重视营销回报。传统营销模式的核心要义在移动互联时代被各个击破，直到被颠覆，最终量变引起质变。第一个质变，传统营销的本质是以产品为中心；新的营销本质是沟通，是以人为核心。第二个质变，传统营销注重的是规模经济，卖得越多越好；新的营销强调社群经济，卖给对的人而不是所有人，不求大而全，但求小而美。第三个质变，传统营销体系中，消费者只能使用和消费；而互联网时代，消费者向用户转变，个体的智慧得到培养，并将其

“创造和分享”的能力进行无限次的释放。

传统4P、4C、4R营销理论建立起的体系并没有坍塌，也没有过时，只是在互联经济时代，信息沟通在互联网的影响下，认知和行为逐渐改变。例如，媒体的多元化、信息的碎片化、活动的社群化、行为的网络化和社交化。相对于传统营销时代，信息不对称被逐渐打破，消费者的话语权在回归，消费意识在觉醒，4D模型由此产生（见图4-10）。

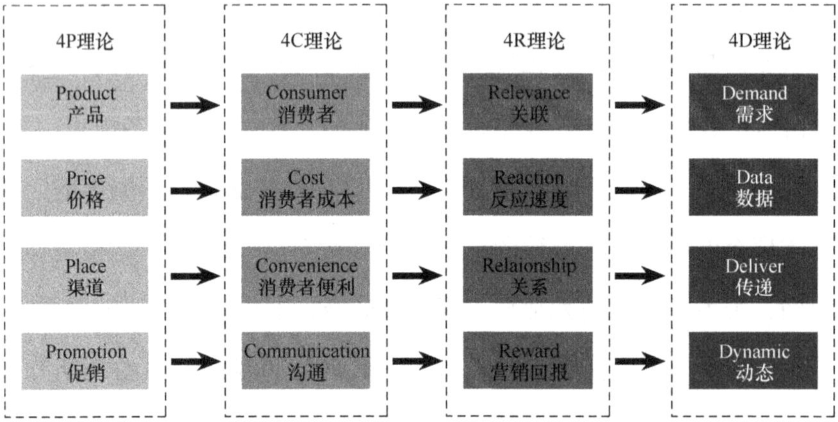

图4-10　4D理论模型

目前，营销的关注点正从以产品为核心转变为以人为核心；其次，传统的规模经济正在走向社群经济，如何做到精准营销，给不同的人推荐最适合的东西变得十分重要；最后，传统营销中消费者是被动地接受，而互联经济时代，消费者不仅承担消费角色，还承担了部分生产者的角色，消费者们的创造力以新产物的形式得到了分享和释放。

面对互联网浪潮，传统企业遇到巨大的挑战，尤其是在移动互联网、大数据、云计算、物联网等日新月异的今天，新兴的营销模式，如O2O、微博营销、饥饿营销等不断兴起，企业管理者只有突破传统营销管理理念，将变革落到实处，才能顺应时代潮流，寻求新的发展。

传统营销理念在今天看来仍然具有实践意义，但在互联经济时代，互联网思维对传统营销思维提出了重大的挑战。在新经济时代背景下，技术、消费者行为、消费者思想发生了重大转变，我们通过对传统营销理论的深入探讨和对新经济时代环境的敏锐洞察，提出了符合新经济时代背景、以消费者需求为基础、以互联网思维为灵魂的4D营销模型，涵盖4大关键要素：需求（Demand）、动态（Dynamic）、传递（Deliver）、数据（Data）。

- 需求（Demand），要求企业首先要了解消费者需要什么，然后不仅需要大力宣传符合消费者需求的产品和服务，还要用超出消费者最高期望的方式去实现。

- 动态（Dynamic），即随着新技术的兴起，尤其是社交网络的出现，企业与消费者的对话已经不再是一对一、点对点的静态沟通机制，转而演变成多对多、立体化的动态沟通机制，实现双方互动共赢。

- 传递（Deliver），是在对顾客进行营销策略选择时，并非传统意义上只考虑企业自身生产销售的便利，优先考虑将产品的各项价值（产品价值是由其功能、特性、品质、品种样式、品牌等所产生的价值）如何更加便利地传递给客户。

- 数据（Data），是在互联网普及的当下，社会化应用及云计算使网民的网络痕迹可以被企业运用，而这个数据是海量的、可变化的，企业或第三方服务机构可以借助这些数据为企业的营销提供咨询、策略、投放等服务。

用户需求篇

5 案例引入及理论介绍

5.1 案例引入

5.1.1 了解用户需求——谷歌：我知道你最想要什么！

从全世界范围来看，如果人们想在网上搜索什么东西，第一时间想到的绝对是谷歌（Google），谷歌似乎和搜索已经画上了等号。从这个角度讲，谷歌搜索已经不是一个简单的互联网产品了，因为它已经在某些方面控制了人们的思想，真正地融入了人们的生活。谷歌为什么能做到？2015 年 5 月，Google - Global 占据了搜索引擎市场大半的江山，份额为 68. 54% 。而百度以 10. 18% 的份额排名第二，与 Google - Global 相差 58. 36% （见图 5 - 1）。

搜索引擎的目的是更快速地响应用户搜索，把满足用户需求的搜索结果反馈给用户，能否把与用户检索需求最相关的高质量文档纳入结果排序的前面是衡量搜索引擎性能的关键技术之一，而谷歌正是把这一点做到了极致。谷歌最成功的地方在于利用网页排名

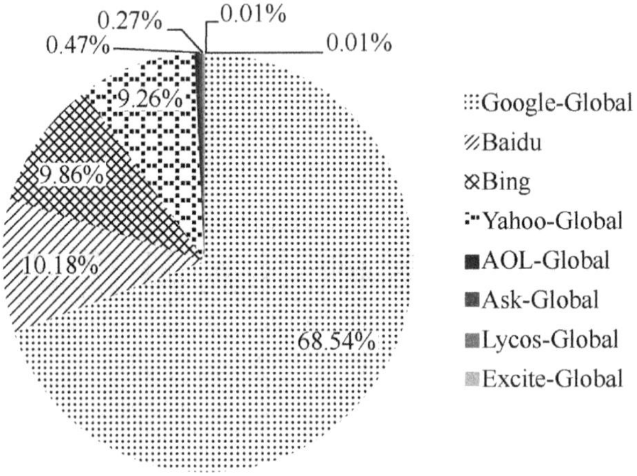

图5－1　2015年5月全球搜索引擎市场份额情况

资料来源：IDC评述。

（PageRank）对谷歌搜索结果排序，让好的结果排在前面，从而提高了检索质量。这是谷歌满足用户需求的关键，高质量的搜索结果自然是用户最希望的结果。

在谷歌搜索引擎流行后，很多公司找到谷歌，愿意出钱提升自己的搜索结果排名，为保证排名质量，谷歌坚持排名不出售。谷歌欢迎各大公司在自己的产品中做广告，但前提是在页面中标注哪些是广告的链接，哪些是搜索的结果，同时，广告出现在页面侧面，尽量做到不影响用户的浏览。有人认为谷歌这种做法损失了大笔收入，而谷歌创始人认为："我们的用户在做决定时是相信我们提供的信息，因为我们的搜索结果是我们用一只最好的算法产生，它们公正且客观，并没有受到金钱的影响。"谷歌的搜索结果旁边显示的广告也是与搜索相关的广告。

网页排名算法总是不可避免地存在这样或那样的缺陷，谷歌也不是十全十美，针对这种情况，一些搜索引擎采取手工修复的办法，然而谷歌却不这样做，因为这么做难免会依照个人好恶对网页进行主观排名，影响搜索结果的公正性，失去用户的信赖。如此做法，体现了对用户的尊重，谷歌凭借这一点，在网络搜索市场的份额不断增长。

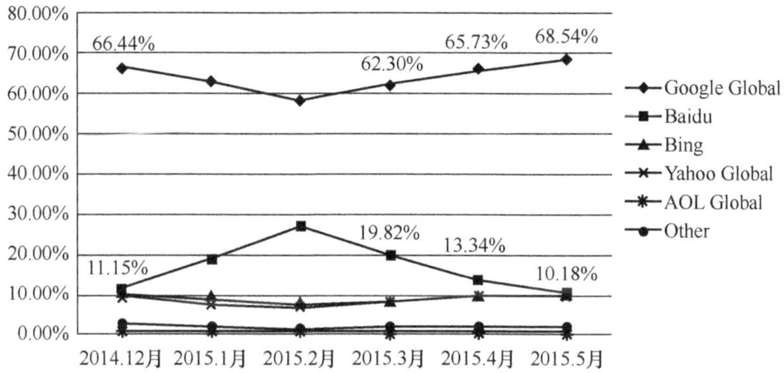

图 5-2 2014 年 12 月—2015 年 5 月全球搜索引擎市场份额走势图

资料来源：IDC 评述。

5.1.2 预测、创造用户需求——亚马逊：逆天的用户推荐

我们都知道 Facebook、谷歌以及苹果等公司十分了解用户。事实上，亚马逊更胜一筹。亚马逊 CEO Jeff Bezos 曾经说过，他的梦想是："如果我有 100 万个用户，我就要为他们做 100 万个亚马逊网站。"这家零售巨头每天都在证明自己对用户的了解，并屡屡创造奇迹。

“预判发货”专利，亚马逊要逆天？

据《华尔街日报》报道，2013年12月亚马逊获得了一项名为“预判发货”的专利，这项创新基于对用户行为数据的分析，预测顾客的购买行为，在顾客尚未下单之前就提前发出包裹，从而最大限度地缩短物流时间。

亚马逊表示，他们判断是否“预判发货”的数据信息包括：顾客此前的订单、顾客的商品搜索记录、心愿单、购物车，甚至包括用户鼠标在某商品页面的停留时间。在送货之前，亚马逊可能会模糊填写用户的收货地址，方便将商品配送至潜在顾客附近区域，而在配送过程中一旦收到该顾客的订单，再将地址信息补充完整。如果亚马逊判断失误，那么可能直接将这份商品作为礼物送给用户，从而提升公司口碑。

在亚马逊购物时，经常会看到“购买此商品的顾客也同时购买”这一提示。这种提示不仅是新型的销售方式，它还为消费者提供了一些搭配商品的建议。数据表明，这一方式的销售转化率高达60%。亚马逊是如何做到的？

你有没有想过自己在亚马逊眼中是什么样子？答案是：你是一个很大、很大的表格里一串很长的数字。这串数字描述了你所看过的每一样东西，你点击的每一个链接以及你在亚马逊网站上买的每一件商品。你在网站上每动一下，这个数字就会跟着改变。这个信息又会反过来影响你在访问的每个页面上会看到什么，以及你会从亚马逊公司收到什么邮件和优惠信息。亚马逊使用的算法称为“协同过滤算法”，这种算法不仅基于那些用户经常购买的商品，而且还参考了用户之间购买历史、用户兴趣行为的相似度，以及物品之间的关联，最终根据评分对用户进行推荐。

文章来源：中关村在线。

5.1.3 保险营销成功案例——泰康人寿电商营销

对用户需求的了解、预测和创造是互联经济时代企业成功的关键，对保险公司而言，同样大有裨益。保险产品是一类非常特殊的商品，它不像宝洁公司生产的快消品那样永远有消费者主动购买，它对消费者的作用和意义大部分消费者自己都无法确定和了解，那么，为消费者创造需求，让其认识到这份需求的重要性就变得十分重要。

查看泰康人寿大事记不难发现许多第一或之一的荣誉称号，如“中国最值得信赖的寿险公司之一”“业内增长速度最快的公司之一”等，近年来泰康的网销成绩斐然，点击量在业界传为佳话，这多少得益于其成功的营销策略。泰康在线官网的“百万保险免费送”活动就是之一。

2014 年 4 月 15 日，泰康人寿宣布推出“飞常保”产品（如图 5－3 所示），首创“全民免费航意险”模式，凡 0 岁到 80 周岁的中国公民，都可免费拥有 100 万元航空意外保障金，有效期 1 年。这项举措吸引了大批客户领取保险，并按照流程输入姓名、身份证号、手机号码及邮箱，泰康据此获取了大量珍贵的客户资料储备。

图 5－3　泰康在线“飞常保”免费保险领取界面

泰康的这项举措可以称为保险电商的典范，除了产品本身十分具有吸引力外，网上操作也十分便利，消费者首次领取保险只需要简单输入几项信息即可，对消费者而言，简单、方便、收益高，因而十分受欢迎。

互联经济时代，任何企业都不能等着消费者自己找上门，泰康的营销思路即先用一个有吸引力且操作简便的产品引入消费者，为消费者创造了一项“也可以有并且还不错的需求”，消费者自己觉得受益的同时也成了泰康官网的长期粉丝。对用户的聚拢在互联网时代十分重要，如腾讯公司先利用即时通信产品 QQ 聚拢了上亿用户，当用户量如此庞大的时候，它不管推什么产品，即便只能得到很少比例的用户的支持，都是一笔巨大的财富。

用户需求研究未来的方向就在于碎片化研究，即如何落脚于消费者的衣食住行，从细小却与生活息息相关之处寻找产品机会。航空延误险、淘宝推出的运费险备受大众欢迎，就是抓住了消费者最实用的需求。

互联网思维的第一要义即用户思维。用户思维，是指在价值链的各个环节中都要以用户为中心，从用户的角度去考虑问题，只有深度理解用户才能生存。当企业的产品不能和用户的需求紧密连接在一起时，这种产品必然是失败的。

5.2 理论介绍

5.2.1 从 product 到 consumer 的演变

用户需求一直是市场营销理论的基石，也经历了从产品本位策略、消费者本位策略到聚集用户需求策略的演化。产品本位是指提供市场以满足需要和欲望的任何东西，包括有形的产品、服务、体验、事件、人物、场所、产权、组织、信息和想法。在以产品本位为基础的理论研究中，要求从生产者出发，重点强调生产企业应从产品整体概念、产品组合、产品生命周期、新产品开发和品牌等角度来提高服务质量，增加产品价值。

产品本位策略强调企业以产品为导向，该策略产生于短缺经济时代，产品种类少，企业也很少供货上门，消费者没有选择的余地，因而企业向消费者宣传和推出产品，消费者较容易接受。产品本位策略下，企业宣传的是**“消费者请注意”**的理念。企业在进行详细的营销研究之后，便要着手进行营销组合的规划。在产品策略下，企业要对生产哪种或者哪些产品、如何管理这些产品、对失败产品是否应该放弃等问题进行决策，产品的品牌定位和包装也属于产品策略范畴。生产商奉献给消费者的产品应该是上述几类决策因素的有机组合，即“全方位产品”。为了满足长期的战略目标，一个公司必须根据市场变化不断开发新产品，更新现有产品。

然而，随着市场竞争的加剧以及全球化市场的形成，企业的营销观念发生了根本性的变化，其演变过程主要为：从由“生产导向”决定、以产品为中心的传统市场营销观念到由“市场导向”决定、以消费需求为中心的新型营销观念，与之相应的市场营销组合也发生了重大变化。正因为产品本位策略倾向于生产者角度，忽视了消费者需求，在理论发展中逐渐延伸出消费者本位策略。

5.2.2 从 consumer 到 demand 的演变

消费者本位（consumer）是4C 策略中的第一要素，也是产品本位在新形势下的发展和延伸。该理论认为，用户和顾客就是市场，离开了他们，企业便无法生存，所以企业要把顾客放在首位。首先应通过调查研究，了解顾客的现时需求和潜在需求，并且想方设法满足顾客的所有需求，始于顾客，终于顾客。同时，顾客购买某种产品并非单纯意义上的占有，而是为了满足自身的某种“需求”。因此，尊重顾客就要从实质产品、形式产品、扩增产品等不同层次满足顾客。

消费者本位从消费者角度考虑问题，更重视顾客的满意，倡导顾客导向，将公司产品或服务的开发和交付与目标消费者的需求挂钩，企业宣传以**“请注意消费者”**为座右铭，即企业首先要了解、研究和分析消费者的真正需求是什么，而不是首先考虑在现有条件下企业能够生产什么。与传统的产品本位策略相比，消费者本位策略更适应现在的市场环境，但不可否认，从企业的营销实践和市场发展趋势来看，消费者本位策略过于强调顾客需求的缺点也会引发如下问题：

（1）从理论上看，4C 理论中的消费者本位策略更多体现出被动适应顾客需求，在当今市场环境下，企业若想获得稳定和持久的市场，必须从更高层次上与消费者建立新型关系。

（2）通过消费者本位策略的发展，经过一段时间的运作，虽然会对企业市场营销的进步起到推动作用，但也势必会使企业市场营销在更高的层次上同一化，使企业市场营销毫无个性和特色，也难以形成营销优势。

因此，在新的市场形势下，聚焦用户需求（demand）应运而生。

5.2.3 聚焦用户需求

聚焦用户需求（demand）策略是指利用网络环境收集和整理消费者信息，了解、预测和创造消费者需求，其特征是以**“我了解消费者”**为核心竞争力。聚焦用户需求策略要求企业不再被动地生产过时的产品，而是主动预测消费者可能的需求，创造出消费者尚未意识到需要的产品。科技的发展为企业获取消费者全方位的信息、分析和预测市场需求提供了条件，获取和掌控消费者需求信息被视为企业的一种重要能力（Handgraaf 等，2008；Rucker 等，2011）。

消费是一个被消费者驾驭着的循序渐进的过程，消费者不断地重新评估自己的经济能力和需求，不停改变自己的消费行为。如果企业想迎合消费者，就必须跟上这种变化的需求。对消费者而言，大网络时代获取信息的方式呈现多元化，擅于利用互联网工具的消费者，通过互联网检索产品信息，利用“发帖”或“转帖”的形式传播产品信息，同时，利用手机随时随地与商户或其他消费者互动。

聚焦用户需求策略中最关键的是，企业首先要了解消费者需要什么，然后不仅需要大力宣传符合消费者需求的产品和服务，还得用超出消费者最高期望的方式去实现。在新经济时代，聚焦消费者需求策略强调以下几个方面：

（1）关注营销各环节的需求，优化营销价值链。

基于互联网的营销环节中，产品和服务可采用O2O、B2C、C2C、C2B等多种方式与消费者连接。无论是线上还是线下，营销价值链都会涉及除企业和消费者以外不同的利益相关方。因此，企业需要同时管理好电子商务平台、团购网站、营销团队、直营商、代理商、经销商、重点零售商、专业门店等多种渠道价值链，才能带动利益各方将价值更好地传递给消费者。营销价值链传递的每一环都很重要，都直接决定价值链终端消费者的需求是否会被满足。因此，企业不应只关注消费者的需求，更应该兼顾价值链中各环节利益相关方的需求。

（2）利用互联网工具掌握和预测用户需求。

新经济时代另一个明显的特征是企业能收集大量以前无法想象的顾客数据，并依此采取行动。企业能知道顾客购买的内容、时间和地点及其他信息。掌握数据，准确和及时的需求预测，无论对企业进行生产、库存、定价等方面的内部决策，还是对消费者合理选择购买时机，以及宏观经济调控，都有着重要的参考作用。传统的需求预测模型一般是以历史销售量信息和对市场状况的估计为基础；而互联网时代，消费者的一部分购买行为会转移到网上，比如，购买前通常会在网上进行信息搜索和浏览，通过社交平台关注感兴趣的企业或产品，购买后会在网上发表商品评价等，消费者的这些网上行为都与他们的真实需求关系密切。如果能提取这些网络记录中的有效信息，将提高需求预测能力，为市场参与者的决策提供更有效的信息支持。试想一下，过去几十年里，品牌经理在市场测试和市场研究计划中投入了巨额资金，但仍然无法避免新产品推向市场后遭遇失败的厄运，其失败率仍然高达 60%—90%。

（3）利用社交媒体平台获取和创造用户需求。

对企业而言，社交媒体是一种与客户建立真正关系的途径，是能够直接倾听消费者声音的渠道。一些公司利用搜索引擎服务企业，获得数据，可分析得知消费者最近高频搜索和重点关注的内容。推荐和实时社交搜索又进一步优化了传统的搜索引擎，它们抓住了消费者的特征：消费者更可能与自己兴趣爱好相似的人产生同样的购买需求，更愿意听取他们关注的人的意见。因此，基于社交媒体平台，企业能够通过用户的需求，预测与其相似的其他用户的需求，从而创造更多潜在需求。

6 保险用户需求

6.1 保险需求未被充分关注

6.1.1 人身保险需求未聚焦

目前，互联网保险创新模式中，商业保险发展最迅速。商业保险分为人身保险和财产保险。人身保险包括寿险、健康险、人身意外险，财产保险包括车险、家庭财产险、公司财产险、责任保险、运输保险等。

从保险供给的角度，传统保险无法实现站在客户角度销售保险，很多情况下消费者不了解自身的保险需求，对复杂难懂的保险产品一知半解，同强势的保险公司之间存在信息不对称问题。而互联网将交易的去中介化推向极致，主体交易在满足消费者需求的同时也激发了消费者对衍生交易的需求，拉近了消费者与衍生交易的距离。条款简单的产品、支付便利、保费低廉、客户需要的咨询越少，越适合互联网交易的模式。

然而，目前我国人身保险产品的展现形式很难吸引消费者，通常是一张保单附加几十个附加条款，条款晦涩难懂，对普通用户而言，理解起来有一定的困难。而随着移动互联网的发展，对保险条款这种不需要深度阅读的内容，人们更需要获得短小精悍的内容，这种冗长又专业的条款规则再一次将用户的好感拒之门外。

2015 年，人身保险市场发展迅速，人身保险公司全年实现保费收入 15 859. 1 亿元，是 2014 年保费收入的 1. 25 倍，增速与 2013 年相比提高了 6. 8%。到 2015 年年末，人身保险公司保户投资款新增交费 7 646. 6亿元，与 2014 年相比几乎翻了一番，占人身保险公司总保费的 48. 2%。投资险独立账户新增交费 677. 9 亿元，是 2014 年同期的 2. 34 倍。2014 年，人身保险费用收入中寿险最多，保费收入是 10 901. 69 亿元，占人身保险保费的 83. 66%；其次是健康险，保费收入是 1 587. 18 亿元，占 12. 18%；最少的是人身意外险，保费收入是 542. 57 亿元，占 4. 16%。

表 6 -1　2010—2014 年各险种占人身险保费收入比例（单位:%）

年份 / 险种	2010 年	2011 年	2012 年	2013 年	2014 年
寿险	91. 04	89. 44	87. 7	85. 61	83. 66
健康险	6. 37	7. 12	10. 2	10. 2	12. 18
人身意外险	2. 59	3. 44	4. 19	4. 19	4. 16

从表 6 -1 中可以看到，我国人身保险市场主要注重发展投资型和储蓄型的险种，对具有保障功能的意外伤害险和健康险重视不够，影响了我国人身保险市场的业务，长此以往将不利于我国保险市场的健康发展。

然而，从保险需求的角度分析，人身险 2014 年、2015 年和 2016 年一季度的增速达到了18%、25%和50%。其中，寿险占比最高，增速看似不高，但区分普通寿险（保障功能）和分红险（投资功能）后，普通寿险2014年、2015年和2016年一季度的增速分别达到258%、57%和79%；健康险增速更快，2014年、2015年和2016年一季度的增速分别是41%、70%和89%。

由此可见，居民的保障需求正不断觉醒：第一，消费升级的趋势，对安全的追求是饱暖之后更高层次的需求，这种需求不仅是处理意外或治疗，还包括伴随而来的失业、护理需求以及长期生存的成本；第二，医保有缺口，阶层分化加剧，居民愈发没有安全感，要寻找能对自身有重大影响的保障。实际上，中国人的安全感是很低的，以此衡量的保障需求应当相当惊人，但过去这些年来，房地产实质上扮演了提供安全感的最重要的方式，也转移了一部分保险需求。

表6－2　各国保险密度、保险深度与人均GDP对比

	保险密度（美元）	保险深度（%）	人均GDP（美元）
美国	3 979	7.5	53 053
日本	4 207	11.1	37 901
法国	3 736	9.0	41 511
中国台湾	5 002	17.6	28 420
中国	268	3.6	7 474
巴西	443	4.0	11 075
南非	1 025	15.4	6 656

数据来源：SIGMA No. 3/2014，WORLD INSURANCE IN 2013：STEERING TOWARDS RECOVERY，保监会

注：除中国为2015年以外，其他国家和地区的保险密度与保险深度均为2013年数据。

保险需求和保险供给的不匹配导致了一系列问题。

以人身意外险中的旅游保险为例，我国意外险规模是300亿元左

右，旅游保险市场的占比很小，仅占20%左右，但是在欧美发达国家，这一比例通常能够达到80%—90%，这与我国每年20多亿人次的国内游和8千万人次的出境游规模十分不符。这一数据展现出我国居民对旅游保险需求不高，原因除了居民保险意识薄弱导致保险需求与欧美国家有差距外，一个重要的原因是旅游保险产品设计与消费者的需求存在差距。在移动互联时代，营销中第一个需要考虑的方面就是“聚焦用户需求”，企业不再是被动地生产过时的产品，而是主动预测消费者可能的需求，并创造出消费者尚未意识到需要的产品。但是现在旅游保险产品的设计显然与这一法则存在差距，下面主要从保险需求的角度，分析我国旅游保险市场存在的问题。

（1）从用户的角度，首先，消费者对旅游保险产品的认识存在严重不足，从消费者对旅游保险的认知我们发现，只有固定几类旅游保险产品是消费者一定会购买的，如出境游时的旅游意外保险，但是占我国旅游市场大部分的自助游却很少有人购买旅游保险，一个重要原因就是游客保险知识匮乏，风险意识比较薄弱。由于旅游保险时间短，因此存有侥幸心理也情有可原。其次，在跟旅行社出游的时候，游客通常没有选择保险种类的权利，只是被询问是否购买保险，消费者对保险责任、承保范围、具体险种等一无所知，而旅行社的这种保险销售形式，让游客认为旅游保险实际上是旅行社赚取利润的另一种手段，因此游客不会盲目地将钱“打水漂”，从而很少有人会购买。

（2）从保险公司的角度，旅游保险产品设计单一。从前面的介绍中我们能够明显认识到，虽然我国有相当一部分人身险和财产险公司都有开发旅游保险产品，这些产品大部分都能够提供诸如意外身故、意外残疾、疾病身故、意外医疗、行李丢失、紧急救援医疗、医疗转运，包括遗体和骨灰的转运、亲属慰问和处理后事的安排等旅游中所需要的救援服务，但是不同旅游形态的旅游保险产品之间差异小，产品功能类似。尤其是随着我国自助游人数的不断上升，骑行、徒步等高危活动比例上升，针对这类项目的保险产品更少。在移动互联网时代，消费者对产品的要求较高，缺乏细分和个性化的旅游产品，减少了消费者的购买欲望。

在智能互联时代，无论对大公司还是小公司，最重要的就是服务。小公司在创业初期无法与大公司比拼业务规模，必须在产品和服务上做到与大企业相当，才能赢得生存的机会；但公司也要保持创新的心态，因为移动互联时代企业发展的重点已经从规模转向用户——服务质量怎么样，用户的反应是什么，都会成为企业成败的关键问题。而以服务为本质的保险公司，除了提供产品外，服务也是在新时代保持核心竞争力的关键领域之一。尤其是提倡“人性化”的移动互联时代，好的服务就是最好的传播，好的服务不仅能够赢得用户的好感，形成良好的用户口碑，同时也能够促进公司产品创新，与用户建立良好的关系，形成保险生态循环圈。

6.1.2 财产保险产品同质化严重

当前互联网保险做的主要是车险、家庭财产险、航空意外险、出行意外险等，这些险种具有简单易操作的特点，适合在互联网上普及。但是各保险公司的保险产品同质化程度较高，差异性、个性化较低，竞争十分激烈且主要是价格和渠道竞争，削弱了保险公司的盈利空间。

例如，英国的 Insurethebox 公司将含有 GPS、运动传感器、SIM 卡和电脑软件的盒子装在汽车上，通过 GPS 技术追踪定位失窃车辆，协助客户找回；长安责任保险推出小额案件“简易快”理赔服务，免现场查勘、免提供事故证明、免维修发票和微损失并案理赔，实现“现场未撤、赔款到账”和“车辆未修、赔款已到”的快捷理赔；最惠保为车主和营销人员提供车险产品的搜索、推荐和比价服务，核心业务为汽车保险商业险比价；众安保险推出过在机场场景下“即买即用”的延误险，等等。所有保险创新几乎都集中在交通运输行业，出现“换汤不换药”的保险产品同质化现象。

创新是企业生存和发展的关键，在互联经济时代，保险公司在财产保险方面也必须不断创新和发展。一方面，保险企业需要继续坚持和完善经过实践证明符合消费者需求、行之有效的交通保险方面的改革措施和创新做法；另一方面，对保险市场出现的新情况、新问题，要坚持用创新的思维和开阔的思路来寻求解决问题的途径和方法。

6.2 需求满足策略

6.2.1 人身保险聚焦实时需求

保险企业要基于碎片化思维实现保险产品开发和创新，满足消费者个性化的需求。在移动互联网时代，消费者行为呈现出越来越明显的碎片化特征，包括地点碎片化、时间碎片和需求碎片化。满足用户碎片化的需求，必须对目标市场进行更小的市场细分，这种细分要基于时间、地点、生活消费情景甚至用户的情绪。在大数据和细分市场的基础上开发定制化、个性化的产品，这种创新应具有移动化、原创式的特点，以适应互联网时代用户对内容创新、互动便捷的要求。保险产品的受众范围非常广泛，即使是一个微小的细分市场，也有较为庞大的用户群，符合保险产品需要大量客户互助合作的要求。

当前，我国人身保险市场主要注重发展投资型和储蓄型的险种，对具有保障功能的意外伤害险和健康险重视不够。因此，在互联网不断发展的前景下，如何提升意外伤害险、健康险的市场份额成为重要的发展问题。

以人身意外险为例，2013 年中秋前夕，淘宝保险宣布将与安联财险（中国）有限公司合作推出“中秋赏月险”。购买该险种后，若在中秋节当天看不到月亮，即可获赔。

“赏月险”保费设置分为两档。其中一档投保价格为 20 元，若被保险人在赏月城市（上海、广州、深圳）由于天气原因看不见月亮（即阴天或者雨天），可获得 50 元保险理赔。第二档投保价格为 99 元，赏月城市也从 3 个增加到北京、西安、乌鲁木齐等 41 个。依照保险内容，如果被保险人所在城市看不见月亮，即可获得 188 元保险理赔。此外，无论被保险人能否看得见月亮，在赏月险中都能获得 10 万元的人身意外险。

对于理赔条件，安联财险表示，赏月理赔将以 2013 年 9 月 19 日中秋节当天中国天气网在北京时间 18：00 发布的 20：00 至次日 02：00 的天气信息为准。如果 18：00 的天气播报显示该时段内，赏月城市天气为阴、雨等天气，则界定为看不到月亮，可获得理赔。新华网公布的相关数据显示，此次共有 5 154 名投保人购买了赏月险，获得理赔的投保人约占总人数的 9%。据估算，安联财险（中国）有限公司从赏月险营销中获得的保费收入超过 40 万元，去除赔偿金额 8.7 万元，获利可达32万元。

“赏月险”是专门为互联网设计的保险产品，充分利用了互联网的优势。如果换成线下渠道，“赏月险”这种区域属性异常明显的险种肯定无法销售。只有在互联网上，保险公司才能推送这种创新险种。然而，“赏月险”的互联网精神不仅体现在产品的创新上，还表现在充分考虑投保人的售后理赔上。安联财险于中秋当晚启动“闪赔流程”，整个理赔流程通过互联网完成，不需要客户再提交理赔申请，实行零单证审核方式主动理赔。相关投保人会在9月20日之前收到短信通知，理赔款于9月24日前支付到购买“赏月险”的支付宝账户中。

通过“赏月险”的创新意外险模式，不仅能够增加消费者对保险的需求，更能填补人身保险市场业务的不平衡，改善寿险、意外险、健康险在市场份额中的比重，促进保险市场健康、稳步的发展。

6.2.2 财产保险产品推陈出新

在移动互联网时代，消费者行为呈现出越来越明显的碎片化特征，包括地点碎片化、时间碎片和需求碎片化。满足用户碎片化的需求，必须对目标市场进行更小的市场细分，这种细分要基于时间、地点、生活消费情景甚至用户的情绪。在大数据和细分市场的基础上开发定制化、个性化的产品，这种创新应具有移动化、原创式的特点，以适应互联网时代用户对内容创新、互动便捷的要求。只要存在风险的地方，就存在保险产品需求，传统保险市场通过20%的产品满足了80%的用户，但是智能互联网的发展使保险公司触及用户的范围大大增加，使通过各式各样的产品创新满足余下20%用户的需求成为可能。保险公司产品创新成为能够吸引用户的关键。

图6-1 平安非机动车保险

以交通意外保险为例，一般的交通工具意外保险关注的是飞机、火车、轮船和汽车，甚少关注非机动车意外险。然而在现实生活中，出于环保、健康以及短途代步的目的，仍有相当一部分群体选择非机动车出行，主要是工薪阶层和低碳环保人士。交通工具的多样性、交通道路的复杂化却使交通事故不断增长，仅涉及非机动车的意外事故已占总交通事故的10%。平安保险适时推出了非机动车保险（见图6-1），1年只需69元，保障项目为驾驶人意外和第三者责任，意外身故残疾最高可赔付3万元，意外伤害医疗最高可赔付3 000元，这款保险产品一经推出就得到了很多消费者的好评。华安保险推出了针对乘坐地铁出行用户的地铁险（见图6-2），每年5块钱，最高保障达50万元。非机动车交通意外保险虽然只是一个小的细分市场，但对拉近与消费者的距离、培育客户的保险需求具有重要意义。

除了针对特定交通方式的保险，时间也是产品创新的另一个维度。在节假日等特定日期推出相应的保险，消费者比较容易接受。2014年年底，华夏人寿推出了一款“春节特供”保险，该款保险提供交通综合意外伤害保障，意外身故及全残保额为：客运飞机20万元；火车、地铁、轻轨、轮船10万元；客运汽车、出租车等多种公共交通工具意

保障内容

保障项目		保障金额		
		计划一	计划二	计划三
主险	乘坐地铁轻轨列车意外身故或残疾保险金	10万元	20万元	50万元
附加险	附加意外伤害医疗保险	–	–	5 000元
附加险	附加意外伤害住院津贴保险	–	–	10元/天 累计180天

注：因发生上述意外伤害，经治疗地社会医疗保险经办机构指定医院治疗而支出的医疗、医药费用，保险公司对于一次事故中100元以上部分按80%的比例在保险金额内予以补偿。

图6－2 华安地铁险

外保障2万元，保险期间为30天，保费仅为一分钱。购买意外险与抢火车票挂钩。2015年1月7日至1月27日期间，客户购买天安人寿公共交通工具意外伤害保险，支付保险费20元可获得保险金额50万元的公共交通工具意外伤害保障。同时，还可获得由赶火车网提供的春运抢票VIP绿色通道激活码两枚，为抢火车票增添成功概率。

满足用户需求，具体到车险来说，要坚持客户需求至上原则，为车主提供全方位的保障。互联网车险市场具有信息量大、传导速度快、高度透明的特点，保险企业必须借助互联网大数据精准了解客户需求，摆脱保险产品同质化严重、价格恶性竞争和服务体验差的诟病，“在对的时间、为对的客户、提供对的产品”，全面提升客户体验，建立新型的网络自助服务体系，让客户足不出户就可以方便、快捷地获得投保选择、电子保单、在线客服、报立案件、索赔、赔款支付等保险服务。

例如，当前我国车险保障的主要是车辆本身和第三者的损失，驾驶员自身的人身伤害并无保障，正所谓“车子有保险，自己却没保障”。

中国人寿在淘宝保险的官方店推出了一款“安心驾”驾驶员人身意外险（见图6－3），每天仅需0.8元，最高可赔付20万元。保障范围为驾驶家庭自用汽车及驾驶企业、党政机关、事业团体非营业客车期间发生的意外，投保年龄为18到65岁，保障区域为中国全境，不含港澳台。“安心驾”不仅是交强险和商业车险的有效补充，更是驾驶员的重要保障。通过进行保险产品创新，不断满足客户的保险需求，填补了车险市场的空白，有利于保险企业进一步拓展保险市场。

险种名称	责任名称	保额	保险期	保费
至尊版	意外身故残疾	20万	1年	288元
	其中意外医疗	2万		

图6－3　中国人寿“安心驾”驾驶员人身意外险保障内容

案例

在线旅游发展将促进互联网保险需求激增

根据艾瑞咨询的数据，2015年三季度，中国在线旅游市场交易规模达1 222.3亿元，环比增长18.0%，同比增长45.9%；OTA市场营收规模为59.6亿元，同比增长48.8%。目前，我国在线旅游市场交易规模不断扩大。根据《中国在线旅游市场发展趋势白皮书》预测，在线旅游未来几年仍将保持25%以上的增长速度。根据最新预测，中国在线旅游市场规模2017年将达到4 650.1亿元，复合增长速度为20.5%。国内的在线旅游市场交易规模能取得不菲成绩，出境游功不可没。自从出境游在2014年成为在线旅游市场的关键词，

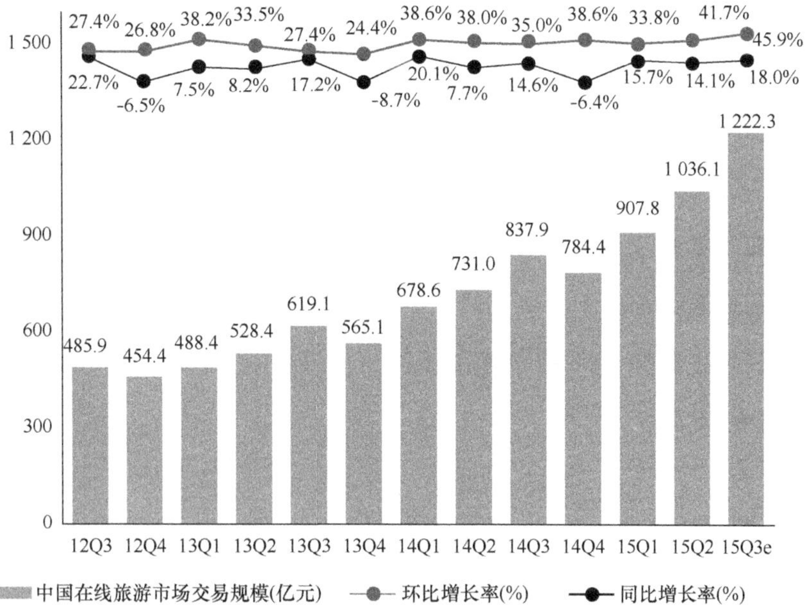

注释：1.在线旅游市场交易规模是指在线旅游服务提供商通过在线或者Call Center预订并交易成功的机票、酒店、度假等旅行产品价值总额；2.包括供应商的网络和第三方在线代理商的网络分销。
来源：根据企业公开财报、行业访谈及艾瑞统计难测模型估算。

图6-4　2012Q3—2015Q3 中国在线旅游市场交易规模

数据来源：艾瑞咨询。

出境游在2015年的比例不断增长。2015年三季度，出境游以51.4%的比重远超国内中长线旅游的28.1%和国内周边游的20.5%，出境游成为最大的旅游细分市场（见图6-4）。无论是第二季度携程与百度的签证大战，还是今年年底同城与途牛的公关战、广告战，全部都与出境游市场有密切的关系。习近平在2014年的APEC峰会上特别提及了中国的出境游市场，根据习总书记的谈话，未来三年，中国国内出境游规模将达到5亿人次，美国、英国、墨西哥等很多国家都推出了针对中国公民的签证新政，例如，美国将中国公民的旅游签证有效期从一年延长到了十年，利好消息短时间内频出，无意论证了中国在线旅游市场未来的繁荣景象。

在线旅游市场的繁荣直接促进了我国民航业的发展。2015年，我国民航客运量达4.4亿人次[①]，同比增长11.4%，预计在未来十年，国内机票将维持10%的增速，而国际机票将以20%—25%增速提升（见图6-5）。

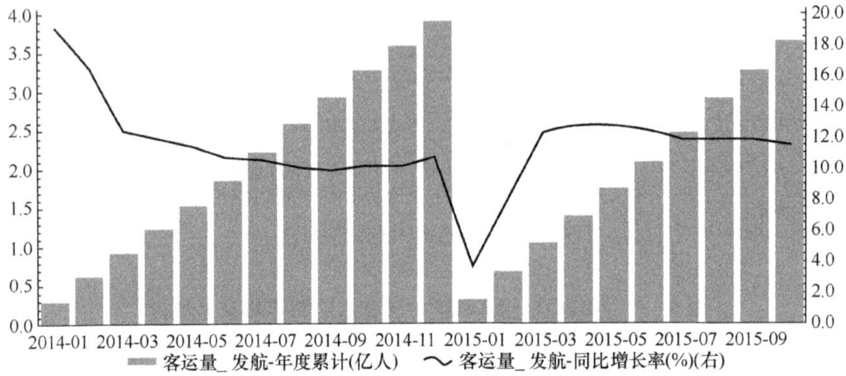

图6-5　2014年1月—2015年10月我国民航客运量统计表

数据来源：前瞻数据库。

无论是在线旅游市场还是民航业，都与保险行业处在一个生态圈内，两者的快速发展必将带来保险市场的繁荣。尤其是针对旅游、航空市场的创新型互联网保险产品，一定能够激发用户需求，具有巨大的市场发展潜力。

① 数据来源：《全球大型民航飞机（LCA）产业市场发展战略报告》。

6.3 用户需求案例

6.3.1 人身保险用户需求案例

案例1 孝顺保、恋爱保险、结婚险——满足多元化需求

2015年5月，阳光人寿首款老年人专属防癌险——“孝顺保”上市。据了解，该款保险产品专门针对老年人的实际需求进行设计，填补了目前市场上老年人健康保障保险的薄弱环节。该产品具有以下特点：①免体检；②高龄保，老年专属，50—75周岁都能投保；③伴终身，保障期限长，直至终身；④返保费，如未患癌终老，则返还所交保费。这是目前市场上第一款返还型老年防癌保险。截至2014年年底，我国60岁以上老年人口已经达到2.12亿，但目前市场上可供老年人投保的保险产品非常少，这款保险产品能够较好地满足老年人群体的保障需求。

2015年12月12日，国寿“恋爱保险”在全国范围内正式启动（见图6-6）。“恋爱保险”是中国人寿财险公司近期专为年轻客群设计开发的一款创新型保险产品。该产品自保单生效之日起3年后的10年内任意一天，投保人与指定心上人登记结婚，即可获得1万朵玫瑰花（中国人寿财险将为投保人送达婚礼现场）。同时在3年的保险期间内，投保人还将得到人身意外伤害保险保障。

为适应当前市场消费需求，根据互联网保险产品场景化、移动化等特点，此次推出的“恋爱保险”产品主要依托微信、微博等社交平台进行线上销售。同时，“恋爱保险”还特别对现役军人以及在校大学生优惠 100 元。消费者购买后可登录中国人寿财险官方网站查询相关保单信息。“恋爱保险”一经启动，受到了年轻情侣的广泛欢迎，在大学校园中引起热烈讨论。

图 6－6　国寿财险推出的“恋爱保险”

现在还出现了一份为婚恋保驾护航的保险，是由太平洋财产保险和去哪儿网合作推出的：保费为 299 元，若 3 年后与指定被保人结婚，凭结婚证可领取 5 999 元现金。这份 20 倍收益的保险，大名“结婚险”，引得“围城”内外议论纷纷。

无论是万朵玫瑰，还是 5 999 元理赔金，前述两款产品的理赔标准均是：保单生效之日后的第 3 年至第 10 年，男女双方登记结婚即合乎产品的赔偿要求；如果 3 年内登记结婚，则不能获得理赔。

从产品形态来说，它只不过是一份常规的意外险，再附加一项保险服务的保险产品。意外险是这项保障计划的主险，而结婚险理赔金则为附加部分。除了登记结婚能够获取理赔金外，另外一项是个人人身意外保障，而且其中的意外保额是相当低的。单就主险意外险而言，投保10年内投保人以及心上人发生意外身故、残疾，将获得最高1万元的保障。这种小额结婚险，不结婚不赔，太早结婚也不赔。投保结婚险也比较简单，只要在去哪儿网保险商城网页上填上投保人和被保人的姓名、身份证号、手机号即可完成。而在理赔环节，平台也披露了相关理赔指引，包括拨打保险公司电话、寄送理赔资料等。

如今，保险业已推出多种特定概念的新型险种，在销售时以“个性化”概念吸引眼球。业内人士认为，随着未来更多依托特定时期推出的主题险种的出现，保险业或呈现产品细分化趋势。

在市场逐渐小众化、个性化的趋势下，客户对新保险品种的需求在增加，保险公司正是迎合了这种趋势，通过开发吸引眼球的产品，可以提高品牌知名度。而互联网提供的销售平台逐步搭建成型之后，会促使保险公司更多地利用网络平台，以节日、人群为划分标准，在较短时间内对特殊需求进行精算，从而推出“短平快”的产品抢占市场。

案例2　商旅保险——挖掘旅游行业保险需求

2000年以来，我国商旅市场每年增长逾15%，2005年中国的国际、国内商旅旅行支出近242亿美元，未来我国商旅市场还有巨大的发展潜力和空间，世界旅游业理事会预计，2020年，中国商旅支出规模有望达到1.87万亿元。商旅的巨大发展也为商旅保险提供了大量需求。

（1）中国人民财产保险“e－四海商务行保险”。

中国人保财险推出的境外商务出行保险的“e－四海商务行保险”，主要提供商务出行期间医疗费用补偿、金钱损失、海外住院医疗津贴、随身物品遗失等13项保障，更有境外24小时紧急支援服务，保额高达270万元。该商旅保险产品涵盖的保障责任包含门急诊及住院医疗费用补偿、境外住院医疗津贴、紧急医疗运送和送返、意外身故和残疾给付等（详见表6－2）。

表6－2　中国人民财产保险“e－四海商务行保险”保障项目、金额和具体说明

保障项目	保险金额	保障说明
门急诊及住院医疗费用补偿	10万—50万元	境外商务旅行期间罹患疾病或遭受意外伤害，并于90天内在医疗机构进行治疗，将根据合同约定给付保险金。每人每次事故免赔额500元，另包括返回境内30天内因该疾病住院的后续治疗费用，后续治疗费用以保险金额的10%为限。
境外住院医疗津贴	80—100元/天	提供境外商务旅行期间因罹患疾病或遭受意外伤害而接受住院治疗的每日住院津贴，最高给付10天。
紧急医疗运送和送返	40万—100万元	境外商务旅行期间遭遇意外伤害或罹患疾病，如有运送和运返必要的，将委托专业的救援机构提供医疗运送和送返服务，并承担相应费用。
意外身故、残疾给付	10万—50万元	境外商务旅行期间因意外伤害导致身故或残疾的，将按保险合同给付保险金。
身故遗体送返	8万—20万元	提供遗体运返服务和20 000元以内的丧葬费用。
行李和随身物品丢失	5 000—7 500元	赔偿境外商务旅行期间因抢劫、盗窃、意外损害导致随身行李或物品遗失或损坏，将按保险合同给付保险金。每件或每套物品免赔额100元，最高赔偿限额1 500元。

续表

保障项目	保险金额	保障说明
金钱遗失	1 000—1 500 元	在境外商务旅行期间，若个人现金、旅行支票或汇票被盗，且及时向当地警方申报并取得警方书面报告，将按保单支付赔偿金额。每次免赔额 100 元。
旅行证件遗失	2 000—3 000 元	赔偿境外商务旅行期间因遗失证件所导致的额外交通、酒店、证件补领费用。每次免赔额 100 元。
航班延误	900—1 200 元	每 6 小时延误，赔偿 300 元
行李延误	1 000—1 500 元	随航班托运的行李超过 6 小时延误，将根据合同约定给付在当地购买必需品的合理必要的费用。
旅程取消或缩短	0.75 万—1 万元	将根据合同约定赔偿因取消或缩短旅程所损失的所有预付而实际未使用且不可退还的旅行费用。
亲友慰问探访费用补偿	0.75 万—1 万元	境外商务旅行期间因意外伤害而在医院接受住院治疗 10 日以上，将给付一位成年直系亲属慰问往返交通费用，并根据合同约定承担该名亲属 10 日内的生活津贴，每日津贴 300 元。
个人责任	30 万—50 万元	承担境外商务旅行期间，因疏忽或过失行为造成第三方死亡、身体伤害或财产损失的赔偿责任。

（2）中国平安“商旅护航”境外旅行保险。

中国平安推出了平安“商旅护航”境外旅行保险，该类商旅保险产品分为全球行、欧洲行、亚洲（除日本）基础计划等几个产品类型。该产品专门针对商务出行设计，除基础意外伤害、医疗补偿、医疗运送和送返保障外，特有紧急搜救服务保障，还提供交通意外身故双倍给付、亲属探访补偿、紧急搜救、旅行证件损失、旅行延误等保障。下面以全球行基础计划产品为例，简要介绍其保险责任和金额（见表 6－3）。

表 6-3　中国平安“全球行”保障项目、金额和具体说明

保险责任	保险金额	保障说明
意外身故、伤残	20 万元	在旅行期间遭遇意外事故，保险公司按保险单上所载被保险人相应的保险金额给付身故保险金、伤残保险金。
交通意外身故双倍给付	20 万元	保险期间，被保险人在境外旅行期间以乘客身份乘坐公共交通工具时发生交通意外伤害事故，并自事故发生之日起 180 日内因该事故身故的，保险公司按照主险相应的保险责任给付保险金后，再按同等金额向受益人给付交通意外身故双倍给付保险金。
医疗补偿	30 万元	旅行期间遭受约定的意外事故或突发急性病，补偿被保险人已支出的、必需且合理的实际医药费用。辅助设备每次限额 2 500 元，牙科门诊每次事故限额 4 000 元；每次事故免赔额 800 元。
医疗运送和送返	50 万元	若被保险人突发急性病或遭受意外事故，保险公司指定的服务机构安排及提供医疗运送和送返的服务。
身故遗体/骨灰送返	10 万元	旅行期间因意外事故或突发急性病不幸身故，保险公司将承担安排遗体送返所发生的费用。
其中，丧葬保险金	1.6 万元	若被保险人于旅行期间遭受主合同约定的意外事故或突发急性病，并以此为直接且单独原因导致被保险人于 30 天内身故，保险公司按已实际支出的丧葬费用给付丧葬保险金。
亲属前往处理后事补偿	1.6 万元	被保险人因意外伤害事故或突发急性病，并完全且直接导致被保险人于 30 天内在旅途中身故的，根据被保险人亲属的要求，经救援服务机构许可，该被保险人的一名成年直系亲属可以前往被保险人身故地，保险公司负责承担该名亲属一套往返被保险人身故地与亲属所在地的普通航班经济舱机票、船票或火车票的费用以及实际支出的合理住宿费，最高以保险单上载明的相应保险金额为限。
亲属慰问探访补偿	1.6 万元	若被保险人在旅行期间身故或者因遭受严重的身体伤害需住院治疗且住院连续 10 天以上，该被保险人的一名成年直系亲属因此前往被保险人所在地，保险公司给予费用补偿。

续表

保险责任	保险金额	保障说明
紧急搜救	4 万元	被保险人因遭受意外伤害事故并由此成为搜索、救援或寻找行动的目标，对于此项责任，保险公司将承担相应的搜救费用，但最高以保险单中载明的相应的保险金额为限。
旅行证件损失	2 000 元	赔偿被保险人为重置因被抢劫或盗窃而损失护照、旅行票据等旅行证件所支付的费用及相关交通、住宿费用。
旅行延误	2 000 元	若由于保险条款内所载明的突发事故而导致交通工具延误导致额外支出费用时，根据相关条款内容被保险人可获保险公司补偿。（每 5 小时延误赔偿 300 元）
行李延误	2 000 元	本附加险保险期间内，如果被保险人于境外旅行期间的托运行李在其所乘的公共交通工具抵达预定目的地后，在保险单载明的时间内未送抵的，保险公司按照本附加险的约定，以保险单上所载本附加险项下相应的保险金额支付保险金。（每 8 小时延误赔偿 500 元）
个人责任	80 万元	承担旅行期间因意外事故导致他人身体或财物损失而须支付给第三方的赔偿金。（第三者财产损失每次事故免赔额 800 元）

（3）阳光保险“阳光假日商旅空巢险”。

除了保护商旅人士的保险外，2014 年 4 月份，阳光保险针对“五一”小长假家里空巢推出了“阳光假日商旅空巢险”（见图 6－7），在大家出行时守护家的安全，保障人们安心出游。该保险主要保障责任包含房屋及其室内附属设备、室内装潢、室内财产，附加保障包含附加盗抢保险和附加管道破裂及水渍保险。该类保险产品仅在线上销售，除可通过阳光保险官方微信购买“最多城市白领首选的四款空巢险经典套餐”外，还可登录阳光保险官网实现“更多保险期限与更多保障方案的自由 DIY”，购买十分方便、快捷（详见表 6－4 和表 6－5）。

图 6－7　阳光保险推出的阳光假日商旅空巢险广告

表 6－4　阳光假日商旅空巢险价格

保障期限		5 天	7 天	15 天	30 天
保障内容	房屋及其室内附属设备	200 万元	200 万元	200 万元	200 万元
	室内装潢	10 万元	10 万元	10 万元	20 万元
	室内财产（室内装潢除外）	10 万元	10 万元	10 万元	20 万元
	附加盗抢保险	1 万元	1 万元	1 万元	2 万元
	附加管道破裂及水渍保险	1 万元	1 万元	1 万元	2 万元
保　费		8 元/份	12 元/份	23 元/份	51 元/份

表 6－5　阳光假日商旅空巢险保障责任

主险保障	
房屋及其室内附属设备	承保由于火灾、爆炸、自然灾害、外界物体坠落或倒塌等原因造成的房屋及室内附属设备损失。
室内装潢	承保由于火灾、爆炸、自然灾害、外界物体坠落或倒塌等原因造成的房屋内装修损失。
室内财产（除室内装潢外）	承保由于火灾、自然灾害、外界物体坠落或倒塌等原因造成室内财产损失。包括家具、家电等，但不包括金银、首饰、珠宝、有价证券以及其他无法鉴定价值的财产。

续表

附加保障	
附加盗抢保险	承保家电、床上用品、家具、文体娱乐用品、门、窗、锁等室内财产由于遭受盗窃、抢劫行为而丢失或损毁的，经报案由公安部门确认后，可获得赔偿。每次事故绝对免赔500元。
附加管道破裂及水渍保险	承保包括被保险房屋内、楼上住户、隔壁邻居家以及属于业主共有部分的水暖管突然破裂跑水、漏水而导致的被保险房屋及室内财产损失。每次事故绝对免赔500元。

数据来源：阳光保险官网。

（4）携程推出的商旅产品。

2010年，平安保险与携程合作推出平安携程商旅信用卡，该卡主张以快乐施行实现成功人生，并赋予设计创意。该卡的持有者享受“双卡合一，积分合并”的优惠，既是平安银行信用卡又是携程VIP会员卡，所有差旅支出及日常刷卡均可转换为携程积分。无论是商务外出还是旅游，平安保险能够为卡的持有者提供最安全的保障，首刷即送海陆空全方位保险，为客户提供全面的出行保障；最高可享乘坐飞机200万元，火车（包含地铁、轻轨）、轮船50万元，汽车（包含出租车）10万元交通意外保险。

2014年8月，太平洋保险旗下的太保产险上海分公司与携程旅行网联合推出的国内首款航班延误保险产品正式在APP移动终端上线销售。2010年，太平洋保险在业内首创“航班延误保险”，该产品是专门为携程网量身订制的线上保险产品，采用电子保单方式，保险责任为承保航班晚于原定到达时间3小时（含）以上延误抵达原定目的地赔付300元，航班被取消或起飞后发生返航、备降赔付100元。越来越多的客户在乘飞机出行时都会购买太平洋保险的航班延误险。现在，通过电子商务平台销售保险产品，极大地方便了客户购买。客户只要登录携程APP移动终端，就可随时随地购买，并可以随时了解产品的风险保障范围和服务流程。

案例3　创造需求：旅游保险的定制化时代到来

目前，旅游产品同质化严重，游客已经不满足于传统的保险产品，随着更多定制旅游的出现，定制旅游产品也越来越多。

首钢国际旅游有限公司副总经理李秋威曾经呼吁，希望能够针对儿童提供专属的旅游保险，而现在，多数旅游保险产品的受保年龄已经涵盖大部分年龄层，并且推出了更有针对性的险种。

网金保险旗下旅游保险B2C分销平台开心保上售卖的多个旅游产品在受保年龄上大部分是1岁到80岁，受保的时间从1天到1年可任意选择，一些出境游保险产品的受保年龄甚至是出生满60天到80岁之间。有业内人士向记者透露，在两年以前，大多数旅游意外险的受保年龄是18岁到70岁，老人及儿童想要上保险很麻烦，需要单独申请，甚至一些游客无法购买旅游意外险。但现在旅游保险的种类不仅十分齐全，还有很多定制产品，在操作流程上也简单了许多。操作者只需要在网站上下单，填好，随后保单就会发到游客的邮箱中。

常规旅游意外保险受保年龄发生变化，险种逐渐丰富，也促使更多游客购买旅游保险产品。携程的相关负责人表示，携程与多家知名保险公司搭建了旅游意外险服务平台，根据不同出行目的地、出行特点定制的各类意外险涉及几十个保险产品，销售情况良好，当年投保的游客人数增长了50%以上。殷晓强也透露，同程旅游在向游客推介安全保险时，用户的接受程度很高，对应的用户购买占比平均达70%以上。

现在，随着人们出行频次的增加以及出行安全意识的提高，游客已经开始有了更强烈的保险意识。携程方面表示，随着近年来一些旅游事故和各类突发状况的发生，游客对旅游保险的购买意识无疑在增强。此前游客保险意识淡薄是出于文化差异，对意外比较忌讳，现在正在改善。而保险公司与旅游企业相互不重视也是让旅游保险受到忽视的重要原因。旅游保险不论在旅游企业还是保险公司中，收入占比均不大，让双方互相忽视。但现在旅游逐渐变成刚需，而保险可以解决游客在旅游途中的痛点，如预订的酒店需要退订，有酒店取消险就可以保障退还给游客费用，将损失降到最低。

正因为游客的保险意识逐年增加，旅游企业及保险公司也开始关注旅游保险领域。来自携程网的数据显示，开展互联网保险业务的保险公司由2011年的28家发展到2014年的85家，类似旅游意外险这种投保流程相对简单的保险，基本是每家开展互联网保险的公司必然会有的产品。目前，旅游意外险产品同质化严重，游客已经不满足于传统的保险产品，随着更多定制旅游的出现，定制旅游产品也越来越多。比如，携程网与保险公司合作专门设计推出海岛、户外运动、高原、自驾、滑雪、邮轮、留学等意外险产品，并提供保险、理赔一站式服务。例如，意时网推出的“漫鱼”就是针对定制趋势设计的一款产品。

定制已经成为旅游保险产品发展的趋势。以前保险公司的定位是希望产品价格低一些，保额也低一些，没有太多有针对性产品，这符合当时市场的需求。现在，开发一款旅游保险产品的成本不超过10万元，企业在不断创新的过程中，尝试哪些产品适合游客的需求，只要其中有几款产品得到市场认可，就可以拉平成本，实现盈利。产品的定制能力的确是企业的核心竞争力，但金融产品没办法申请专利，产品很容易被复制，这就更需要通过服务来展开差异化竞争。

此外，服务才是开展互联网保险业务的公司的核心竞争力。了解市场、沟通顺畅、有服务客户的能力，当游客使用系统后出现问题，后期服务的专业，公司运行的高效，这些都是无形的竞争力。尽管淘宝、京东等多个大型电商平台都在售卖旅游保险产品，但都不够专业。一些特殊险种需要判断，而这些电商网站不会在用户选择的时候加一个职业代码，这恰恰是专业平台的服务优势。

旅游保险本身就是旅游企业为游客提供的附加服务项目之一，以旅游保险为切入口，未来企业可以售卖更多相关的保险产品，让游客享受一站式的服务体验。此前众信就与人寿保险等6家公司共同设立寿险公司，经营范围主要是人身保险业务，包括各类人寿保险、健康保险、人身意外保险等，借助保险业务实现对出境游客户流量的多渠道、多维度变现，设计开发出与出境旅游、出境服务相契合的人寿保险产品，有助于众信向出境综合服务商战略升级。

如图6－8是新华保险i自由境外旅游保险计划，该计划可供超过100个国家和地区出行选择，在保险保障期间可以依据出行需求选择多次往返，不限次数。在图6－9中有A，B，C三类套餐，覆盖9款保险责任自主选择搭配，保额可自由选择，满足了定制趋势下个性化保险服务需求，形成有别于产品同质化的新型旅游保险产品供应方式。

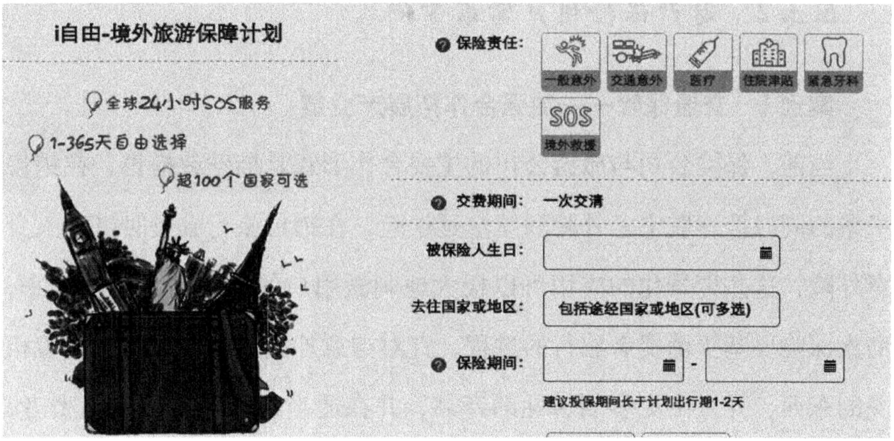

图 6－8　i 自由－境外旅游保障计划

选择保障内容：　精选计划　自选计划

	⊙A套餐	○B套餐	○C套餐
一般意外伤害保险	100万元	50万元	10万元
医疗保险金	50万元	35万元	30万元
紧急医疗转运	35万元	20万元	10万元
特定交通工具意外伤害保险	100万元	50万元	10万元
住院津贴保险金	1000元/天	500元/天	200元/天
安排亲属赴境外处理后事	5万元	3万元	1万元
紧急牙科门诊医疗保险金	5万元	2万元	0.5万元
后事处理	35万元	20万元	10万元
安排子女回国	5万元	2万元	1万元

图 6－9　i 自由－境外旅游保障计划

图片来源：新华保险官网。

6.3.2 财产保险用户需求案例

案例1　交通保险——加强合作拓展产业链

当前，保险公司与旅游公司的主要合作形式是推荐或搭售，在销售机票的同时推荐航空意外险和航空延误险，在销售旅行套餐时搭配人身意外险，这些情景化的应用可以极大地刺激用户的保险需求。在未来，商旅保险要基于消费者旅行的过程，针对与意外相关的、与出行体验相关的东西，开发出更多创新性的产品，并在适当的环节展现给消费者，准确契合消费者的保险需求和心理特征。

2014 年 7 月，浦发银行与中国太平洋财产保险股份有限公司和康瑞旅行救援咨询服务（北京）有限公司合作，推出商旅套餐。该套餐有 3 种类型，A 套餐每年 20 元，就可以享受全年不限次数的 200 万航空意外险的保障。B 套餐每年 60 元，还可增加享受 50 万元私家车和商务车（乘坐或驾驶非营运性质的机动车）意外险、公共交通意外险（含火车、汽车、轮船、旅行车、轻轨、地铁、出租车）以及 1 万元附加交通意外伤害医疗险（100 元免赔，80% 报销）。C 套餐每年 300 元，可享受 500 万元的航空意外险，附加 100 万元的私家车和商务车（乘坐或驾驶非营运性质的机动车）意外险、公共交通意外（含火车、汽车、轮船、旅行车、轻轨、地铁、出租车）险以及 1 万元附加交通意外伤害医疗险（100 元免赔，80% 报销）。商旅增值服务 A/B 套餐目前的可选缴费期限为 1 年、2 年、3 年，C 套餐的可选缴费期限为 1 年。客户办理商旅增值服务套餐后，如在套餐到期的当月 1 日零点前未主动申请办理增值服务套餐解约，视为客户自愿按照原增值服务项目自动续约使用，续约有效期为一年（见表6－6）。

表6－6　太平洋财险和浦发银行合作商旅保险套餐

商旅套餐	保障范围及保额
A套餐（20元/年）	200万元航空意外险，全年不限次数。
B套餐（60元/年）	200万元航空意外险，全年不限次数； 50万元私家车和商务车意外险、公共交通意外险（含火车、汽车、轮船、旅行车、轻轨、地铁、出租车）； 1万元附加交通意外伤害医疗险（100元免赔，80%报销）。
C套餐（300元/年）	500万元航空意外险，全年不限次数； 100万元私家车和商务车意外险、公共交通意外险（含火车、汽车、轮船、旅行车、轻轨、地铁、出租车）； 1万元附加交通意外伤害医疗险（100元免赔，80%报销）

当前保险公司在旅游平台上的产品多是比较简单的产品，消费者容易理解和接受，但是附加服务少，利润空间有限。随着消费者对商旅保险接受程度的提高，保险公司可以逐步开发较复杂的保险产品，提供更多的附加服务，以全面贴心的保险提升消费者的旅行体验。旅游相关平台在旅客基本信息、出行计划、消费习惯等方面具有数据和渠道优势，由于保险的专业性和复杂性，在保险产品的设计和推广方面只能和保险公司合作。保险公司要立足于自身的品牌和技术优势，以全面保障为出发点，加强与旅游公司、航空公司以及电商平台的合作，在共同为消费者提供贴心、舒适的服务的过程中实现互利共赢！

案例2　家庭财产险——新需求下创新长安“居家无忧”险

漏水、火灾、爆炸是都市生活中最常发生的家庭风险，而如果这其中“殃及池鱼”，造成邻居街坊的损失赔偿，却往往高于自家损失。区别于市场上一般的家财险，长安“居家无忧”正是一款以个人房屋为中心的责任保险组合产品，自家损失仅作为第三者责任赔偿的连带责任。而一般家财险则是以自家损失的补偿为主，如果仅保了家财险，真遇到漏水、火灾、爆炸等伤及第三者的事故，街坊邻居等第三者的损失，保险公司是不赔的。

这款个人综合责任险的主险保障为：个人房屋因为漏水、火灾、爆炸，或房屋附属物（室内物品）倒塌、脱落、坠落，导致第三者人身伤亡或财产损失的风险。附加险保障为：在发生主险风险事故造成第三者人身伤亡或财产损失的同时，造成被保险人房屋及附属物损失，或被保险人及其家庭成员人身伤亡的风险（详见表6－7）。

表6－7　长安责任保险“居家无忧”个人综合责任险

<table>
<tr><th>险种</th><th>保险责任</th><th>保险金额/累计赔偿限额</th><th>每次事故赔偿限额</th><th>免赔额</th><th>保费</th></tr>
<tr><td rowspan="3">个人综合责任险及附加险</td><td>房屋及附属物责任：因为漏水、火灾、爆炸，或房屋附属物的倒塌、脱落、坠落，导致第三者人身伤亡或财产损失。</td><td>20 000元</td><td rowspan="2">10 000元（其中漏水每次2 000元）</td><td rowspan="3">每次事故伤亡无免赔，财产损失免赔100元，医疗免赔100元后按80%赔付。</td><td rowspan="3">100元</td></tr>
<tr><td>附加被保险人投保的房屋及室内财产因房屋及附属物责任（第1条）造成的财产损失。</td><td>50 000元</td></tr>
<tr><td>附加被保险人家庭成员因房屋及附属物责任（第1条）造成意外伤害身故、伤残、医疗。</td><td colspan="2">意外伤亡10 000元/人
意外医疗1 000元/人</td></tr>
</table>

数据来源：风凰财经。

长安“居家无忧”的最大特点是突出了“先人后己”的责任保险特色，将事故造成第三者损失或伤害作为此款产品的主险保障，可有效规避因保险事故对第三者造成伤害而产生的纠纷。

7 保险要建立以用户需求为核心的营销体系

7.1 采用聚焦用户需求策略

保险企业营销活动的起点是目标客户群，必须重点分析客户的需求和期望，通过贴近客户生活与消费习惯，分析消费者需求，不断满足客户保险需求的变化。保险产品是一种特殊的产品，产生于保险公司结合大量用户通过互助合作降低小概率事件风险的行为，与大众的日常生活息息相关，其基本作用首先是保障功能，其次是理财功能。即使在智能互联时代，保险企业也应该紧紧抓住保险产品的本质，充分发挥最基本也是用户最看重的保障功能，这是保险企业、保险产品区别于其他行业、其他产品最本质的特征。采用聚焦用户需求策略，要求保险企业的各部门和事业部充分认识到客户需求的重要性，并以之为核心进行产品研发、市场推广和售后服务等活动，形成动态响应客户需求并围绕客户需求变动进行有针对性的营销推广和品牌互动模式。

首先，保险公司必须用大数据分析目标市场，定位目标客户群（见图7－1）。保险公司可以通过自身的数据积累、合作伙伴的相关数据以及社交网络的信息建立潜在用户数据库，分析用户的消费能力和消费意愿，选择并准确定位目标客户群。在掌握用户的消费需求、感兴趣的产品、消费的情绪等特征的基础上，确定最合适的保险产品和营销渠道，为企业的成功运营奠定用户基础。其次，保险公司要坚持以用户体验为首位。就保险而言，用户体验包括接触、了解、购买、持有和理赔的全过程，保险公司遵循用户体验至上的原则，不仅在保险产品的设计上尽可能满足用户的需求，还要注重服务的质量，为用户提供贴心舒适的服务，让用户感受到保险的快乐。最后应该注意的是，保险公司应该做好品牌定位，实施智能互联时代下的品牌策略。当前消费者的社交活动越来越丰富，社会化媒体在消费决策中发挥着重要作用。保险公司应该明确自身的社会化媒体定位，它是从原有的品牌形象中延伸出来的，要根据目标客户的特点和喜好寻找更适合社会化媒体宣传的品牌形象。

图7－1　利用大数据分析定位目标客户群

7.2 预测、引导和创造消费者保险需求

在智能互联时代，保险公司要想在日益激烈的市场竞争中立于不败之地，既要预测和估计消费者对保险产品的需求，也要能够引导和创造保险需求，通过不断满足客户的需求来保持和扩大市场份额。事实上，互联网在快速改变人们的经济和生活方式，其中暗含的新风险引申出了新的保险需求，这为保险产品创新提供了广阔的空间。除了保障生老病死残、现实财产，还可以保障虚拟财产、网络交易等，保险产品的保障范围、形式、品种和内容等方面还有较大的空间去创新，以更好地满足客户现有和潜在的需求。

一方面，预测客户需求需要不断进行市场调研，获取消费者信息，并对用户数据进行定期维护和升级。通过模型分析和预测消费需求，需要在保险企业的运营和营销活动中进行检验，并不断得到反馈，进而加以改进。通过分析和预测模型，识别用户需求，并进行有针对性的保险产品研发和营销方案设计。预测客户需求必须通过大量的调研得到，传统保险企业拥有强大的线下渠道，客户经理可以面对面接触用户，更加深刻地理解用户需求，加强客户经理向上的反馈是十分必要的。在互联经济时代，越来越多的用户生活在互联网尤其是移动互联网中，线下调研具有覆盖面广、成本低、效率高的优势，更易发现用户小规模、碎片化、场景化的保险需求，这正是未来保险业发展的一个重要趋势。在准确定位客户需求的基础上，加强保险产品创新势必受到市场青睐。

首先，未来的保险产品趋于场景化，产品随着用户需求的变化随时

改变。例如，用户在购买车险的时候，京东会提示您，购买什么类型的保险？可能会避免什么样的损失等。

其次，保险销售将变成一个“从有到无”的过程。所谓“从有到无”最好的例子是淘宝。淘宝作为一个开放平台，目前市面上60%的APP都有淘宝链接，淘宝流量的40%来源于这些APP，这就是淘宝从有到无的演化过程。未来的保险也是一样。未来保险的销售需要寻找合作伙伴，将产品根据时间、年龄等不同的维度进行切分。例如，做一个看不见的保险平台（小广告），根据用户的使用场景，两三步即购买好保险，快速形成保单。碎片化、场景化、与生活更加贴近是保险未来的发展趋势。

再次，保险变成生活必需品，逐步进入每个人的生活中。

最后，互联网保险将以“个人生活顾问”的形象出现，帮助消费者判断要不要做体检、要不要做投资、要不要买保险等生活决策。保险形成专业的服务梯队，以更容易让人接受的形式出现。例如，通过大数据分析，直接告诉消费者你接下来该做什么。再如，线下支付（包括手机端）应用越来越普遍，而病毒、木马的存在使互联网用户并不总是能安心支付。易观2014年的一份调研报告显示，期待支付保险的用户比率高达48%，而正在用的用户比率只有37%，在线支付市场中有超过10%的用户支付保险需求没有得到满足。未来在线支付将覆盖绝大多数消费者，而安全问题亦将始终存在，支付保险是一个巨大的市场（见图7－2）。

另一方面，必须能够引导和创造保险需求。淘宝网2010年9月推出的退货运费险在网络购物结算时非常人性化地提示这一保险，一旦发

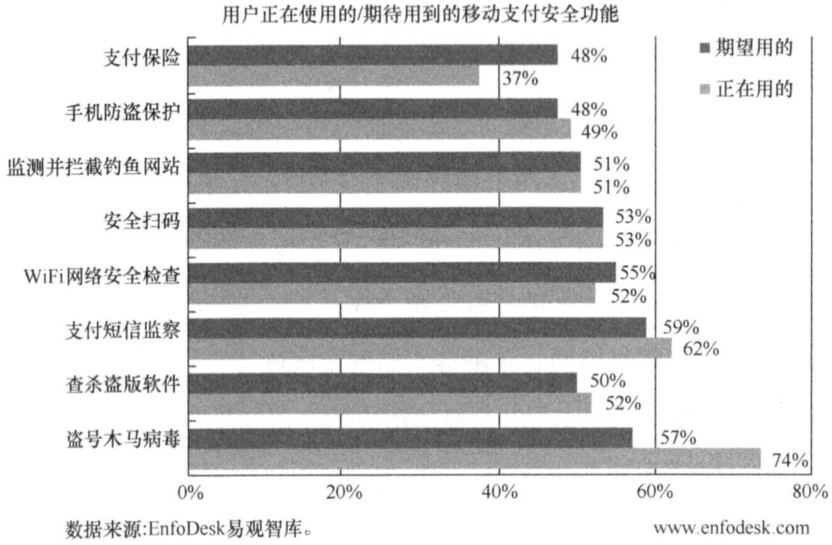

图7-2 支付保险需求尚存在缺口

生退货，便可以免除用户的部分运费。2014年“双11”，淘宝天猫共售出1.86亿份退货险，刷新了中国保险业单日同一险种成交保单份数的纪录。京东推出的防摔防进水保险，只需缴纳少量费用，在收到货物一定时期内如果出现摔坏、进水等问题，京东会为用户提供补偿。这些是场景化的应用，非常契合用户需求，适时地融入了消费者的日常行为中，用户在做别的事情的同时，不知不觉参与了保险行为，而且获得了良好的体验，引导了用户需求。

在现有险种中，保险公司还可以进行产品延伸，例如，在消费者购买机票时选择航空意外险，此时适时推荐航空延误险，因为相关性较强，会得到部分消费者的青睐，转化为实际购买的比例较高。例如，通过东方航空官方网站购买机票，在确认并提交订单页面显示有航空意外险的勾选信息，点击“保险条款”会打开新的网页，除了航空意外险的条款信息，还有“航意险”“东航空铁通保险”“东航平安万里行境外险”3 种保险，这 3 种产品是东方航空与平安保险、航联保险销售（北京）有限公司合作推出的。保险公司与航空公司之间的合作，以购买机票为契机，推荐一般的航空意外险，进而引入更多个性化的航空险种。现实中，部分旅客的确有这些保险需求，保险公司正是通过满足他们的需求来达到开拓、渗透市场的目的。

7.3 提供高效、优质的保险服务

保险作为一种特殊的产品，人人都有需要，随着我国居民收入水平和生活水平的不断提高，保险拥有非常广阔的市场潜力。但是当前保险公司和消费者存在较远的距离，一是消费者对保险产品、保险公司不信任。这是因为保险产品专业性比较强，消费者较难理解或者需要花费大量时间才能理解，需要专门的保险人士进行讲解和介绍，而现有的佣金机制下，保险从业人员为了提高收入，可能对消费者进行错误引导，或者不完全、明确告知保险条款的详细含义。二是理赔难。理赔难主要是因为前期消费者在购买保险时对产品条款理解不足或者存在误解。

针对以上我国保险业发展的两大问题，必须从保险产品的特点出发。保险公司提供保险产品不同于其他行业，例如，餐饮业中的客户享受美食并付费即完成了一次消费过程，保险业提供的是一份契约，保障被保险人在一定期限内的某一权益。保险业的产品概念更加宽泛，产品、营销与服务是一体的。提供产品即是提供服务。认识到这一点，要想提高保险公司的业绩，必须拉近保险公司和客户的距离，在设计好的产品的基础上，注重改善服务，提高用户满意度。首先要向客户准确、专业地介绍保险产品，提高用户对保险条款的理解程度，尤其是涉及理赔条款时，帮助用户找到真正适合的保险，同时减少后期可能的理赔纠纷。最后也是非常关键的，即做好理赔工作，提高理赔服务水平。用户购买保险就是为了防止意外，一旦发生意外，保险公司应按照条款约定积极进行赔偿。如果发生“理赔难”问题，消费者未来继续购买本保险公司产品的可能性很低，同时还会劝告周围人群不要选择该保险公司。保险用户行为的传染性比较强，一个用户的不良宣传，其生活圈的所有人都可能受到影响。

保险企业提供服务必须以客户为中心，借力于当前迅速发展的互联网和信息技术。互联网平台和移动支付的普及可以帮助用户实现咨询、投保、缴费、理赔等全流程的电子化、远程化操作。而用户移动终端、穿戴式设备、物联网技术的发展在快速改变保险服务的时间、空间限制，为保险企业服务模式的创新提供了可能。例如，利用车联网技术可以实时获取车辆的状态和事故信息，穿戴式设备可以及时了解客户的健康状态，而智能硬件和物联网技术能够获得承保财产的风险状态信息，这些都为保险服务创新带来了广阔空间。

7.4 互联网产品创新的突破口与解决方案

互联网保险产品能有效避免产品创新不足的缺陷。保险公司善于根据互联网的特点修改传统的保险产品，使其在互联网上取得较好业绩。此外，由于监管的要求，保险产品从研发到上市要耗费较长的时间，要想在互联网保险市场上有竞争力，需要赋予产品在价格、收益和组合方面的灵活性（如图7－3所示）。

7.4.1 产品策略

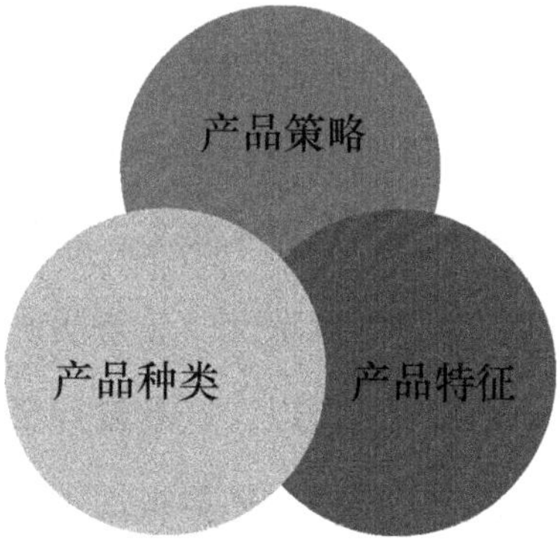

图7－3 互联网保险产品设计突破口

将互联网保险作为一个新型渠道的保险企业，在尝试互联网销售的初期往往会采用专有产品策略。产品形态要易于理解并适合互联网媒介传播，价格与保险责任必须简单、清晰。经营互联网保险要打破人为的线上线下的渠道壁垒，以客户需求为中心，将互联网和传统渠道视作一个整体的销售体系，共同开发新型市场。产品的个性化、价格的透明化是互联网销售任何一种产品必备的产品，要个性化，要透明化，就要求高速的产品开发节奏、灵活的产品设计，特别是在费率、责任、标的人群方面做个性化的产品开发，需要突破形式严谨细致、内容晦涩的条款书写规则，需要对保险条款和产品的核心内容采用通俗的表现和简单的演示。

7.4.2 产品种类

互联网保险经营初期，大部分试水的公司都选择了价格便宜、责任简单的意外险产品。但由于意外险价格便宜，无法实现渠道保费收入的规模要求，而投连、万能、分红保险带来了规模冲击效应，因此成为互联网保险的新宠。投连、万能、分红产品具有较强的技资理财特征，对已经习惯网上证券基金交易的广大网络用户来说，此类产品反而比传统保险产品更容易理解和接受。投连、万能、分红等新型产品既能带来大量的营业收入和现金流，同时由于其投资特性，需要经常查询调整账户，又能增加客户对网站的使用频率和黏性。产品设计必须从复杂到透明，过去尤其是寿险产品的设计都习惯用一个产品包装多个责任，因为获取客户不容易，成本较高，希望能够卖更多的件均和更多的责任。而互联网的客户更加理性，希望明明白白的消费，这也是从京东、淘宝培养出来的习惯。所以，产品设计要从过去一个产品包含多个责任转化成多个产品单一责任。还要根据不同的客户群、不同的场景、不同的需求和责任，包装出更多单一人群的产品，让客户有更加明白的选择。

7.4.3 产品特征

基于互联网平台和互联网消费者的特征，互联网保险产品也可以归纳出有别于传统保险产品的特征：简单和灵活，满足个性化、精准化的要求。互联网保险是客户自助购买式的保险，如何使客户在短时间内了解产品、产生购买兴趣至关重要。因此，简单、清晰、易懂的产品设计是互联网保险产品应该具备的特征。

未来，互联网和可穿戴设备的兴起使精细化的保险定价成为可能，保险公司甚至可以通过实时监控客户状况来制定保费。同时，通过一些技术手段，也可以使保险公司对保险的时间和对应的行为进行更多的定制化服务，满足用户更多的需求。在这方面，我国保险公司正在积极做出应对策略，从2013年年底开始陆续推出一些新型保险产品，满足用户多元化、个性化的需求。

动态沟通篇

8 案例引入及理论介绍

8.1 案例引入

8.1.1 京东APP配送员主页——社交软件情感沟通

社交网络已经成为消费者的重度使用产品，消费者对品牌的感知和购买决定已经大幅度受到网络和社交媒体的影响。因此，企业在与目标消费者沟通的同时，也需要和目标消费者喜欢的社交网络意见领袖进行沟通。沟通方式已不再是点对点的线性沟通方式，消费者会从各种社交网络上搜寻品牌和产品的相关信息，因此，企业的沟通方式必须转为立体化的、动态的沟通机制，实现实时响应，全面覆盖。

> 京东移动客户端在最新版本中加入“配送员主页”功能。通过该主页，用户可看到配送员的照片、联系方式等基本信息，还可以看到配送员的配送里程、配送总单量等“成就数据”，并可对配送员的服务进行评价和“打赏”。

“配送员主页”包含配送员基本信息、成就数据、印象标签评价、送礼物和服务评价五大特色功能（见图8－1）。在该主页上，用户可以直观地看到配送员的姓名、照片、联系方式、所属站点等基本信息；配送员“成就数据”记录了其配送总里程，且带有“配送总时长”“配送总单量”“为我配送几次”等详细信息。另外，用户还可以给配送员贴上“长腿欧巴”“乐活派”“速度快”“能吃苦”等印象标签，这也将成为配送员考核的重要参考指标；通过“配送员主页”，用户可以使用自己的积分，为配送员送出饮料、月饼、鲜花等礼物。

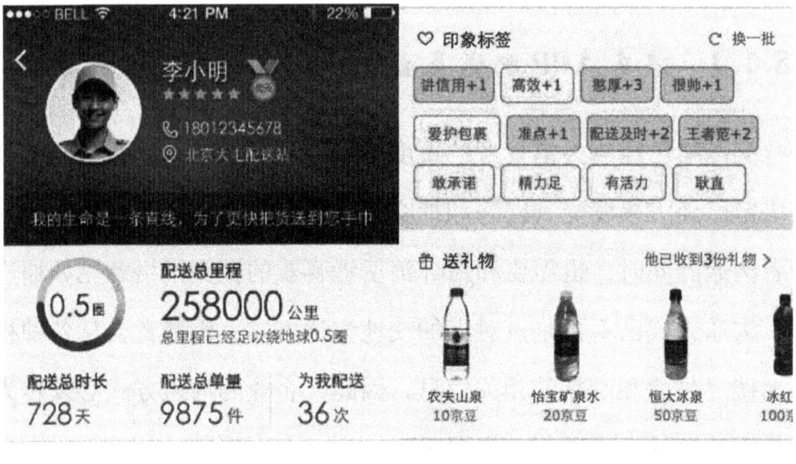

图8－1　配送员主页设计概念稿

京东这一思路与其选择“狗”的标志作为京东的形象代言如出一辙。京东电商部门表示，狗是人类忠实的朋友，有着忠诚、友善的美好寓意，与京东电商希望传达的理念一致。在消费者通过其APP了解快递员并与其互动的时候，双方的关系就不仅仅是收送快递那么简单，配送员了解当地社区消费者情况，消费者使用积分为快递员送饮料这一举动侧面增进了双方的信任和邻里关系，也加强了企业与消费者之间的消费体验，更传达了一种善意和美好，对促进沟通起到了很大的作用。

8.1.2 互助保险 Friendsurance——保险也玩 P2P

Friendsurance 是 2010 年创立于德国首都柏林的一家保险代理公司，它首创了“P2P 保险”的概念。这个 P2P 可不是网上给陌生人借钱后静静等待对方跑路的网贷，而是一种新型的互助保险。

Friendsurance 的模式是用户先在 Friendsurance 平台购买相应的保险产品，然后通过 Facebook、Linkedin 等社交网络邀请朋友、家人组成 4—16 人的小组，建立保险互助关系。用户也可以不邀请好友，这时 Friendsurance 会通过网上自动匹配的方式，将持有相同类型保险的用户进行分组。

用户所交的保费会被分为两部分，一部分作为传统保险产品的保费，另一部分则进入一个回报资金池。每年年底，如果小组里没有成员出险，则各成员能够获得回报资金池中保费的返还，最高可以达到总保费的 40%，如果发生了索赔，则每个成员获得的返还奖励将相应降低。

根据 Friendsurance 提供的数据，2013—2014 年，有超过 80% 的消费者获得了保费返还的奖励。其中，财产保险保费的平均返还比例为 33%。

如果小组中有成员出险，当其索赔额度较小时，则从回报资金池中直接予以赔付。当索赔额度超过回报资金池的覆盖范围时，则由保险公司对超出的部分予以赔付，形成小额赔付互助分摊，大额赔付由保险公司承担的模式。如果发生的小额索赔较多，回报资金池的资金在其覆盖范围内不足以处理索赔时，Friendsurance 还建立了一个止损保险，以承担超出资金池承受能力的部分。Friendsurance 能够进行保费返还的基础在于保险成本的大幅降低。Friendsurance 主要通过以下几个方面的努力来实现这一目的：

一是利用社交网络降低保险销售成本；

二是利用熟人关系降低了保险欺诈发生的概率，欺骗亲朋好友总会面临更大压力，而在选择组员时，熟人之间也更容易排除高风险人群，从而降低整体风险；

三是利用资金回报池处理小额赔付，降低了保险机构处理小额赔付的成本。

作为一家保险代理公司，Friendsurance 为用户提供了更优惠的保险产品，也为保险公司省去了应付小额索赔的麻烦，提高了用户黏性。这类保险最大的好处是可以在一定程度上消除被保险人的道德风险（“MD，我的车反正已经上保险了，出门可以随便撞了，HIAHIA”），对小心翼翼保持不出险的小组给予奖励，在小组内部形成无形的监督，同时也便于小额赔付。

P2P 保险实质上是传统商业保险与互助保险的结合，如果设计得当，对降低出险率有一定的帮助。

8.1.3 可口可乐昵称瓶——个性、年轻与亚文化

“高富帅”“白富美”“月光族”“喵星人”……在可口可乐的包装上印上这些互联网时代的“昵称”，是可口可乐“昵称瓶”的创意。从

最初的微博预热，到后期不同渠道的跨界营销，可口可乐打出了一套完美的营销组合拳。这一营销活动还整合了多种新媒体渠道，多管齐下进行营销推广，体现了互联经济时代营销共赢的特点。

2013 年 8 月 14 日，360 搜索上线了可口可乐昵称瓶主题活动的页面，同时宣布 360 搜索成为可口可乐私人定制瓶的互联网官方获取通道。网友们可以 360 搜索获取定制专属可口可乐昵称瓶的机会。

在与 360 合作之前，可口可乐还携手新浪微博，在可口可乐新浪官方微博上试用微钱包进行其昵称瓶定制版的营销推广。作为一次市场活动，此次“高级定制”，可口可乐不收取任何费用，用户只需承担邮费即可。定制过程也十分便捷，消费者只需在可口可乐新浪微博首页选择自己中意的昵称名，并输入自己或希望赠送人的姓名，通过微博钱包进行邮费支付即可，定制流程与在电商网站购物一样方便便捷。活动推出第一天，300 瓶可口可乐，1 小时被抢光，第二天，500 瓶，30 分钟被抢光，第三天，500 瓶，5 分钟被抢光。接下来几天，都是在 1 分钟内秒杀完毕。这是让人震惊的数字，而且呈现出越来越快的趋势。前三天一千多的销量已经产生新浪微博五千多的分享与讨论。

除了 360、新浪微博，可口可乐还与本土时尚品牌邻家女孩合作，推出购物赠饮活动，一时间让“邻家女孩”品牌红遍大江南北（见图 8－2）。

图 8－2　可乐昵称瓶活动现场

8.1.4　小米——口碑传播与主动沟通

小米科技（全称北京小米科技有限责任公司）成立于 2010 年 4 月，由众高科技及互联网公司的高手组建，是一家专注于高端智能手机自主研发的移动互联网公司。其主营产品是小米手机、MIUI（米柚系统）、米聊和电子商务，小米特色的发展模式依赖于这 4 大产品业务体系。

小米联合创始人、副总裁黎万强用三个关键词总结了小米的口碑传播：加速器、关系链和发动机，也就是其口碑传播的铁三角。社交媒体是当下口碑传播的新渠道，是加速器；和用户肩并肩地站在一起，和用户一起玩，是口碑传播的关系链；而好产品，则是好口碑的基石，是推动整个口碑传播的发动机。

2011年8月，第一次发布小米手机的时候，用户对小米的产品品质和品牌还一无所知。从包装盒开始，小米传达自身的努力和产品的品质感。于是第一代找了一个胖子，第二代找了两个胖子，让他们站在小米手机的包装盒上。这样做想传达的理念就是，连做包装盒都这么用心，手机的品质也就非常值得期待了。做口碑传播的时候用了很多方式，但是最大的创新是，小米真正拉动了所有用户参与到产品的研发。MIUI用户可以通过小米论坛和微博提出产品建议，用户会投票决定很多功能的取舍。这是最大的和用户一起玩的精髓。因此，小米得以搭建了一套通过用户反馈来改进产品的驱动机制。

图8-3　小米手机活动现场及小米官方微博主页

小米的这种营销不仅是全公司全行业的营销，更是全体网民“参与式营销”，雷军微博的活跃，小米公司的活跃，移动互联网在讨论小米，核心媒体不断宣传，上下齐心，共同带动促销，真正发挥了营销的核心竞争力。

互联网时代是一个信息爆发式增长的时代，大量的信息时时刻刻在产生，此时与消费者进行有效沟通、准确传达信息就显得尤为重要。目前，大多数保险公司都在使用社交软件与客户进行沟通和业务操作，如泰康人寿在业内率先推出理赔微信服务平台，客户可直接借助微信平台完成理赔报案、信息查询等服务。然而，仅仅机械化的服务从长远来说并不能深入打动消费者，京东的配送员案例可以为保险公司提供参考——客户有时需要的是“动之以情”，打动人心的关心是提高客户忠诚度的关键因素。

8.2 理论介绍

随着新技术的兴起，尤其是社交网络的出现，企业与消费者的对话已经不再是企业与消费者之间一对一、点对点的静态沟通机制，转而演变成多对多、立体化的动态沟通机制。企业不仅要问“如何才能找到我们的客户?”还应该问“客户如何才能加入我们?”新技术鼓励企业从传统的大众媒体营销向更有针对性的双向传播转移。消费者对营销过程的参与度也越来越高。营销者正在想办法使他们的品牌成为消费者谈论的对象，个性化的传播以及恰到好处的时间向恰当的人讲述恰当的事是成功的关键。

8.2.1 从 promotion 到 communication 的演变

在 4P 理论中，促销（promotion）是指企业利用各种信息载体与目标市场进行沟通的传播活动，包括广告、人员推销、营业推广和公共关系等。促销的实质是沟通，在社会化大生产和市场经济条件下，企业必须与其客户、供应商、金融机构和社会公众进行广泛的信息沟通，促销在把产品信息传递给目标客户的同时，也试图在特定目标客户中唤起沟通者预期的意念，从而对目标客户的行为和态度产生有效影响。促销策略关心的是怎样将产品信息有效地传播给潜在顾客，它涉及以下几个方面：

（1）向潜在顾客介绍本公司的新产品、新品名、新样式等；

（2）激起潜在顾客购买公司产品的欲望；

（3）使顾客不断保持对该公司产品的信赖和兴趣；

（4）在顾客心目中形成该公司完美的形象等。

4P 组合中的促销策略绝不仅指有奖销售等促销手段，实际上是指企业利用各种信息载体与目标市场进行沟通的传播活动。一般来说，当产品进入生命周期的后期，各种促销活动也应随之加强。

然而，4P 中的沟通更侧重于企业单方面与顾客进行的沟通，而并未涉及企业与顾客双向沟通。实际上，企业营销不仅是企业提出承诺，单向劝导顾客，更重要的是追求企业与顾客的共同利益。因此，在促销策略的理论基础上发展为 4C 组合中以消费者为中心的沟通策略（communication）。

8.2.2 从 communication 到 dynamic 的演变

4C 理论用沟通取代促销，强调企业与客户的双向沟通，有利于协调双方矛盾，融合感情并且培养忠诚顾客，而忠诚顾客既是企业稳固的消费者，也是企业最理想的推崇者。同时，将企业内外营销不断进行整合，把顾客和企业双方的利益无形地整合在一起。在当今竞争激烈的零售市场环境中，企业的管理者应该认识到：与消费者适当的沟通比单方面选择适当的商品、价格、地点、促销更为重要，更有利于企业的长期发展。随着新技术的兴起，尤其是社交网络的出现，communication 已经不再是企业与消费者之间一对一、点对点的静态沟通机制，转而演变成多对多、立体化的动态沟通机制。

8.2.3 动态沟通策略

动态沟通策略（dynamic）纠正了4C 理论中一味追求顾客满意的理念，强调企业与顾客之间的相互交流与合作，在一个新的层次上概括了4C 中沟通的维度，更加强调企业应该与客户实现互动共赢。归根结底，企业的促销活动都是为了能与消费者建立良好的沟通机制，从而维护好企业与消费者之间的关系，进而将消费者与企业的共同利益整合在一起。根据美国营销专家梅斐尔德（Mayfield，2008）的定义：社交网络是一种新型的在线媒体，给了控制它的用户以极大的创造和参与度。图劳（Thurau）等（2004）的研究指出，随着互联网的逐步普及，用户可以通过网络上的用户评论平台，与其他用户分享他们关于产品、服务的体验，这就形成了网络口碑。辛德勒（Schindler）和比卡特（Bickart）（2004）研究了网络口碑对用户决策的影响，他们发现，网络口碑会通过消除不一致认知等手段，帮助用户决定购买何种商品。史密斯（Smith，2005）等的研究表明，用户更容易采纳与自己有相同经历的用户评论，而不是别的一些搜索结果，因为与自己有相同经历的人更能够了解自身对产品的需求，同时使用方式上也会比较接近，因此它们对用户判断产品形象和产品感知具有巨大的影响。

随着互联网技术的发展，口碑营销可以低成本快速传播，到达用户那里，同时也不会像传统营销手段那样让用户感到厌烦。而网络也为用户提供了大量的渠道来分享自己的观点、偏好、经历，这同时也给商家带来了机会，可以充分运用网络口碑营销，在与目标消费者沟通的同时，与目标消费者喜欢的社交网络意见领袖进行沟通。网络口碑对用户判断产品形象和感觉有巨大的影响，同时，Cheung 和 Lee（2008）结合双因素理论推演出了一个信息接收度模型，研究了用户对网络口碑的接受程度，结果发现全面性和相关性是潜在用户愿意接受和采用网上用户评论最重要的两个因素。由于网络口碑效应，社交媒体已经能够非常近距离地影响用户的决策购买过程了，杨学成等（2006）的研究说明了网络口碑对用户决策过程的影响。

消费者每天都使用口碑来谈论许多品牌，从媒体和娱乐产品，如电影、电视节目和出版物，一直到视频、旅游和服务等。积极的网络口碑优势并不需要广告推动，而是自然发生的，但积极的口碑也是能被管理和推动的。通过网络口碑，企业可以将过去花费在报纸、广播和黄页上的费用转而投资于各种形式的社交媒体，如在线社区和论坛、博客、社交网络（Facebook，Twitter，YouTube）。

同时，其他增强与消费者互动的形式也有很多，除了上述口碑营销中社交媒体一方面，还有诸如：

（1）线上线下闭环：统一线下活动和线上宣传，反复推动，由线上发起线下活动，再由线下活动引发线上讨论，形成闭合回路，使传播效果数倍放大，达到良好的传播效果。

（2）多渠道整合传播：整合多种传播渠道，多管齐下，以一个声音覆盖所有媒介，吸引消费者注意力。

（3）病毒式口碑传播：通过体验建立口碑机制，由意见领袖或者个人活跃传播，由点及面逐渐扩大在消费者心中的影响力，逐步受到人群的追捧并发酵，形成如病毒蔓延般的传播趋势。企业只有转变为立体、动态的沟通机制，才能实现实时响应、全面覆盖。

研究和咨询公司凯利菲发现，80%的口碑是在线下形成的，但很多营销者更专注于在线口碑影响，因为通过在线的广告、公关或数字服务机构对效果进行追踪是比较容易的。如同一个任务控制中心，像广播电视台的控制室，对社交网络上的品牌信息进行夜以继日的监控与管理。通过人口统计信息或者代理服务器，企业能够监控客户发布的任何信息，何时分享、链接和上传资料，何时交友、跟帖和更新内容。通过追踪勘察，可以将有用的信息收集起来。

9
保险行业动态沟通

9.1 动态沟通渠道缺失

9.1.1 人身保险缺乏长期双向沟通机制

随着社交网络的兴起，企业与消费者之间的对话已经不再是企业与消费者之间的一对一、点对点的静态沟通，而是转化为动态的、多对多、立体化的沟通机制。用户可以通过网络上的用户评论平台，与其他用户分享他们关于产品和服务的体验，这就形成了网络口碑。移动互联时代，网络口碑对于用户的购买决策具有重要的影响，最典型的例子就是我们在网上购物的时候，经常将其他购买者的评论作为我们是否购买的重要依据。拥有好口碑的产品，可以在低成本的环境下快速传播，同时还不会像传统营销手段那样让用户感到厌烦。

首先，以人身险中的旅游意外险为例，由于我国旅游保险的起步较晚，规模较小，并且成本高利润低，通常一份寿险可能获得几百甚至上千的利润，是意外险的十倍几十倍，意外险自然不能得到保险公司的重视，因此旅游保险的发展一直处于较低水平。而在旅游保险的网上购买页面很少设有用户评价和反馈区，消费者没有渠道反馈自己的使用感想；即使设置了若旅游保险公司没有设计激励机制鼓励消费者进行评价，这种社交功能也将形同虚设。缺少了口碑传播这一重要的传播手段，其宣传力度自然会大打折扣。

其次，在对旅游保险的宣传上，保险公司还缺乏长期规划。通常在重大旅游安全事故发生后，各种新闻媒体密切关注，保险公司才会大肆宣传，短期内旅游保险收入呈现井喷式增长。但是保险公司对旅游保险的宣传缺乏长期规划性，只是片面迎合民众一时高涨的需求。在重大旅游安全事故逐渐淡出人们的视线后，旅游保险保费收入必定大幅度下降。

同时对旅游保险的宣传千篇一律，客户无法对旅游保险产品进行深入了解。旅游保险街头咨询、电话销售等常见宣传手段均呈现出短期性，不利于培养客户对公司的信赖感。另一方面，这些宣传方式过于形式化，通常并不能得到缺乏保险专业知识的民众的认同，甚至使其产生抵触心理。比如当前保险公司普遍采取的上门推销、陌生拜访、电话销售等方式很容易引起对方的反感。更有甚者，部分旅游保险代理人大肆鼓吹旅游保险产品，刻意夸大保障效果。旅游保险代理人在推销旅游保险产品时，片面强调甚至是夸大产品在某一方面的保障功能，而刻意回避对责任免除条款的解释说明。这样在旅游保险事故发生时，很容易造成不必要的纠纷，有损保险公司的形象和产品可信度。

9.1.2 财产保险动态沟通质量低

沟通是传递和接收人与人之间有效信息的重要方式。但是长期以来，保险公司在媒体宣传、运作机制上存在缺失，虽然服务较以往有所改进，但“门难进、脸难看、事难办”的现象时有发生，导致保险公司与客户之间出现感情上的“隔膜”和信任上的“鸿沟”。投保人往往不能真正了解保险产品的功能，或者在充分信任下达成合约后由于缺乏持续沟通而产生退保赔偿等纠纷。

财险宣传力度不够。产寿险分业经营后，财险业务人员相应减少，宣传力度也相对减弱，新险种、新举措很难做到家喻户晓。中保财险分公司进行过一次问卷调查，有60%的被调查者只知“人保”不知“中保”。基层保险公司管理者一定要明白，宣传部门人员应该把宣传工作做好，但如果仅凭宣传部门独自去做，缺少公司管理者的支持和参与，对外的宣传工作以及品牌建设就很难开展好，也无法达到理想的效果。宣传工作绝不是可有可无、临时性工作，而是应该贯穿整个经营管理活动的全过程。

保险行业过于追求速度而忽视了信誉，诸如销售误导、霸王条款、理赔困难等诸多问题广为诟病。尤其是近十年来，偏重于理财投资的新型财险产品在银行渠道大肆推广，挂羊头卖狗肉之事频发，使得行业信誉进一步降低。而车险作为财产险中的一个跟消费者关系最密切的险种，也存在服务质量差等诸多问题。很多保险公司做财险时虽然重视服务，但服务质量不高，企业与客户之间没有良好的沟通渠道，在服务内容、形式、方式上还存在很多问题。

有保险公司会把公司员工展业用的工作包、雨伞等，统统印上企业名称、标识或广告语，让员工每天外出时起到自然宣传的作用。但这过于单调且没有内涵，应该多开展一些内容丰富的线上线下活动，加强与社会大众的互动和交流，提升全社会对保险的关注和了解。

9.2 动态沟通策略

9.2.1 人身保险动态沟通策略

建立良好的沟通链是保险公司信息传播的重要方式。对于人身保险而言，无论是传统的面对面沟通模式，还是互联网创新沟通渠道，只要将“保险观念”深入人心就是成功的沟通策略。例如，友邦北京分公司第一例理赔案只有5元钱，但是本着对保户负责的态度，理赔人员认真回应并做出相应理赔。保户6月20日向友邦购买旅游意外险，6月22日到无锡旅游时，由于路滑摔倒，造成右手受伤，花了5元钱医药费，回京后抱着试试看的态度，来申请理赔。工作人员发现其医疗收据上没有填写患者的名字，理赔人员通过当地114查询，与治疗医生联系核实后，迅速做出了理赔。“不论理赔金额大小，我们都一视同仁，宁愿花掉几倍于赔偿额的通信费用，也要保护客户的利益。”

再如，美国航空（American Airlines）经过一系列技术评估后发现，41%的乘客更喜欢用手机上的短消息和无线网络功能，还有29%的乘客时刻“眼观六路耳听八方”，对其移动设备上几乎所有功能都了如指掌。美航根据这一调查结果，改变了其移动策略，为它的大部分客户提供电子邮件和短消息提示，同时为那些时刻“眼观六路耳听八方”的客户提供一个移动网址以方便他们进行更复杂的操作。这些创新举动令客户与航空公司之间的联系更为紧密，客户反应良好。美国航空这种了解客户、适应客户、满足客户的做法，很值得众保险企业借鉴。

总而言之，只有提升社交化的双向沟通水平，对保险公司保险产品进行长期、科学、合理的规划，摆脱传统的保险推销方式，在实践中不断增强客户的口碑好感，才能获得更好的动态沟通渠道。

9.2.2 财产保险动态沟通策略

当前保险公司与客户最缺乏的是沟通。保险公司应充分利用社交媒体实现与客户的动态沟通，提升沟通质量。在互联时代，越来越多的消费者融入社会化媒体和社交网络之中，更加积极主动地交流和分享，保险公司也应该顺应这一趋势，加强与客户的沟通。例如，阳光保险的微信公众平台建成了“微门店”的形式，客户随时随地都可以在微信平台上选择需要的保险产品，进行在线支付实现快捷投保，还可以参与微信的线上活动，如赠险和优惠活动，更重要的是还可以自助理赔，实现了客户与保险公司的全过程互动。随着智能手机的不断普及和微信用户的不断扩大，其零资费、跨平台沟通、能接收图文并茂信息等功能，与传统的短信沟通方式相比更加灵活智能，为保险公司开辟了一条与消费者简单快捷沟通的新渠道。它针对移动用户，精准性更高，保险企业与消费者的沟通更加直接。微信拥有庞大的用户群，是一个良好的分享平台，消费者可以在移动状态下方便地与保险公司在线沟通，获得所需的保险服务并进行反馈，而良好的保险经历也会迅速向外传播，影响其圈子里的人群，促进保险品牌在线口碑传播。

保险企业应积极拓展营销渠道，构建全渠道营销模式。移动互联网具有覆盖面广、运营成本低的优势，客户可以方便快捷地使用保险，非常适合各类财险的推广与销售。例如中国平安在天猫的官方旗舰店，其中有一款“平安直通车险”，累计销量达到 18 万份，是全网销量最高的，每 10 位在淘宝投保车险的顾客中有 6 位选择了平安车险。平安在淘宝之所以能取得这样的成绩，既与平安保险优惠的价格和促销活动有关，更主要是因为其全面贴心的服务打动了消费者，赢得了客户的青睐（见图 9－1）。

图 9－1　平安直通车险以服务取胜

平安直通车险服务最大的亮点是非事故道路救援服务，包含接电服务、紧急加水、更换轮胎、现场抢修、拖车牵引、吊装救援和困境救援等七大项目。服务对象为 12 座以下非营运用客车、轿车，投保平安商业车损险，在保单有效期内不限次数享用；平安财产险 VIP 客户，凡投保平安车险商业险，即可无限次数享用。不出险也能享受优质服务，一个电话就能搞定。平安保险紧跟客户需求，进行保险经营模式创新，连续六年升级服务标准，通过从销售到理赔的全过程客户服务建立了良好的市场口碑，品牌价值不断提升。

平安车险在天猫上的成功也带动了其他保险产品的销售。在平安直通车险详情页面下方，平安适时地推荐了相关保险，提示消费者“购买了本产品的用户 90% 还会购买以下产品：个人资金账户险、驾驶人员综合意外险和一年期个人意外综合险”。这三个险种与网络支付安全、交通安全密切相关，非常符合用户场景化的需求，实际购买的转化率较高，形成从车险到其他险种的扩展，品牌传递效应明显，对于平安进一步开拓相关保险市场十分有益。这对于智能互联时代下保险公司营销模式的变革具有很好的借鉴意义。

9.3 用户沟通案例

9.3.1 人身保险用户沟通案例：史努比离职，MetLife 重建沟通模式

拥有百年悠久历史的美国大都会人寿保险（MetLife）决定，他们将不再使用史努比作为公司的吉祥物。

早在 30 多年前，大都会人寿就开始使用史努比作为吉祥物，这只查尔斯·舒尔茨笔下《花生漫画》中的比格犬为提高其在金融服务市场上的知名度扮演了关键角色。多年来，史努比出现在大都会人寿的一切营销广告中，用它可爱睿智的表情帮忙淡化保险公司冷冰冰的形象，曾是公司不可或缺的要角。

2011 年，大都会人寿取得新泽西州 MetLife 体育场冠名权，并在

2012 年设置史努比铜像。特别是大都会在美国重要的标志——三艘飞艇，就以史努比形象作为外饰，被命名为史努比 1 号、史努比 2 号、史努比 J，在空中报道美国本土的体育赛事。

但现在，这家保险公司似乎不再需要对普通消费者卖萌了。不久之前，大都会人寿宣布将在 2017 年上半年拆分旗下的零售保险业务，单独计划上市。这意味着大都会人寿之后的客户主要是企业和公司，包括人寿、医疗、养老金等其他雇主们为员工订购的保险。

大都会人寿的首席执行官 Steven Kandarian 说："我们清楚接下来要做的转变，我们需要重新思考该如何向市场展示我们的品牌。"而据公司的首席营销官 Esther Lee 表示，它们和 8 个国家超过 55 000 个客户探讨过这个问题，最终决定不再需要史努比。

这之后，大都会人寿将启用新设计的一套视觉形象：一个 M 形状的标志和非衬线字体构成的 LOGO，和更加适应现代媒体的简洁的视觉系统。公司的广告语也从：

Metlife. I can do this.

改成了：

Metlife：Navigating life together.

虽然大都会人寿未曾公开它们与《花生漫画》多年来的授权费用，但据消息人士透露，最近一次签约是在 2014 年，每年的费用约为 1 000 万—1 500 万美元。这和公司 2015 年 53 亿美元的营收比起来只是很小的数目。在抛弃史努比的一项理由中，大都会人寿就提到它的形象价值比起 30 多年前已经稀释了很多。

9.3.2 财产保险用户沟通案例

9.3.2.1 大地保险联手 CBA 进行体育营销

中国大地财产保险股份有限公司是经国务院同意，中国保监会批准成立的全国性财产保险公司，是中再集团公司旗下唯一的直保财险公司。公司成立于 2003 年 10 月 20 日，总部设在上海，注册资本 64.3 亿元人民币。2012 年，大地保险与中国篮协（CBA）达成战略合作，作为 CBA 联赛官方合作伙伴，大地保险将向 CBA 联赛提供三年保险保障服务。

赛季期间长时间、全方位的品牌曝光加之热点场次的内场活动，大地保险形象多次出现在大众及球迷面前，强化了大地保险在目标市场上的品牌传播和情感营销，逐步完成从行业知名向大众知名的跨越。“携手 CBA 联赛，挑战新高度”，大地保险首次作为 CBA 联赛的官方合作伙伴，将联赛健康的形象、拼搏的精神植入到自身的品牌形象和管理理念中，收获颇多。

根据 Millward Brown 的品牌金字塔研究结果表明，篮球联赛在熟悉度、接受度、吸引力、亲和力和忠诚度五个指标上都比其他赛事要高，是最具品牌价值的体育赛事。而其他较著名的体育赛事，如全运会、中国足球超级联赛、乒乓球超级联赛、中国网球公开赛以及女排联赛的品牌价值相对接近。“中国体育赛事现状及发展”的调查研究结果显示，中国男子篮球联赛（CBA）——在认知度、关注度和喜爱度的排序中均居首位。中国足球超级联赛在认知度上排名第三位，关注度排名第六位，在喜爱度上为 16 个赛事的倒数第二位。

通过赞助赛事所获得的品牌推广的效果远远大于单纯的广告方式。赞助是一种全面的市场推广行为，通过赞助将大大提高公司品牌的市场认知度，并提供与目标消费群体直接接触的机会。

大地保险董事长欧伟表示，“对于品牌建设，我觉得关键在‘品’字，它包括了企业的品德、品行、品位和品牌，四个方面有机统一，只有做具有高尚的品德、良好的品行、特色的品位、优秀的品牌的公司，才能推动公司品牌价值持续增长。要以客户需求为导向，把品牌有效嵌入公司客户服务、业务发展、经营管理之中”。中再集团向芦山地震灾区捐款700万元，其中大地保险捐款200万元。另外，大地保险还将沿用赞助CBA的思路，开展“体育+公益”活动，考虑联合中国青少年发展基金会建立“大地保险希望工程快乐体育基金”，通过持续投入帮助农村学校改善体育设施，让贫困地区的孩子们享受到体育的快乐，从而拥有完整的童年，同时也提升大地保险的品牌和公益形象。

9.3.2.2 社交金融——移动互联网中的动态沟通

社交化金融，或者叫“圈子金融”，是社交与金融的结合，让社交网络承载支付、筹资、保险等金融功能的同时，也赋予理财、众筹、保险等金融产品社交意义（见图9-2）。

社交化金融就是给金融活动赋予社交意义。如面对面收钱功能和支付宝AA付款功能，在进行金融交易的同时，也是人与人之间的沟通，这种沟通方式更像是一种游戏，使人们在其中体会到趣味（见图9-3）。

社交化金融还提供了展示自我的平台，例如各种晒，理财产品晒收益、慈善众筹晒公益等。这种“晒”使得个人的金融行为得以传播，

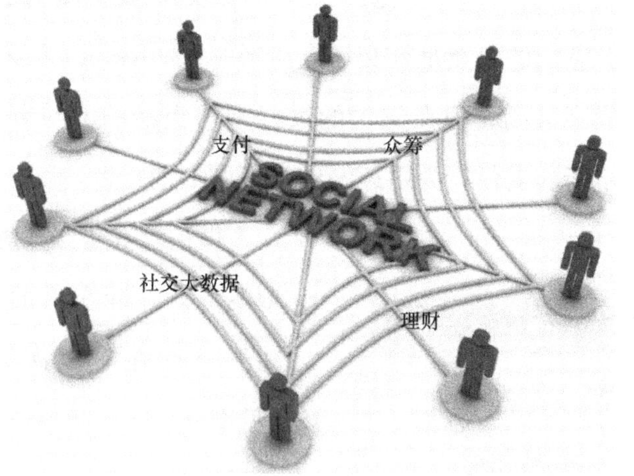

图 9－2　社交化金融

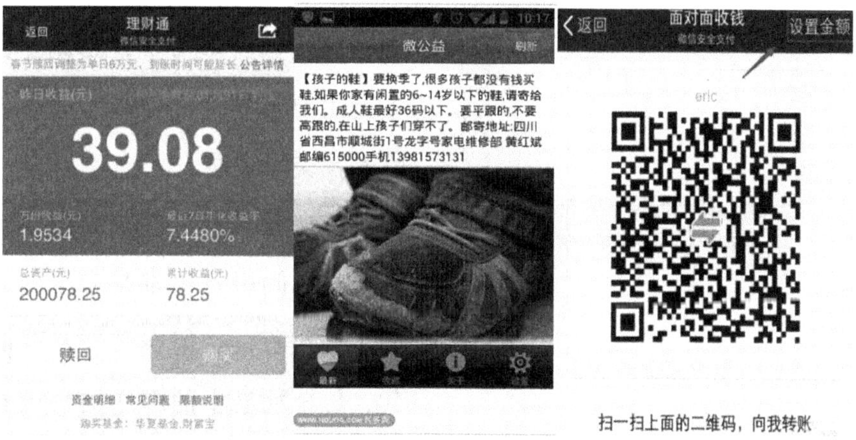

图 9－3　社交化金融 APP：微信理财通、微公益、微信面对面收钱

实质上也是一种营销，使金融产品在人际传播、互动中迅速扩散。由于是在“圈子内”进行的金融活动，人与人之间的信任度较高，更有利于产品发挥其作用。

社交化金融往往既承担金融支付的作用，又承担社交的作用，但不同的产品侧重点不同。AA 收款、微信转账是社交化支付的典型案例，重点在支付。它们的特点是社交场景清晰，目的明确，为支付而打开软件，支付完成则关闭，但在支付的过程中与交易的参与者进行交流沟通，并且在不断的支付行为中逐渐纳入不同的消费者。

图 9－4　社交化金融 APP：微信红包

微信红包是支付社交化的典型案例，以社交目的为主，支付功能反而在一个次要的位置上（见图 9－4）。微信红包因为结合了具体的社交场景，撬动了支付爆发。在这个过程中，人们通过发放红包这一行为达到社交目的，红包的金额可多可少，因此支付不是主要目的，这种产品的趣味性和社交性更强。

社交金融并不是一个新概念，传统的民间融资也都是基于熟人关系网进行的，但在移动互联时代，传统社会中的圈子被移植到网上，社交化金融已经远远超出了熟人圈子，可以在家人朋友间进行，也可以在只有一面之缘、一语之缘的非熟人圈子里进行。移动互联网的普及，为社交场景及其衍生出的各类其他需求提供了互动沟通、信息搜索、支付手段三位一体的服务。

在移动互联时代，金融活动的基础也不再局限于某个个体的信用。

与传统的民间筹资活动不同，当某项筹资活动本身有目的、有意义、有使命感，就会借助社交圈快速爆发，例如腾讯微公益，就是依托社交网络场景推出的慈善主题众筹。

2006 年 9 月，腾讯公司投入 2 000 万元发起腾讯公益慈善基金会，成为国内首家设立公益基金的互联网企业。腾讯公益慈善基金会有两种模式：一是腾讯每年从公司利润中拿 3%—5% 投入到基金会，非公募基金；同时，它创新出 2.0 的公益模式，由广大网民在平台上对特定的公益项目进行捐赠，截止到 2014 年 11 月 11 日，除腾讯公司及员工的捐献外，腾讯公益网络捐款平台共有 2 463 万人次的网民参与捐赠，累计筹得 2.37 亿元。

社交网络积累的数据对金融有溢出效应。金融行业是对数据依赖度很高的行业，但目前金融业使用的数据大都是公共数据，还有一部分行业数据。这些数据几乎清一色都是结构化的数据，而社交数据是金融业征信尚未挖掘的宝库。对文字、图片、视频等社交网络中产生的大量非结构化数据，分析门槛较高，还有一定的技术障碍，但随着技术进步和数据积累，对这些数据的分析越来越接近可以被商用的程度。企业在日常运营中产生和使用到的数据中有 80% 是非结构化数据，而且据 IBM 的估算，非结构化数据增速是结构化数据增速的两倍。关系链价值、朋友圈的范围等数据可能成为结构化数据的有益补充。

Lending Club 于 2006 年 10 月成立，是美国最大的 P2P 平台。2007 年 10 月 31 日，Lending Club 宣布推出“基于熟人关系的借贷服务”，该服务是通过高等院校校友组织的网站来提供资金的借贷。Lending Club 是 P2P 贷款领域第一个向线上社区（包括乔治亚科技大学、堪萨斯州立大学和密歇根大学的校友组织）提供联合品牌贷款申请的公司。

2007 年 5 月 24 日，Lending Club 在 Facebook 上线“合作性的 P2P”贷款服务，利用互联网模式建立一种比传统银行系统更有效率的、能够在借款人和投资人之间自由配置资本的机制。通过 Lending Club 平台，借款人和小微企业获得更低利率，投资人可获得较好收益。在这个过程中，Lending Club 很好地利用社交化元素，借 Facebook 拓展业务，Facebook 用户在 Lending Club 上注册，注册信息就会显示在用户的 Facebook 页面上，访问者知道他是 Lending Club 的成员，并且有资金出借（或借入）的需求。Lending Match 系统包含了多种关系，包括 47 000 个美国城市、1 000 家公司、500 个政府机构、6 300 所大专院校、1 600 个国家组织和其他组织以及数以千计的 Facebook 关系群和网络。图 9－5 是 Lending Club 的业绩情况。

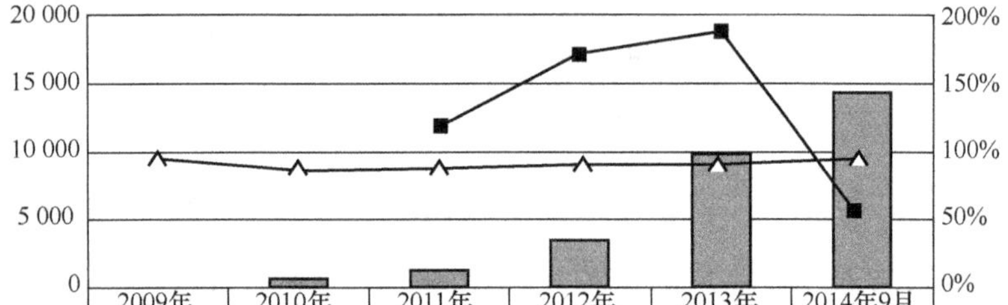

	2009年	2010年	2011年	2012年	2013年	2014年9月
营收	137	572	1 253	3 404	9 797	14 386
年增长			119%	172%	188%	47%
交易费占比	95%	87%	88%	90%	88%	93%

图 9－5　Lending Club 年度业绩增长（单位：万美元）

资料来源：腾讯科技。

社交化金融可以在很大程度上改变人们的生活，它连接一切，各种生活场景深度结合，它促进金融创新，促进金融机构推出更贴合人们日常生活的产品，由大金融向小金融、微金融发展。

对个人来说，多样化的金融需求得到满足，日常生活更便利；对保险行业来说，这是一个重要的突破口，将保险置于社交化网络中，可以让产品在用户群中迅速扩大知名度。由于社交化金融与各种生活场景中都能有深度的结合，保险将可以应用到各种生活场景中去。社交金融非常便利，使用时间可短可长，刚好适合保险产品的推广特点。

10 建立保险与消费者的动态沟通机制

10.1　加强保险与消费者的互动，优化用户体验

智能互联时代的一个显著特征是互联网和移动终端的快速发展和普及，这深刻地影响着用户的购买决策和行为，保险公司和消费者之间的动态沟通机制因此显得尤为重要。保险公司要加强与用户的互动，向用户兜售参与感，优化用户体验。在互联网时代，树立品牌与经营“粉丝”的过程高度融合，只有积极让用户参与到品牌建设中来，将更多的用户转化成品牌的忠实“粉丝”，甚至成为品牌的一部分，才能让保险企业在激烈的用户争夺战中立于不败之地。社会化媒体是保险企业与消费者互动的平台，其对企业营销模式的重要影响就是企业与用户要真正建立关系，而且是一种长期互动、可信任的关系。这种客户关系是保险企业长远发展的基石。

保险产品已经不仅仅是精算师的作品，而是功能与情感的结合，功

能体验是必需，情感体验是刚需。保险必须以保险的核心功能——保障功能为出发点，为用户提供基础的保险产品，改善用户对保险的认识。保险不是冰冷的条款，而是“有温度”的产品，这种产品能够保障投保人的生命财产安全，降低事故带来的损失。更重要的是让用户感受到这种保障功能，这就需要保险企业线上、线下与客户的互动。在功能体验的基础上，利用为用户提供日常生活中贴心舒适的服务，满足用户的情感和心理需求，实现保险企业的体验营销模式，增强用户对保险公司的情感依赖和品牌忠诚度，同时这种用户黏性也会向其周围人群扩展。图 10－1 是 O2O 线上到线下模式。

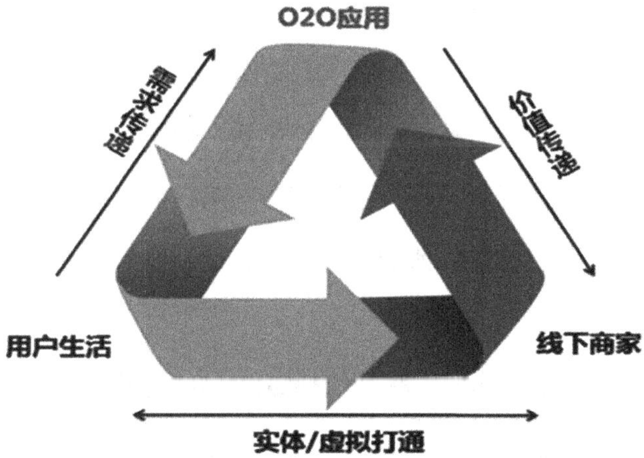

图 10－1　O2O 线上到线下模式

具体而言，保险公司可以通过官方网站、电话、微信以及手机客户端加强与用户的沟通，深刻理解客户的保险需求和面临的相关问题，帮助客户解决保险和生活问题，如保单管理、查询日程安排、拜访记录、客户预约、客户生日提醒、续费提醒，统计分析客户投保情况，主动承担起“生活顾问”的角色。在当前大量用户对保险公司无感的情况下，一个细心的关怀或者帮助，比如代用户缴水电费这种生活中的小服务，都能够得到用户的青睐。投之以桃，报之以李，这种互动关系同样适用于保险业。此外，保险公司还可以推出可爱的吉祥物改善品牌形象，使用户感受到保险公司及其产品的有趣、温暖，而不是冰冷的、高高在上的。通过自媒体、泛媒体的运用，保险公司可建立客户间的交流平台，通过用户分享自身或周围的保险故事，增强用户的保险意识和对保险知识的了解。一旦建立起良性互动、相互信任的合作关系，后续的保险消费便顺理成章且具有稳定性。

例如，为了满足消费者多样化的需求，拉近和用户的距离，京东计划培养一支“全能型”的客服队伍。京东的客服中心位于江苏，拥有3 000名客服人员。客服人员除了能够解决客户的购物相关问题，还要具备相关的专业技能，能够为客户提供生活、理财等全方位的服务。通过这种方式，在愉悦舒适的环境下深度参与用户的消费、生活行为，在为消费者提供便利、创造价值的同时实现企业利润。

10.2　利用社交网络，实现保险产品与服务口碑传播

随着消费者越来越多地参与到社交网络中，如微博、微信等，形成了一个个的开放、分享的网络社区。自媒体的出现使得保险企业能够和用户实现“点到点”的沟通，要充分利用社交网络的作用，在提供高质量的产品和服务的同时，在网络中做好口碑营销，使更多的用户接受和购买保险产品。社交网络中的对话是开放的、多元化的，任何人都既是信息的传播者，也是信息的接受者。与传统营销不同，保险营销人员

需要听取社区群众的声音并融入社区，才能让消费者接受营销人员的观点和产品。消费者会在社交网络中将自己满意的保险产品和服务向亲人朋友推荐，也会将体验不佳的经历向亲友倾诉，这种信息不断扩张和传播，可能影响到相当大的群体的购买决策。

智能互联时代，“得粉丝者得天下”，保险企业需要粉丝，他们是最优质的目标消费者，一旦注入感情因素，即使产品不完善也会被接受。粉丝对品牌、企业拥有高度的忠诚和热情，还会向其社交圈传播品牌的口碑，对于保险产品的销售具有爆炸性的推进作用。建立“粉丝”思维有三个关键点：一是如何定义品牌的理念和价值主张来吸引“粉丝”；二是如何将品牌的消费部落打造成“粉丝”们温暖的精神家园；三是如何激发“粉丝”的激情和参与感。图 10－2 是品牌—消费者互动模式。

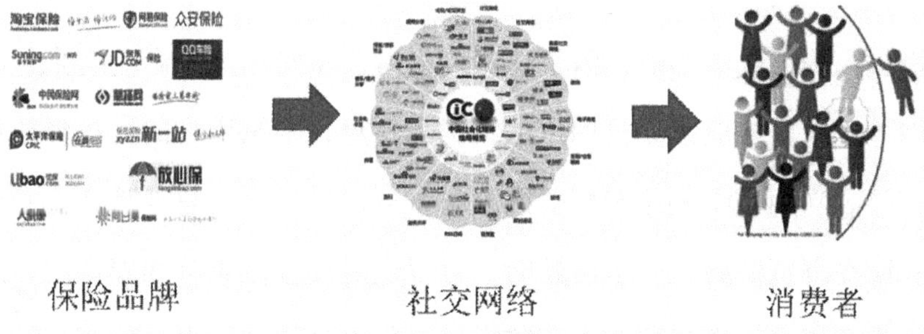

图 10－2　品牌—消费者互动模式

保险公司在社交网络进行口碑营销要首先确定受众，赶潮流者接受新鲜事物的意愿和能力较强，同时对周围人群的影响较大，保险公司提供高品质的保险产品和服务，通过他们可以得到广泛传播。口碑传播的基础是价值，只有保险产品本身是有价值的、可以信赖的，能够契合消费者的需求，才有可能在社交网络中传播。社会化媒体营销内容是消费者和品牌沟通的桥梁，也是品牌形象形成的基础。内容营销是保险营销的重要内容，要尽可能符合消费者的口味，突出内容的娱乐性、趣味性和创意性。保险公司应该建立一个网络分享社区，使用户在其中找到参与感和归属感。当越来越多的消费者感知到产品的价值，并转化为实际的购买行为时，保险企业就可以得到相应的回报。

10.3 分析用户结构与消费特征，有的放矢投放广告

智能互联时代下保险公司的用户结构和消费特征都在发生变化，互联网用户的比重在上升。这部分消费群体的消费习惯、偏好、购买决策与传统的用户有所不同，因此在广告、促销的设计和投放上应该做到有的放矢，体现出针对性。传统上，保险公司花大力气在电视、报纸以及室外投放广告，成本不菲，但是这些广告对互联网用户的影响有限。在互联网上投放广告应该分析用户的结构和特点，根据用户的行为释放特定的广告。当用户浏览旅游相关网站时，可以投放出行意外险和人身伤害险；而在浏览健康、养生网站时，可以适时投放健康险和养老险，通过情景化的切入，满足用户潜在的需求。保险公司利用自身的客户管理与业务数据，从风险特征、需求、偏好、习惯等方面建立客户风险模型，进一步优化广告投放动态模型，对不同类别的客户实现精准营销，并动态调整营销策略，促进保险产品的销售。图 10－3 是保险企业发展客户流程。

保险广告的内容要注重创意，与用户的互动性要强，加强与社交媒

图 10 -3　保险企业发展客户流程图

体的合作，满足用户分享的需求。针对不同地域、不同消费群体的保险广告，应制定不同的营销推广策略，优化广告的投放组合。场景是广告媒体的关键，在投放广告时采用 O2O 的形式可以让广告效果最大化。随着移动互联网和移动终端的普及，越来越多的用户对移动设备形成了依赖，尤其是智能手机，用户在智能终端上的广告互动频率是比较高的。但目前大多数的“移动”广告，并没有结合移动智能终端的特点。好的广告应该充分利用移动终端方便、易携带的优势，成为展示保险企业品牌形象的平台，同时充分挖掘用户碎片化、场景化的保险需求。图 10 -4 是传统广告模式与精准投放模式的比较。

保险企业在广告的设计上应该注重人性化和人文关怀。保险针对的是意外和风险，这些字眼往往是用户不愿意看到或听到的，直接的表述会引起用户的反感，结果将是不点击保险广告甚至直接关掉。例如针对驾车意外险，广告台词如果是“万一驾车出事故，买份保险可以减轻损失”之类的用语，会让用户感到非常扫兴，而如果改成“多一重保障，多一份安心”的用语，则会让用户感受到关怀和温暖。

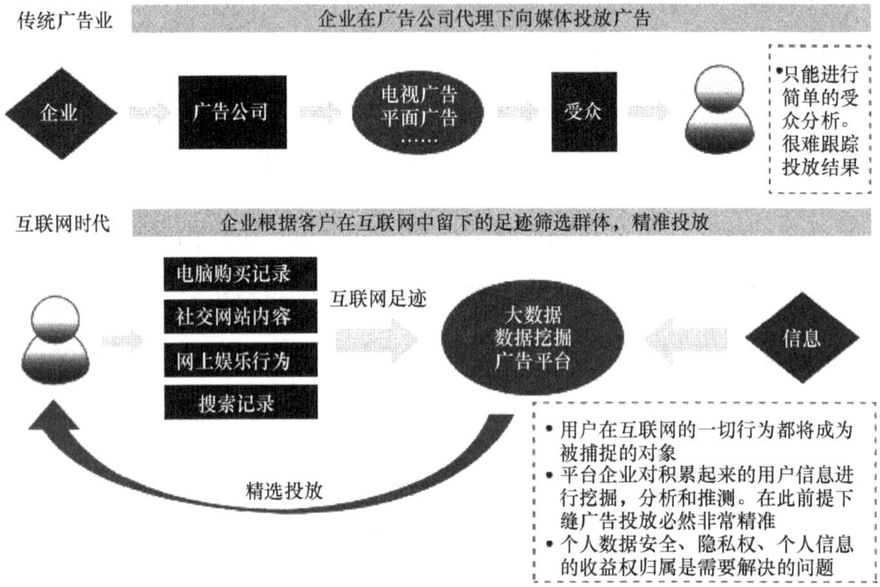

图 10－4　传统广告模式与精准投放模式对比

数据来源：PICC

价值传递篇

11 案例引入及理论介绍

11.1 案例引入

11.1.1 58同城——新媒体传递品牌价值

互联时代，品牌传播对于媒介的依赖越来越明显，传统媒介，如报纸、广播、电视已经不能满足企业对于品牌传播和营销的要求，深度嵌入大众生活的公交地铁移动电视等新型户外媒介日益发展为品牌传播的重要工具。

58同城作为国内分类网站中的领先者，已经完成了全国24家分公司，379个城市开通分站的战略部署，进一步建立起对城市主流消费者的品牌感召力与影响力，这对于企业而言十分重要。

> 58同城与中国移动电视行业的领导者与推动者华视传媒合作，根据其主要服务对象的特定属性，在29个公交数字移动电视联播网城市、8个地铁电视联播网、142 000个公交数字移动电视终端、55 600个

地铁车内、站台、站厅、换乘通道向4亿城市主流消费人群高频播放宣传广告。

整个广告传播运动分层次进行，包括品牌感知期（迅速建立品牌知名度）、品牌认同期（消费者逐渐成为其信息服务的新增群体）与品牌参与期（消费者逐渐参与到品牌传播过程，建立口碑传播）。图11－1是58同城广告。

图11－1　58同城移动电视广告

在广告创意方面，针对年轻受众思维活跃、关注热点话题明星等特点，58同城邀请国内当红明星杨幂为网站代言人，通过美丽活泼的明星形象传达网站的核心功能诉求。

据第三方机构前期效果评估的不完全统计，前期广告的有效到达率在80%以上，品牌认知度比投放前提高近35%。

（资料来源：刘德寰：互联网企业品牌传播的“移动电视热潮”［J］．广告大观：媒介版：2016（6）：72－73.）

11.1.2　苹果公司——两大策略实现价值传递

企业把产品和服务传递给目标客户的分销、服务、传播和客户关系活动，最终目的是便于目标客户方便地购买和了解公司的产品和服务，并成为忠诚客户。

苹果通过强大的品牌影响力和开放的产品平台两大策略，充分地传递公司的价值，最大限度地放大了苹果轻资产商业模式的效果。

- 强大的品牌影响力

在竞争同质化的时代，苹果为其品牌赋予了产品之外的意义：一种生活态度和生活品位，超越其他所有竞争者形成了强大的品牌影响力和控制力，对激发消费者的购买心理和对上下游产业链整合起到了重要作用，产生了高额的品牌溢价。在2014年世界品牌排行榜中，苹果以1 188亿美元的品牌价值位居第一。通过永恒的被咬了一口的苹果标志、时尚精致的产品、遍布全球的苹果体验店以及富有演讲天赋的乔布斯，苹果创造了强大的品牌效应，为苹果产品赢得了巨大增值。按每平方英尺计算，苹果零售店的年营收是5 600美元，在美国20家各种零售连锁店中排在首位，是排在第二位的Tiffany的2倍。表11－1是2014年世界品牌价值排行。

- 开放的产品平台

苹果坚持走高端路线，运用个人主义流行文化、酷文化，打造改变世界的品牌。不打价格战，而是利用互联网技术找到多赢之道，建立开放的自助餐式产品平台，让消费者按照自己的意愿下载软件，定制独一无二的产品，满足个性需求，从而增强了客户对产品延伸开发的参与，提高了客户满意度和产品忠诚度。也就是说，苹果的产品平台不仅为消费者带来增值服务，也为合作伙伴提供了利润平台，同时使苹果自身获得增值利润，形成了多赢态势。而由于其开放性，新的消费者和合作伙伴不断加入，影响范围进一步扩大。可以说，开放的产品平台是传递价值的主推动力，促进了苹果产品销量的快速增长。

表 11－1　2014 年世界品牌价值排行

排名		品牌	价值美元 $ 十亿	变化率
14 年	13 年			
1	1	Apple	118.863	21
2	2	Google	107.439	15
3	3	可口可乐	81.563	3
4	4	IBM	72.244	－8
5	5	微软	61.154	3
6	6	GE	45.480	－3
7	8	三星	45.462	15
8	10	Toyota	42.392	20
9	7	麦当劳	42.254	1
10	11	奔驰	34.338	8

数据来源：Interbrand。

在如今竞争激烈的市场环境之下，企业品牌价值对于消费者的选择具有十分重要的影响。这对于保险公司和产品也同样适用，对于保险产品意识薄弱的中国消费者而言，选择产品似乎带有一定的风险性，因而品牌的影响力对于决策就更加重要。

11.1.3　O2O——线上线下多渠道传递

从线上到线下，用现在最流行的词语之一解释就是 O2O（Online To Offline），是指线上营销线上购买带动线下经营和线下消费。O2O 早在团购网站开始兴起时就已经出现，参与团购的商家与O2O网站合作，大多数有线下实体店。二维码的出现，推动了O2O的发展，成为线上线下的关键入口。

图11－2展示了近几年O2O创业的14个行业，几乎涉及人一生的所有行为，吃喝玩乐、衣食住行、生老病死等，每个行业都是一个巨大的市场。

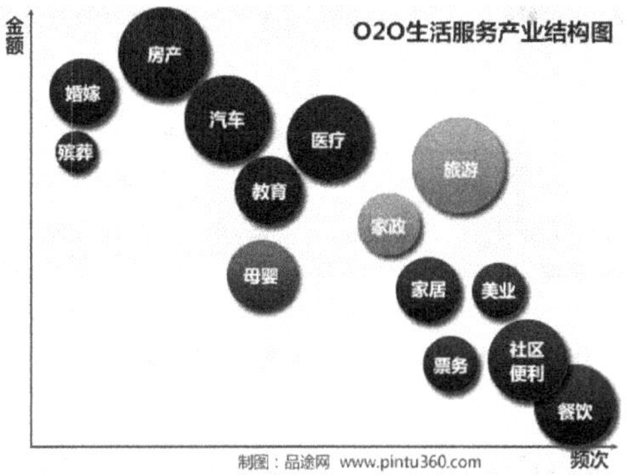

图11－2　O2O生活服务产业结构图

餐饮市场中，2008年从上海交大起家的“饿了么”，获大众点评8 000万元D轮融资，商业模式是收取服务费，目前员工人数达2 000名，是交易额最大的网络外卖订餐平台（图11－3）。知名的“雕爷牛腩”2013年5月在北京开张，已完成6 000万A轮融资，目前有7家门店。图11－4是雕爷牛腩官网的食客留言展示。

图11－3　“饿了么”网络订餐

图 11－4　雕爷牛腩官网的食客留言展示

汽车服务行业 O2O 正打得火热。汽车是“行”的重要工具，2014 年，腾讯与阿里分别支持的嘀嘀打车与快的打车在全国轰轰烈烈上演以补贴为手段的用户抢夺大战，可见汽车服务市场潜力巨大。打车只是冰山一角，拼车、租车、二手车买卖等都是巨大的市场，如 2012 年进入北京市场的“PP 租车”，采用网站与私家车车主合作的模式，在 4S 店、洗车店宣传推广，获得 6 000 万美元 B 轮融资。除此之外，PP 租车上的每辆车都有相应的保险，和中国人保、华安合作定制都有健全高额（80 万与 150 万）的 P2P 租车保险（图 11－5）。

在生活服务市场，19e 于 2009 年成立，从线下提供代缴费、充值服务起家，曾获红杉数千万美元 A 轮融资，已覆盖全国 300 多个城市，

图 11－5　PP 租车租客经验分享展示

有 50 万家加盟店。

（资料来源：pintu360. com）

保险企业在进行网络营销时，可以统一线下活动和线上宣传，反复推动，由线上发起线下活动，再由线下活动引发线上讨论，形成闭合回路，使得传播效果成倍放大。同时，也可以考虑与新兴的 O2O 企业展开合作，如 PP 租车与人保的合作，将保险借助 O2O 平台渗透到生活的每个细节中去。

2015 年的《政府工作报告》首次提及要“把以互联网＋为载体、线上线下互动的新兴消费搞得红红火火”。随着近年 O2O 如火如荼地席卷订餐、叫车、家政、代驾、美业等服务行业，上门安全等制约行业发展的难题也日渐受到关注。国内首家互联网保险公司众安保险宣布，携手国内美业 O2O 龙头河狸家推出的首款美业 O2O 安心保障计划正式上线，该计划将全方位保障河狸家用户在接受上门服务时的人身和财产安全。众安保险相关负责人表示，该计划为国内首款针对美业 O2O 上门服务场景定制的标准化保障方案，可复制到类似的 O2O 上门服务场景中。

众安保险与河狸家合作的安心保障计划其实是一款包含三种保险责任的“组合”，其中包括：意外伤害保险、人身权利侵害保险、个人财产及随身物品损失保险，将全方位保障河狸家用户的人身和财产安全。

当河狸家用户在手机 APP 或者微信下单时，可同步选择是否投保河狸家免费赠送的安心保障计划。之后，河狸家和众安保险则通过实时数据对接的方式，完成投保、承保及电子保单生成。

安心保障计划是一套针对 O2O 行业痛点，基于上门场景特别打造的风险解决方案。为帮助平台管控风险，众安保险还与河狸家深度合作，参与到平台手艺人的资质审核过程中，从根本上降低风险发生概率。

作为国内美业 O2O 龙头，河狸家发展仅一年时间，日客单量峰值已经过万，并完成三轮融资。这说明广大消费者对 O2O 上门服务的模式日益接受和认可。其实，上门服务如果防控措施得当，安全性风险是在可控范围内的。但由于种种原因，部分消费者对上门服务仍存在一些安全方面的疑虑。

2014 年，一项由媒体发起的 O2O 上门服务问卷调查结果显示，不愿尝试上门服务的被访者中，担心“让陌生人到家里不安全”占到大多数，占比 71.12%。而如今通过加入保险，能进一步提升客户对 O2O 上门服务的安全感，更放心享用服务，从而提升平台的用户黏性和转化率，推动平台进一步发展。

事实上，对于 O2O 市场的商机，保险公司一直有心尝试，却碍于成本的问题有所顾虑。这种只针对细分人群、特定场景、保险期限不足一天的超短期意外产品，保费收入非常有限，并且要实现与 O2O 平台系统实时对接，相对一般保险而言，系统开发和运营任务艰巨，产品开发和运营成本将远高于保费收入。

然而，正是这样保费规模较小、常被传统机构忽视的长尾需求，如今却可以通过互联网技术被激活。相较其他渠道，众安保险开放平台上线一款产品的周期会更短，河狸家安心保障计划就是一款通过开放平台上线的产品。众安保险开放平台可基于标准化的保险产品，满足各种长尾市场中小而美的保险需求；正因产品标准化可复制，开放平台在开发速度和运营成本上更具优势。所有和河狸家有着同样需求的 O2O 商户，都可以通过对接众安保险开放平台，让自身用户享受到这款保障。众安保险开放平台已经为服务广大 O2O 商户在内的互联网企业和机构做好准备。

众安保险与河狸家的此次探索，为整个 O2O 行业发展树立了重要标杆。随着未来用户安全和保险意识的日益增强，提供保险服务或将成为大多数 O2O 平台的必然之选。由于政府将“互联网 +”上升成为国家战略，鼓励线上线下互动被写入政府工作报告，今后将有更多传统产业进军 O2O。随着传统产业纷纷触网，各种新型的风险管理需求也会伴生而来，未来互联网保险将大有可为。

11.2 理论介绍

企业进行营销策略选择时，会优先考虑如何将产品的各项价值（产品价值是由产品的功能、特性、品质、品种式样、品牌等所产生的价值）更加便利地传递给客户，而非只考虑企业自身生产、销售的方便程度。

11.2.1 从 place 到 convenience 的演变

渠道原则（place）涉及一个公司怎样以最低成本，通过最合适的途径，将产品及时送达消费者的过程。渠道策略包括选择产品销售的地点，保持适当的库存，选择适合的中间商、零售商和维持有效的物流中心等。在 4P 组合策略中，企业运用渠道可以设计以下流程：

（1）确认渠道设计决策的必要性；

（2）设立并调整分销目标；

（3）明确分销任务；

（4）设立各类可行的渠道结构；

（5）评估影响渠道结构的因素；

（6）选择最佳渠道结构；

（7）挑选渠道成员。

渠道是市场营销理论中最宝贵的因素，它的构建是长期的系统工程，需要一个实施机构，而且渠道是由一群不同组织中共同作用的人来具体执行的，因此渠道关系不易被其他企业复制，能够成为公司核心竞争力。但是事实上，在现代的企业营销活动中，渠道原则很少从顾客的需求出发，其建立多级分销渠道的法则往往未考虑消费者的利益，只是采用各种手段让消费者了解他的产品，采用多种渠道使消费者有机会购买其产品，而不是注意顺从消费者的购买习惯。因此，在此策略下，企业往往首先考虑如何在交易过程中选择对自身有利的销售渠道，而并非为消费者提供更多的便利。

便利原则（convenience），指购买的方便性（convenience to buy）。比之传统的营销渠道，新的观念更重视服务环节，在销售过程中，强调为顾客提供便利，让顾客既购买到商品，也购买到便利。企业要深入了解不同的消费者有哪些不同的购买方式和偏好，把便利原则贯穿于营销活动的全过程。售前做好服务，及时向消费者提供关于产品的性能、质量、价格、使用方法和效果的准确信息；售后重视信息反馈和追踪调查，及时处理和答复顾客意见，对有问题的商品主动退换，对使用故障积极提供方便的维修，大件商品甚至提供终身保修。

如今，电子商务提供了24小时×7天的服务，顾客现在能在几天甚至几小时内就获得产品和服务，而不是经历漫长的等待。如果他们认为服务不及时，就会立即更换品牌。为了扩大市场、留住顾客，企业必须有效地综合运用便利性原则为顾客提供最大方便。便利原则充分从消费者角度出发，克服了渠道策略（place）只从企业自身考虑的局限性。

11.2.2 从convenience到deliver的进化

便利（convenience）策略没有体现既赢得客户，又长期地拥有客户的关系，这一策略被动适应顾客需求的色彩较浓，没有解决满足顾客需求的操作性问题，往往为被动地满足消费者需求付出更大的成本。如何将消费者需求与企业长期获得利润结合起来是便利（convenience）理论有待解决的问题。

在互联网时代，营销渠道向“移动化”升级，现在的关键是把握每一个消费者关注的机会，快速完成交易，而便利策略无法有效识别消费者的需求，即消费者能感知到哪些价值，也无法以最快的速度响应消费者的需求。

11.2.3 价值传递（deliver）

以 O2O 消费模式为例，价值传递模式要求企业在零售商品的“五流”（客流、商品流、信息流、资金流、物流）中，都积极向客户传递与产品价值有关的信息。从 PC 端到移动端，都有产品的图片、其他用户的评价等相关信息传递给消费者。在用户付款后，可以对产品进行评价，对产品的性能起到重要的反馈的作用，企业可以及时修改产品设计以满足消费者新的需要。在物流过程中，消费者可以实时跟踪产品的位置，一些企业还可以在物流过程中取消、修改或追加订单。购物时间扩展到了全天候，购物空间大大延伸，价值传递过程的渠道更加丰富，效果就是销售量得到增长，产业链得到优化，消费者个性化需求得到更好满足。

价值传递（deliver）即对顾客进行营销策略选择时，优先考虑到将产品的各项价值（产品价值是由产品的功能、特性、品质、品种式样、品牌等所产生的价值）传递给客户，而非考虑企业自身生产、销售的方便程度。在互联网时代，采用这一策略的典型是使用 O2O 模式，利用电子商务手段将渠道下沉，甚至把渠道简化至“生产商—消费者”模式，或者采取“消费者—定制—生产—消费者”模式，不经过中间更多环节，直接把产品的价值传递给消费者。

在价值传递中，顾客化定制更加以顾客为中心，其运作特点是由顾客引发并由顾客控制需求的满足过程。其显著优势是企业不需要增加任何额外的制造能力，而顾客逐渐参与到越来越多的核心运作过程中，企业运作由顾客订单驱动。顾客化定制相对大量定制在营销方面更加个性化，顾客参与的环节和控制权更多，运作内容也增加了定制过程中的顾客参与活动，因此除可以创造出定制产品、服务之外，还能提供顾客参与体验，从而提供了创造更大价值的可能性。在目前的阶段，渠道下沉、O2O 模式以及顾客参与式体验是这一原则的典型代表。

12 保险价值传递

12.1 价值传递受阻

12.1.1 人身保险价值传递偏差

价值传递（deliver）即对顾客进行营销策略选择时，优先考虑将产品的各项价值（产品价值是由产品的功能、特性、品质、品种、式样、品牌等所产生的价值）传递给客户，而非考虑企业自身生产、销售的方便程度。但是我们发现当前保险公司在进行价值传递的过程中，很少从用户的角度考虑问题，尤其是面对互联网平台的保险销售过程中，缺乏有效的价值传递将不利于保险产品的出售，也会危及保险公司的发展。

以平安保险为例，它的业务全流程模式的发展与其发展互联网保险的时间不相匹配，始终没有形成健全的全流程模式。当前，平安互联网保险的销售主要体现在购买方式上，公司通过官网、代理商宣传互联网产品，搜集客户信息，进而让线下的人员与客户进行联系，帮助客户在网上完成保险的购买。这是一种线上和线下合作式的销售方式，而非完整的线上全流程服务模式。传统销售方式中，险企有专业的保险代理人来帮助客户理解保险合同中的专业名词，而在线上互联网销售过程中，险企并没有专业的人员用于保险条款的解释。当客户想要在网站购买人身保险时，因缺少专业人员，客户并不能完全理解保险专业条款。这一方面不利于互联网保险的销售，另一方面，保户对于保险条款的理解存在偏差容易导致在今后理赔时造成分歧，损害品牌形象。

网络投保在开始的时候主要适用于年轻人，因为复杂的注册和购买流程，更适合于年轻人操作。但随着移动互联网络的发展，基本实现了“支付便捷”和“随时随地购买”，人们已经逐渐培养起手机购物的习惯。越来越多的人开始注重自己的身体健康，实际上，大多数人对人身保险是有需求的，如果有人适当地向他们进行人身保险价值的传递，那么客户就会意识到自己的需求。拿出手机就可以支付和购买，不需要填写复杂的信息，而且可供选择的有针对性的产品种类多样，这是未来保险渠道的发展方向。

12.1.2 财产保险传递渠道受限

在财产保险范畴内，最简单也最常见的是车险，而随着社会环境越来越复杂，财产保险如家庭财产险、公司财产险、出行意外险等变得越来越重要。

美国保险电子商务站点 InsWeb 创立于 1995 年 2 月，其主要盈利模式是为消费者提供多家合作保险公司的产品报价，帮助消费者做出购买决定，从中收取费用；为代理人提供消费者个人信息和投保意向，并向代理人收取费用。公司曾在美国纳斯达克上市，是全球最大的保险电子商务站点，并且在业界有着非常高的声誉，被福布斯称为网上最优秀的站点。这个网站涵盖了汽车、房屋、公司，甚至宠物保险在内的非常广泛的财产保险业务。但是财产保险产品大多较为复杂，往往需要代理人面对面讲解，这导致绝大多数保险产品无法依靠互联网销售。因此，该公司主要销售的还是相对简单的车险和意外险，而仅以此是难以维持生计的，长期亏损终于导致了股价的一路狂跌。2011 年，InsWeb 被美国著名个人理财网站 Bankrate 收购，被收购前最后一次公布报表的前三季度收入仅为约 3 900 万美元，与美国万亿美元左右保费的市场规模相比几乎可以忽略不计。

互联网企业作为传统保险的销售渠道，可能将逐渐失去话语权，因为传统保险公司完全有可能绕开电商网站，自己组建线上销售渠道。而第三方互联网保险机构或将迎来前所未有的发展机会。首先，第三方互联网保险机构既可以通过自身平台结合场景充当销售渠道，也可以避免互联网保险的过度碎片化。其次，第三方互联网保险机构有可能在保险企业和用户之间充当协调者，改变传统保险以销售为导向的现状，驱使行业关注产品服务。

12.2 价值传递策略

12.2.1 人身保险传递策略

人身保险包括寿险、健康险、人身意外险等。在人身保险中，“以人为本”的理念有助于传递保险公司及其产品的价值。2008 年“5·12”

汶川大地震，面对空前严重的灾情和业已中断的交通通信，一条平安信息也变得弥足珍贵，尤其对于那些在焦急等待亲友消息的人们。平安保险为此组织了大规模的“报平安、送祝福”公益活动，以高效的组织管理为依托，将人们对灾区的无限牵挂和志愿服务有效融合起来，并形成强大的合力。

平安保险目标传播人群是受灾群众和广大关心灾情的网友，力求达到如下效果：通过报平安活动，为受灾群众提供实实在在的帮助，给他们以温暖的支持，支持同胞共渡难关，同时完美融入平安保险的品牌形象和企业理念，传播平安保险的爱心和对受灾同胞的关爱。在重大灾害面前，华夏儿女对受灾同胞表现出血浓于水的关爱亲情，全社会都积极地为灾区群众贡献力量，希望帮助他们共渡难关。为此，中国平安与新浪达成合作，通过充分调动双方的优势资源，发挥新浪线上线下的整合优势，得以最大限度地调动社会力量帮助灾区人民。

通过新浪网的强大号召力，在线征集志愿者和平安信息，并通过多条线下志愿渠道直接服务灾区。

方式一：在线招募“报平安志愿者”，报平安信息。在线下活动现场由报平安志愿者将征集来的平安信息电话通知灾区同胞报平安。

方式二：在线征集平安明信片爱心志愿者，线下带领志愿者深入灾区发放免费绿丝带明信片，并帮忙邮寄，将平安信息带回家。

方式三：在线写下自己对灾区朋友的平安寄语，并挑选优秀祝福语印制在明信片上，与千万同胞分享爱心。同时，在活动专题网站上开辟了“我在灾区送平安”“志愿者风采”“最新祝福”“爱的进行时”“平安送亲友”等栏目，网友和参与者可以通过网站实时关注和参与活动。

该活动引起了广大明星的关注，签名绿丝带，共同支持灾区人民。活动共进行两周，专题整体 PV 流量达到 125 698 条。线上、线下活动并行开展，为广大青年志愿者支援灾区搭建了良好的服务平台，共有 4 225位志愿者加入活动，148 824 份祝福送达。送“平安”活动在线上网友和线下灾区同胞中反响强烈，取得了良好的社会效应，为中国平安在网友中树立了积极的企业形象。

平安保险快速反应，针对地震这一突发事件做出相应的公益性质营销活动，并在第一时间与新浪的绿丝带活动相匹配，主题契合，受众范围广泛。同时，平安保险基于新浪平台在线征集志愿者，形成线上与线下志愿者活动的遥相呼应，提升了平安“以人为本”的价值理念，对于保险行业是较好的借鉴范例。

除了利用感染力参与公益性质的营销活动，加强保险公司对人身保险价值的传递，行业必须关注互联网时代消费者对保险产品理解偏差问题，简化保险合同，方便网民理解险种，做出购买决策；另一方面，企业应对互联网保险有新的认识，互联网保险并非只针对年轻人，而应该面向更广泛群体。只有企业、消费者双方都能从价值传递偏差中回归，减少信息不对称，才能将人身保险价值更好地传递下去。

12.2.2 财产保险传递策略

财产保险包括车险、家庭财产险、公司财产险、责任保险、运输保险等。在互联网财产保险推广中，“防患于未然”理念的宣传以及方便的网上申请，对于传递保险公司及其产品的价值十分的重要。

例如，李先生驾车出游，途中发生事故。随后，李先生通过微信查询“平安产险微信自主理赔平台”，并在后台工作人员的指引下快速完成了现场拍照与上传。“整个过程仅用了十几分钟，既节省了时间，又避免了停在路边发生二次事故的风险。”李先生满意地说，“这种快捷又有创意的查勘理赔方式我还是第一次体验。”

据平安产险车险意健险理赔部负责人介绍，车主在报案后，座席将会对符合要求的客户推荐微信查勘服务。随后，车主只需在工作人员的导引下，动动手指，添加“平安产险微信自主理赔平台”为微信好友并依照指引完成相应部位的照片拍摄与上传，即可完成全部查勘工作，无疑为客户在最短时间内解决问题提供了保障。

此外，对于已经出险的客户而言，如何能随时随地、方便快捷地掌握爱车的理赔进度，则更是广大车主关心的问题。那如何解决呢，是去4S店现场问询，还是上官方网站，抑或是打咨询电话？现在，只需添加“平安产险微信自主理赔平台”为好友，即可通过车险理赔进度查询功能，即时掌控理赔案件状态及定损金额、材料费用及明细、工时费用及明细等关键信息，理赔进度一目了然。

随着微信的使用人数越来越多，平安产险运用自主理赔平台，既方便客户，又能通过服务号通过各种案例向大众传递财产保险的价值，是非常好的价值传递策略。拓宽保险产品销售渠道、理赔渠道，利用微信微博、手机APP和其他互联网平台，简化体验流程，就能将保险服务时间无限延伸，将保险价值传递效率最大化地提高。

12.3 价值传递案例

12.3.1 人身保险价值传递案例

12.3.1.1 健康保险——O2O 发展新思路

“双 11”，通过线上支付的优惠带动了线下实体店的疯狂热销，保险公司也体验了一把真正的 O2O。然而值得一提的是，在健康保险领域，一波 O2O 模式也正在袭来：在促进商业健康保险发展新思路上，越来越多的保险公司正在试水 O2O 模式，即融合线上咨询和线下买药或就诊，以此为客户提供增值服务，同时拉动健康险业务发展。例如，在“双 11”期间，阳光财险推出“天猫医药险”，用户通过电话咨询医疗专家，根据医生建议去天猫医药馆购买药品，确认收货后由保险公司赔付药款。平安健康则在近期低调推出了其健康医疗 APP“平安健康管家”，包括问疾病、看名医、测健康等 5 个模块，该公司还每周推出“名医来了”系列问诊活动，邀请国内三甲医院医生坐诊，包括乳腺科、儿科、泌尿外科等，与用户进行线上医疗互动。

保险公司 O2O 还处在初级阶段，O2O 服务对保险业务的拉动作用尚未体现出来。但从长远看，这种 O2O 模式对保险公司的最大价值在于，保险公司可以通过线上服务获得丰富的用户资源和数据资源，对这些资源进行分析挖掘，可以完善产品设计，提升用户体验。

移动互联网是 O2O 模式的背后推手，基于移动互联网的支付手段，是 O2O 的实现条件，借助互联网，许多行业都可得以被 O2O 改造。O2O 是一个十分接地气的概念，渗透在生活的方方面面。保险有着非常体系化的服务模式，许多产品也非常成熟，并且拥有大量的服务人员，行业基础较为扎实，这些都是适合做 O2O 的前提条件。保险公司可以利用 O2O 这种模式与互联网结合，在线上开展业务，线下进行跟进，线上聚集资金和资源，线下向客户拓展新业务，将线上线下资源整合，最终实现新的发展。

12.3.1.2 重疾险——小雨伞复购率 80%

小雨伞在互联网上线后的第一款产品——少儿重疾险 99 元一年，保额是 30 万，比当时市面上同类产品的价格要低一半多。按理说，保险公司是不会接受这么低的定价的，为了说服保险公司接受这个定价，徐瀚下了不少功夫。他需要向保险公司证明三个问题：第一，这款产品可以卖出去；第二，这款产品在未来销售中，不会出现很多赔付；第三，这款产品面向人群的优质性。

因为这款产品是建立在样本采集基础之上，所以，徐瀚并不担心卖不出去。至于未来的赔付，徐瀚觉得投保家庭一般对孩子的健康都会比较在意，平时也会花较多精力在这方面。当时给这款产品的用户画像是年龄在 20—45 岁，年收入在 20 万以上的白领家庭。按照这一画像，徐瀚和团队开始去市场上网罗目标人群。他们先去了之前的老东家腾讯，之后又去了华为等企业推广。

最后的事实证明这款产品确实赔付率不高，低于 10%。之后，小雨伞又利用互联网边际成本递减和二次传播的优势，把许多传统保险做不了的产品拆解打包推到平台上，比如为 60 个幼儿园学生提供一天的保险。“有很多需求就摆在那里，只是没被挖掘出来。挖掘需求就需要不停地调研，然后再提供一个场景，让用户意识到‘在这个场景中，我需要一份保险'。"

作为小雨伞的第一款产品，少儿重疾险的推出也经历了不少波折，最困难的便是如何搞定大型保险公司。

当时上线这款产品需要保险公司提供两名 IT 人员进行对接，但因为当时小雨伞的平台太小，而保险公司的技术力量和人手有限，况且他们也不缺乏大型渠道，比如 BAT，所以，对于不太热衷的保险公司，徐瀚就亲自去跑。"当时平安想在 8 个月后才和我们对接，但我们等不起。"为了让产品尽快上线，徐瀚就和每个相关负责人去谈。"从帮助落地的小伙伴到平安的一个领导，我们都挨个儿地谈过。"有些负责人一开始并不太重视这件事情，但到最后了解到徐瀚和团队成员放着百万年薪不拿，却跑来"卖保险"，觉得这个团队未来应该能做成一些事情。

12.3.1.3 在线医疗市场提供便利化保险服务

除了旅游和航空的发展会促进保险行业的发展之外，医疗也是保险生态圈中的一员。随着智能手机等移动设备的不断普及，移动互联网的覆盖人群越来越庞大，健康医疗作为我们生活中不可或缺的因素也随着移动互联的热潮蓬勃发展。目前中国移动健康产业的市场规模正在逐年增长，从宏观环境来看，国内人口老龄化的问题日渐凸显，预计2020—2050 年中国将进入加速老龄化阶段。到 2050 年，老龄人口总量将超过 4 亿，老龄化水平将超过 30%，医疗服务需求，特别是能够实现远程实时监控的移动医疗健康服务需求也将急剧增长。而从可穿戴设备到手机上的 APP 应用，从医院官方的微信公共平台到医生个人的微信公众号，越来越多的用户在使用移动互联网满足健康资讯获取，以及问题咨询等需求。

关于互联网医疗创业的盈利模式，其中一个途径就是在线医疗与保险公司相互合作，通过成为健康保险公司的一项增值服务，帮助保险公司减少长期保费开支，而在线医疗市场能够为保险公司提供更多有价值数据，两者是相辅相成的关系。事实上，目前我国已经有保险公司自主开发，或与互联网医疗创业团队合作的案例，下面简要介绍一下它们的尝试。

（1）中英人寿。中英人寿与春雨医生合作，于 2014 年 10 月 25 日推出了微信健康咨询服务，借助春雨医生的专业医生的力量，为用户提供与医生随时随地对话的服务。春雨医生成立于 2011 年 7 月，拥有全国公立二级以上医院 4 万名专业医生，每日健康问题咨询量超过 5 万，是国内最大的移动端医患交流及轻医疗服务平台。不管是否为中英人寿用户，用户只需关注或绑定中英官方微信，即可通过“健康自查”功能查询到医生对相关疾病或症状的专业分析和建议；更具创新及实用意义的是，该服务的“健康咨询”功能可让广大消费者随时随地与专业医生线上交流，获得医生的专业指引和解答。

（2）平安保险。2014 年 10 月 28 日，平安保险推出了健康医疗 APP“平安健康管家”，其包括问疾病、看名医、逛社区、收资讯和测健康五个模块，并且主打名医问诊及家庭医生概念，以私人健康顾问及名医即时在线咨询为特色，实行一对一的私人医生服务，可为用户提供就医问诊、日常健康咨询等服务，并可根据用户健康状况，为用户制定个性化健康管理方案，提醒用户保持良好的生活习惯。自上线之日起，“平安健康管家”会在每周推出“名医来了”系列问诊活动，邀请国内三甲医院医生坐诊，包括乳腺科、儿科、泌尿外科等 10 个科室，与用户进行线上医疗互动。

除了在线健康咨询外，平安人寿保险还在线下开展讲座，正在布局其健康服务的 O2O 模式。例如，平安人寿四川分公司在成都举行“享平安福佑天下，谈健康尊御人生” VIP 客户健康沙龙，特邀专家从情绪、饮食、生活习惯等方面，为平安客户分析有效预防心血管疾病的方法。还与宝莱特签订了《平安健康 - 宝莱特儿童智能温度计产品战略合作框架协议》，合作研发儿童智能温度计产品，智能硬件的开发及生产由宝莱特负责，平安健康（中国平安集团旗下互联网业务板块）负责配套手机端 APP 的开发及产品运营，以及会员特权的开发和运营。销售采取智能硬件 + APP + 会员特权打包销售的模式。图 12 - 1 是平安健康管家 APP 的页面。

图 12 - 1　“平安健康管家”APP 展示

（3）泰康在线和大都会人寿。2013 年 12 月 10 日，泰康在线与咕咚达成合作，共同开启了互动式保险服务——“活力计划”：通过分享自己的运动数据和体验，即可享受个性化的保险服务，甚至是一定的价格优惠。“活力计划”旨在鼓励用户将每一次运动的数据都记录下来并上传，即在传统保险提供的经济补偿的基础上，泰康将为其用户提供额外的利益：经常运动的客户，可以获得更低廉的保费价格。咕咚网的用户同样可以享受泰康在线的优惠，泰康在线将通过咕咚网的数据接口获取参与用户的运动数据，结合每个人的特点，为个人用户提供保险资费优惠、礼品馈赠等个性化服务。

大都会人寿与APP平台“乐动力”合作。“乐动力”是一款能够自动帮你记录日常运动数据的手机应用，除了基础的计步功能外，还可以记录出行轨迹、卡路里燃烧，以及 $PM_{2.5}$ 吸入量。除此之外，“乐动力”还引入了社交元素，用户可以查看附近使用“乐动力”的人的计步排名情况，还可以关注对方并发送点对点信息。在2014年上半年，“乐动力”对接了大都会人寿的“出行保”和“运动意外险”服务，用户可以凭运动获得的乐动力积分来换取相应的保险产品。

总之，对健康医疗类商业保险公司而言，盈利的基本逻辑在于概率计算、评估风险，其是否能够盈利很大程度上取决于对患病概率更精准的判断。如果未来人们的健康状况越来越糟糕，患病概率增大，保险理赔金也得增加；如果在用户支付同样保费的前提下，能通过互联网医疗创新手段降低其患病概率或病情加重概率，那理赔金自然也会下降，最终增加利润空间，这也是互联网医疗之于保险公司的价值所在。除了这一点之外，对于需要大量数据进行产品设计的保险公司而言，移动医疗产品提供的数据会成为保险公司相当宝贵的资产，可用于其设计更加个性化、精准的创新类产品，这一点上，移动医疗对于保险的支持作用也越来越明显。

12.3.2 财产保险价值传递案例

12.3.2.1 交通运输险——便捷体验全流程网上操作

由于交通保险具有保障时效短、内容较简单的特点，保险公司适宜提供低门槛的相关产品，满足大众出行的共性需求。乘客出行往往比较突然、频率不一，用户偏爱简单、快捷的保险产品和服务，复杂漫长的投保流程很难吸引消费者。全流程网上操作是交通保险的大趋势，尤其现在很多出行需要在网上确认（例如购买火车票、飞机票、客运车票等），若确认后直接链接保险相关页面，消费者足不出户就可以完成保险产品的浏览、咨询、选择和在线支付，实现投保并接收电子保单。例如，我国的12306铁路客户服务中心，消费者选择购买火车票后会直接出现提示窗口询问消费者是否需要购买铁路乘意险，该保险是由中国铁路财产保险自保有限公司设计的一款保险产品，旅客在保险期间内持有效乘车凭证合法乘坐境内列车遭受意外伤害致使旅客本人身故、伤残或治疗的，铁路保险公司按照约定给付保险金。

核保方面，通过互联网可以实现异地核保、自动核保，基于互联网平台和后台数据库，还可以不断优化核保规则。在理赔方面，互联网有助于科学准确理赔，减少工作成本，这需要技术上的支持和行业之间的协作。例如，保险企业可以和医院建立合作关系，被保险人的交通意外伤害情况通过医院系统直接传递到保险公司的理赔部门，确认符合赔偿条件的，赔偿金通过银行直接打入投保人指定的银行账户。图12-2是平安航空延误险线上、线下的理赔对比。

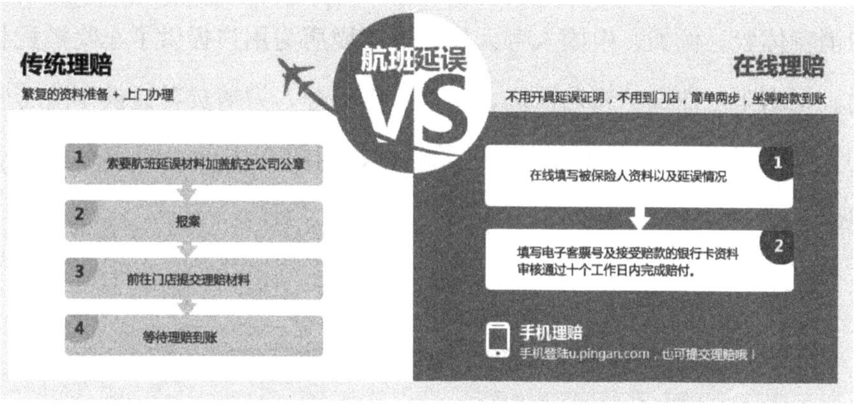

图 12－2　平安航空延误险在线理赔与传统理赔对比

保险企业官网的消费者多属忠实消费者，品牌忠诚度高，是保险企业应该重点关注的客户。保险公司要通过官网为客户提供一个能够对交通保险保单生命周期各个环节进行管理和操作的综合平台。从过去的单纯介绍公司和产品，发布新闻的网站，扩展到一个兼具营销和客服功能的平台，提供即时咨询、产品在线自助投保、自动审核、即时付费、在线获取保单、自助客服和理赔操作等服务，并能记录访问客户的相关信息、访问历史、咨询沟通和购买的全过程，并适时为客户推荐相关险种，以实现公司对客户的关系维护、忠诚度管理和销售管理。除了官网，保险公司还要建立社交网络平台，包括自有社交平台和第三方社交平台，实现保险公司和客户的有效互动。

具体到车险来说，价值传递意味着便捷的用户体验。车险种类繁多，不同的用户面临不同的潜在风险，相应有不同的保险需求，对于广大普通消费者而言，选择比较困难，尤其是新手车主。而车险公司在这方面具有优势，可以利用专业知识和历史经验，结合大数据技术，为用户提供针对性的建议和指导，帮助用户选择所需的险种，提供便捷的用户消费体验。例如，中国人寿天猫官方旗舰店为用户提供了车险搭配指南，根据车主性别、新老司机、车型、车龄等，为消费者提供车险套餐的选择建议，这无疑为纠结于众多险种之间的普通车主们带来了便利（图12－3）。

车险搭配指南

车主	女车主：我是女生！开车挺谨慎的，但小碰小擦总常有。全险价格太高，该如何选择车险呢？（一般来说，同等情况下女性车主的保费较男性车主便宜3%~5%。）				男车主：我是小白（实际驾龄<1年）！车技生疏，路况不熟，对车险更是一窍不通。				老司机：我是老司机（实际驾龄>2年）！车技良好，路况熟悉，驾驶经验丰富，本身对车险有一定的了解。			
车型	经济型车（5-20万）		中高档车（20万以上）		经济型车（5-20万）		中高档车（20万以上）		经济型车（5-20万）		中高档车（20万以上）	
车龄	<3年	>3年	<3年	>3年	<3年	>3年	<3年	>3年	<3年	>3年	<3年	>3年
交强险	★	★	★	★	★	★	★	★	★	★	★	★
第三者责任险	★	★	★	★	★	★	★	★	★	★	★	★
车辆损失险	★	★	★	★	★	★	★	★	★	★	★	★
不计免赔险	★	☆	★	☆	★	☆	★	☆	☆	☆	★	☆
全车盗抢险	★	☆	★	☆	☆	☆	★	☆	☆	☆	★	☆
司机座位责任险	☆	★	☆	★	☆	★	☆	★	☆	☆	★	☆
乘客座位责任险	☆	★	☆	★	☆	★	☆	★	☆	☆	★	☆
玻璃单独破碎险	☆	★	☆	★	☆	★	☆	★	☆	☆	☆	☆
车身划痕损失险	★	☆	★	★	★	☆	★	☆	☆	☆	★	☆
自燃损失险	☆	★	☆	★	☆	★	☆	★	☆	★	☆	★
涉水损失险	☆	☆	☆	☆	☆	☆	☆	☆	☆	☆	☆	☆

注：★ 为强烈推荐，☆ 为可选推荐。

图 12－3　中国人寿天猫官方旗舰店提供的车险搭配指南

12.3.2.2　消费保险——蚂蚁金服“双十一”大招

2016 年天猫“双 11”全球狂欢节的交易额最终定格在 1 207 亿元。作为“双 11”金融支撑力量的蚂蚁金服也创下多个新的世界纪录——全天完成支付 10.5 亿笔，峰值达到 12 万笔/秒。其中，余额宝占比 11%，第二次参加“双 11”的花呗占比 20%。千亿成交背后，有 6 亿份消费保险在保障交易，保障金额达 224 亿元。据蚂蚁金服研究院的测算，花呗、消费保险等新金融服务，将“双十一”的消费力提升了20%。

消费保险已经逐渐成长为一个覆盖面很大的保险类型，仅在蚂蚁金服保险平台上，消费保险保民就已经超过3亿，覆盖淘宝、天猫平台上400多万家商户。在服装、运动、家装、日用品等许多主流电商品类中，超过一半的商家销售的商品会有消费保险的保障，而且绝大多数是由商家投保，赠送给消费者的。蚂蚁金服与九家保险公司进行了合作（图12－4）：

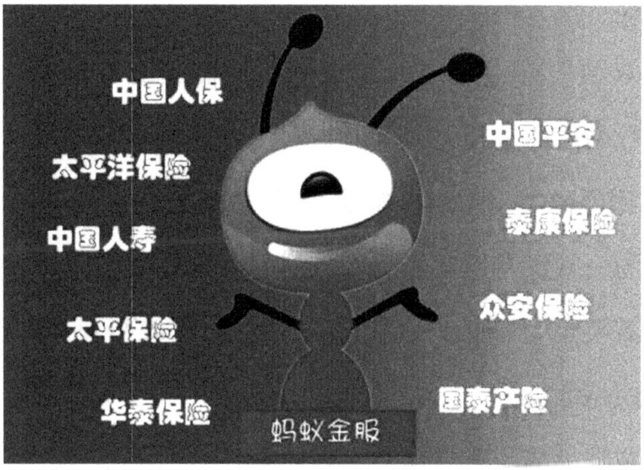

图12－4　蚂蚁金服合作保险公司

他们在服务能力上支持各个环节的消费达成，并提供五大类超过30种消费保险服务。这五大类分别是：

（1）质量保障类。质量保障类的险种包括衣服褪色险、鞋子脱胶险、生鲜腐烂险等，对于网购达人来讲，最担心的就是买到不合心意且存在质量问题的商品，现在有了质量保障类的险种，剁手党也就不用担心了。

（2）物流保障类。退货运费险、物流破损险都属于这一类。近日众安保险推出了国内首款全网通用的网络购物退货运费损失保险服务——“任性退”，消费者在国内任何电商平台购物，每月花费不足10元即可享受一个月内最高5次退货免运费服务保障。

（3）售后保障类。售后保障类的险种，例如化妆品过敏险，能够为消费者提供切实的售后保障，即便商品出现问题，也有保险公司为你兜底。

（4）价格保障类。保价险是今年蚂蚁金服推出的新险种，主要为担心商品短期出现大幅度降价的人群准备。据其保险事业群总裁尹铭透露，今年“双11”超过一半的商家销售的商品会有消费保险的保障，而且绝大多数是由商家投保，赠送给消费者。

（5）信用保障类。信用保障类保险主要是订单险。订单险是淘宝为卖家推出的一款量身定制的保险。当卖家购买订单险后，如果买家购买你的产品需要退货的话，保险公司可以为你先行垫付。卖家信用越高，缴费费用越低。

京东金融则上线了一款保险“送货龟速险”，意在缓解“双11”购物送货难题。

国美电器联合易安保险推出了“双11”“低价保障险”。

从一个完整的购物链路上来看，从商品质量保障、价格保障、物流保障、售后保障和商家持续经营能力的保障，消费保险正出现在消费的各个环节。

当然，还有一些针对卖家的保险，例如：

- 网商备货保。为了迎战“双11”，不少卖家会提前备货，库存可能会剧增。那么这些货物可能会面临一定的风险，例如火灾、爆炸。蚂蚁金服联合泰康在线推出了一款网商备货保的财产险，可以为中小商家的货物提供火灾、爆炸的风险保障。

- 网商员工保。“双 11”期间，不少商家员工上班早、下班晚，甚至通宵达旦。蚂蚁金服也有对应的可以保障员工的保险——网上员工保，适合中小商家短期的员工保障需求。

根据蚂蚁金服的统计，2016 年前三季度，消费保险的保单量同比增速超过 80%，消费保险的保费收入增速超过 50%，高于保险行业整体增速。消费保险为保险业带来 1 亿新增保民，在消费保险的保民中，90 后保民有 1.23 亿人，如果加上 85 后，保民总计有 1.9 亿。这些用户大多从未接触过保险、缺乏保险意识，保守估计消费保险这一新兴的保险品种，为保险行业带来的新增保民超过 1 亿。

消费保险好处非常多。对于消费者来说，消费保险可以帮助实现无忧购物，提升消费体验；对于小微商户来说，保险可以帮助提高转换率和交易量，降低成本和投诉率，节省很多不必要的服务成本；对于保险机构来说，可以拓展更多消费保险业务，直面用户真实的需求；对于电商平台来说，商品本身可能就会有材质、功能标准等问题，在商品使用过程中，也可能发生过敏、褪色等问题，交易当中也可能发生破损、少件等情况，很难判定究竟是商家、物流还是消费者的责任，而通过保险即可用市场化机制实现优胜劣汰，降低管理成本。

消费保险在“双 11”的出现，体现了保险公司对顾客进行营销策略选择时，优先考虑将保险产品的价值传递给客户，最大限度地满足消费者、商户、电商平台等多方面的诉求，传递互联网时代保险的新价值。

12.3.2.3 跨界整合资源财险

跨界竞争的案例不仅出现在微信与移动运营商之间，保险行业也面临着互联网公司的跨界冲击。2014 年 2 月 17 日，苏宁云商正式获得保险代理牌照，成为中国商业零售领域第一家具有全国专业保险代理资质的公司。随后，淘宝、京东、腾讯、网易等纷纷涉足互联网保险销售。

众安在线

早在 2012 年 9 月份，市场上就传言马云、马明哲以及马化腾联手涉足互联网保险业。2013 年 2 月 19 日，媒体报道三人联手设立的众安在线财产保险公司已经走完监管审批流程，预计保监会很快将正式发布同意其筹建的批文，注册资本金 10 亿元人民币，注册地上海，阿里巴巴控股 19.9%，平安、腾讯和携程分别占股 15%、15% 和 5%，其余还有多个网络科技公司股东。众安在线的最大特点是除注册地上海之外，在全国均不设任何分支机构，完全通过互联网的方式进行销售和理赔服务。

关于众安在线涉足的险种，目前并没有明确的说法，预计其将分阶段、分步骤地进行扩充。结合阿里巴巴、腾讯的具体业务以及市场的可接受程度，预计开始很可能会是运费保险和阿里巴巴小额贷款保证保险。运费保险比较容易理解，淘宝已经和华泰保险合作推出了这项业务，保险标的即为因买家自身原因退货时所产生的运费。阿里巴巴小额贷款保证保险则可能通过给商家贷款，然后要求商家购买一份保险的形式来实现。但这两个险种涉及的金额相对较小，不太容易做大规模，不排除随着法规的不断完善和人们接受水平的提高，众安在线会涉足互联网世界的虚拟财产保险，这是一块很有潜力的市场，而且是尚未开发的处女地。另外，将众安在线打造成一个大型的保险平台，吸引更多的保险公司、中介机构到平台上面来从事保险的销售也是很有可能的一个方向，这与阿里巴巴平台化运作的思路一脉相承。

2015 年 11 月，众安保险、平安保险联合推出车险品牌——“保骉”车险，共同定义车险未来。这是国内首个以 O2O 合作共保模式推出的互联网车险，也是国内车险费改后首个“互联网 +”样本。保骉车险将依托两家公司各自领域的大数据资源，根据用户的驾驶习惯等多维度因子实现差异化定价，在未来不同用户将可以得到差异化的车险服务。每位用户还将受赠 OBD（车载诊断系统），经车主授权后记录驾驶行为数据，帮助其改善驾驶行为，提升驾驶体验，并作为个性化车主服务推送依据。在未来，保骉车险将覆盖更多移动互联网场景，深度结合场景特点，并基于大数据、车联网等技术，为客户提供更便捷、个性化、有温度的车险服务。

平安、阿里和腾讯联手的众安在线是货真价实的纯互联网保险企业，众安在线推出的产品均是纯粹的互联网产品。以阿里金融为首的互联网公司未来将成为进军互联网保险领域的重要力量，其竞争优势体现在以下三个方面：第一，专注于互联网业务，有相关技术优势；第二，专注于网上商业，有客户优势，特别是积累了大量客户数据，可以有效地分析并预测客户行为；第三，激励创新优势，上述企业均为民间资本，对创新业务开拓能力、内部治理有较强的激励机制。而且，阿里经历了十多年金融创新的风雨历程，目前阿里金融已经形成了六大核心板块，涵盖了支付、信贷、担保、保险等。可见，众安在线不仅是阿里金融在互联网保险方面的成功尝试，更是未来阿里互联网金融布局中的关键一环，势必会利用阿里金融的优质资源，争当互联网保险领域的领头羊。图 12－5 是阿里金融的布局。

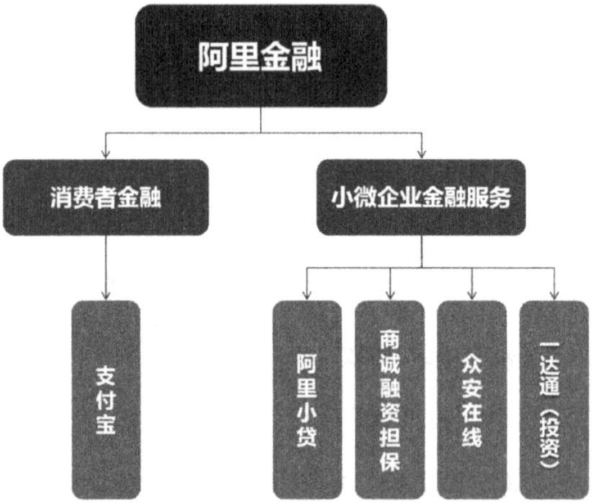

图 12－5　阿里金融的布局

数据来源：阿里巴巴研究院 2013 年度报告。

我们必须清醒地认识到，互联网公司反而更适合做保险业务。他们没有人力成本的负担，也不需要面对颠覆传统业务的压力。就传统保险企业来看，目前存在着很多业务瓶颈，最大的问题在于代理人模式和销售误导导致的信息不对称。中国的保险业成也代理人，败也代理人，信息不对称的问题太严重，保险行业是金融行业里面信息不对称最严重的一个。保险产品是一个复杂的金融产品，对用户来说，所获取的信息太少。而互联网可以拆掉信息壁垒，让用户一眼看穿花哨的营销手段，对保险产品的本质核心条款一目了然。保险行业不能继续故步自封，要在互联网时代大背景下寻求转型。

13 建设全渠道保险营销模式，实现价值传递

13.1 平衡线下线上经营，建立有价值的全渠道

在以用户需求为核心开发保险产品、注重与用户的动态沟通的基础上，保险公司应该以互联网思维为灵魂，实现营销渠道体系和运营模式的调整转型，从而在传统保险企业内部真正植入互联网思维，借助互联网进一步提升保险企业的竞争力。要平衡线下和线上经营，建立有价值的全渠道，将保险产品的价值通过最合适的渠道传递给消费者。图 13－1 是全渠道运营模式图。

保险行业是一个特殊的行业，全国有近 300 万从业人员，其传统的线下渠道非常强大，且在保费总收入中占据绝对优势。但是需要看到，随着互联网在人们的生活和工作中发挥越来越重要的作用，尤其是年轻一代对互联网的依赖加深，互联网保险成为保险业未来发展的方向。保险公司要想在未来的竞争中占据一席之地，必须接受和利用互联网思

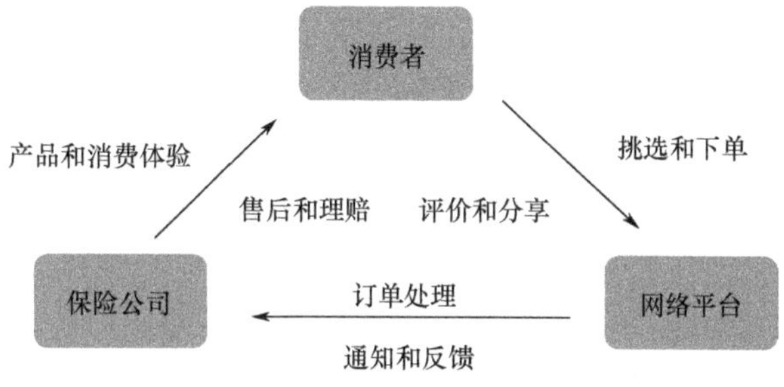

图 13－1　全渠道运营模式图

维，建立和完善线上经营模式。互联网思维是在（移动）互联网、大数据、云计算、多平台等科技不断发展的背景下，对市场、用户、产品和企业价值链乃至整个商业生态进行重新审视的思考方式。保险公司应以互联网思维来改革和完善保险营销模式，实现线上和线下平衡发展。

保险公司应加紧布局线上渠道资源，构建全渠道，主要包括官网直销、电商平台和网上保险超市。这三种渠道的消费者具有不同的消费特征，应该采取不同的策略。一般而言，官网的消费者对保险公司的品牌忠诚度较高，比较信赖公司的产品，这部分客户保险公司应该牢牢抓住。通过电商平台（如淘宝）销售保险主要是为了扩充平台，满足消费者多样的需求，增强客户黏度，主要目的并不是利润。保险公司应加强与电商的合作，将电商平台做成推广保险产品、加强消费者认知的舞台。而网上保险超市、垂直搜索等自身并不提供保险产品，只是把各保险公司的产品集中展示，主要是价格的竞争，保险公司可以有选择地将部分产品拿过来，提高品牌知名度。此外，保险公司还应加强移动互联网布局。随着移动互联网发展，手机购物和支付已成为时代潮流，而手机独具的 LBS 和社交功能，使其成为线上与线下渠道结合的重要载体。

图 13－2 是保险公司网站在销产品数量统计。

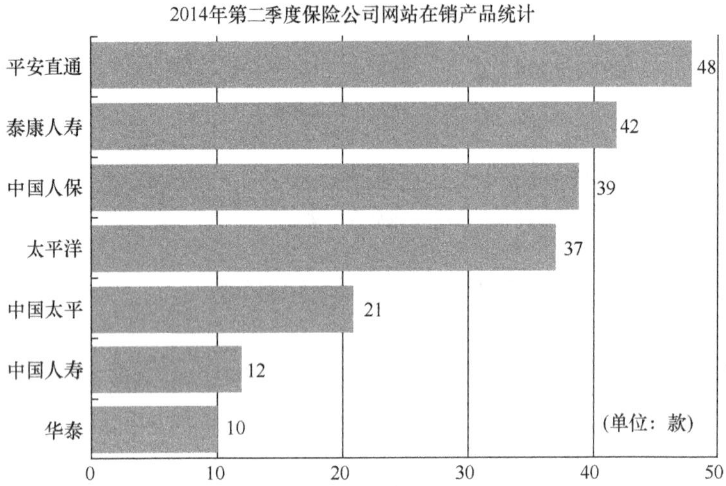

图 13－2　保险公司网站在销产品数量统计

数据来源：易观网。

中国人寿保险（集团）公司是我国最大的商业保险集团，2013 年总保费收入达到 3 688 亿元，境内寿险业务市场份额为 31.6%，总资产达到 2.4 万亿元。“好险啊”是全球第一家真正意义上的中文保险搜索比价网站。2014 年，中国人寿北京分公司展开与好险啊的合作，在好险啊网站上推出国寿的活动页面，通过“怪物来了”这个躲避怪物的小游戏来吸引用户，成功通过游戏即享 1 元 1 年 100 万航空意外险，还可以赢取红包享受保费折扣。“怪物来了”这个游戏不是在网页上进行的，而是需要关注中国人寿微管家（北京）公众号在微信页面参与，微信公众号有中国人寿的多款意外保险产品，用户在玩游戏的过程中，可以很自然地注意到中国人寿的产品。如果成功通过游戏，更可享有低价保险和折扣，这样就把用户的潜在需求挖掘了出来，逐渐养成用户的保险消费习惯，对于培养用户尤其是年轻人用户是非常有效的。中国人寿北京分公司不仅开辟了好险啊这一网络渠道，更是通过小游戏的方式把用户与公司微信平台直接联系起来，对用户的开拓向前更进了一步，这种方式是构建保险企业全渠道营销模式的有益尝试。

传统的保险公司拥有强大的线下渠道，在未来一段时期仍将是保险公司的核心资源，但对传统线下渠道也应该逐渐改造。首先，应该增加的是保险公司的体验店，不以售卖为主要目的，而是一个保险展示、咨询和建议的场所。保险产品是一个专业的、虚拟的东西，出于信任，消费者更愿意和保险公司面对面地交流，而不是通过保险中介。当有了保险需求，用户可以在附近的体验店了解保险产品，不管通过线上还是线下都能实现购买。同时，还应该利用信息化技术（如商业智能技术）对线下渠道进行改造，提高线下渠道的便利性。

13.2 借助互联网思维优化保险企业运营模式

在互联网时代，信息技术迅速发展，保险业的发展环境、消费者的行为特征都在悄然发生着变化。互联网思维崇尚“用户至上”“草根”“自由”“免费”“生态系统”，这些都是对保险企业传统商业模式的挑战。虽然传统渠道在一定时期内仍将保持绝对主体地位，但是互联网保险是未来的发展趋势，将占据越来越重要的地位，两种渠道无可避免地将会发生冲突。互联网保险成本更低，与用户沟通更便捷，具有广阔的发展潜力；如果所有产品都通过互联网推广，将保险产品的设计和定价全公开，会对公司的线下渠道带来巨大的冲击，甚至对整个行业带来革命性影响。

为解决保险公司互联网营销渠道和传统渠道的冲突，企业要不断调整其市场营销策略，加强渠道的维护管理，引导各渠道之间的合作与协同，令两种渠道在协作的基础上竞争，以得到双赢结果。渠道间协作的设计可以基于各自的细分市场进行，在某一特定的细分市场上，要分析目标客户的保险需求，通过不同营销渠道的适用性比较，选择最合适的渠道。例如，当前互联网保险主要是商旅保险，商旅保险比较大众化、简单易操作、保险时限较短，如航空意外险；而其他险种，如长期人寿保险依然很难在线上操作，还是需要通过线下渠道。随着未来技术的发展、居民健康信息的日益健全，越来越多的保险将加入到互联网保险的行列。图 13 – 3 是互联网化运营流程。

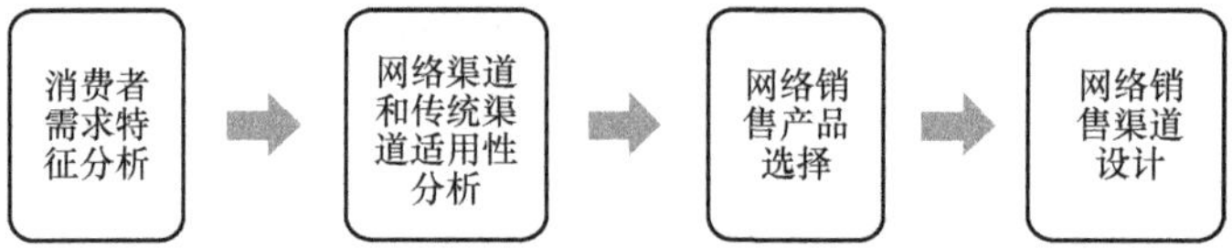

图 13 – 3　互联网化运营流程

保险企业进行社会化媒体营销的最终目的是赢得消费者的认同，因而在营销策略实施过程中，建立多渠道全面覆盖的营销传播体系和配套渠道是必需的。在传统传播中难以获得的数据在社会化媒体传播中可以方便地获取，通过与用户更加个性化、更准确的沟通，从而在智能互联时代下更全面地覆盖、更及时地传达和更迅速地感知，牢牢掌握消费者的需求动态，在营销推广、品牌建设、需求创造和赢得客户等方面占得先机。

保险公司还需要利用互联网的思路和方法优化运营的模式，改造整个企业组织。保险公司要根据业务构建结点化的组织形态，而不是层级式的组织形态，充分发挥结点化组织的自我管理能力。同时按照业务的实际变化去优化结点化的组织形态，去动态地适应市场的变化。应该借鉴互联网时代的平台整合思维，对线上和线下的渠道进行全渠道统一布局，协调好利益分配机制，提高线上、线下渠道协同满足客户需求的能力。同时，要继续对运营模式进行深层次的转型探索和尝试，整合保险产品开发、O2O 运营、全渠道/全生命周期服务体系，实现以客户为中心的全面化运营能力。同时，利用互联网可以加快市场反应速度，升级保险核心业务系统，提高保险业务处理效率、降低成本，提升用户体验和客户满意度。

数据决策篇

14 案例引入及理论介绍

14.1 案例引入

14.1.1 淘宝“双11”狂欢

“双11”无疑是一场狂欢，卖家与买家的集体狂欢，但对于阿里巴巴创始人马云来说，这远不止是一场狂欢。11月11日，阿里巴巴提供的数据显示，截至11日中午12时，天猫有12家店铺销售额过亿元，40家店铺超过5 000万元，其中，小米官方旗舰店支付金额更是突破10亿元，成为首个销售额破10亿元的商家。支付宝提供的数据显示，第一分钟成功支付83万笔，第3分钟410万笔，第30分钟4 086万笔，第1小时6 283万笔，交易峰值已经达到285万笔/分钟。表14－1是阿里巴巴2014年“双11”成交数据。

这些数字远远优于去年。2013年“双11”全天，海尔、优衣库、罗莱、小米旗舰店、JackJones等17家官方旗舰店交易额破亿元，43家店铺销售过5 000万元。2014年，阿里巴巴差不多用一半时间就完成了这一目标。2013 年“双 11”全天，支付宝完成的支付笔数为 1.88 亿元笔，交易峰值 79 万笔/分钟。

表 14－1　2014 年“双 11”成交数据统计

3 分钟	10 亿元	12 时 58 分	350 亿元
5 分钟	20 亿元	14 时 41 分	385 亿元
14 分钟	50 亿元	15 时 00 分	390 亿元
38 分钟	100 亿元	15 时 28 分	400 亿元
60 分钟	122 亿元	17 时 00 分	426 亿元
1 时 44 分	150 亿元	17 时 11 分	430 亿元
7 时 17 分	200 亿元	19 时 25 分	463 亿元
10 时 51 分	300 亿元	20 时 20 分	480 亿元
11 时 11 分	308 亿元	21 时 12 分	500 亿元
11 时 48 分	323 亿元	233 时 30 分	557 亿元
12 时 00 分	327 亿元	24 小时	571 亿元

淘宝这些令人眼花缭乱的数据，如果没有云计算、大数据技术为基础，将只能是纸上谈兵。阿里巴巴提供的数据显示，阿里巴巴大数据团队自研的实时数据计算平台 Galaxy，目前每秒可运算数据超过 500 万条。计算平台 Galaxy 支持“双十一”当天每秒运算量将超过 1 000万条，日处理消息数将超过 1 万亿条。针对每一笔交易数据，系统将实时反复检测 70 余次以保证数据质量。而数据质量是包括交易安全在内的所有用户体验的保证。

早在 2005 年，阿里巴巴就开发出主要供内部运营人员使用的数据产品——淘数据。2009 年，阿里巴巴的大数据应用开始走向外部，让淘宝商户分享数据。2011 年，阿里巴巴开发数据魔方平台，商家可以直接获取行业宏观情况、自己品牌的市场状况、消费者在自己网站上的行为等情况。2012年7月，阿里巴巴的“聚石塔”正式发布，“数据分享平台”战略全面展开，马云正式公布了阿里巴巴三步走发展策略，“平台、金融、数据”。

海量的数据交易是阿里金融的基础，在未来，数据会成为经济运行中不可缺少的资源。

14.1.2 谷歌——医疗大数据的生动实践

互联网巨头谷歌对医疗领域似乎颇有偏好。2014年5月，谷歌为大数据肿瘤医疗行业创业公司Flatiron Health提供1.3亿美元融资，将来医生有望根据该公司所收集的数据做出更加精确的临床诊断。Flatiron打造了一个OncologyCloud（肿瘤学云平台），希望通过将病人电子病历（EMR）中的临床数据以及医疗费用数据进行提取和整合，使之可以实时地被肿瘤学专家获取，让他们能根据过去的治疗结果来制定新的医疗方案（图14-1）。这是第一个只针对肿瘤数据的先进平台，它给肿瘤研究和临床提供大数据解决方案，医护人员和研究者可以通过此平台获得关于癌症数据的深入可行的分析，跟踪数百个与癌症治疗相关的指标，实时将病人与临床试验匹配，等等。

北京时间7月25日，谷歌启动了一个名为Baseline Study的全新科研项目，希望全面描绘健康人的身体究竟应该是何模样。虽然目前

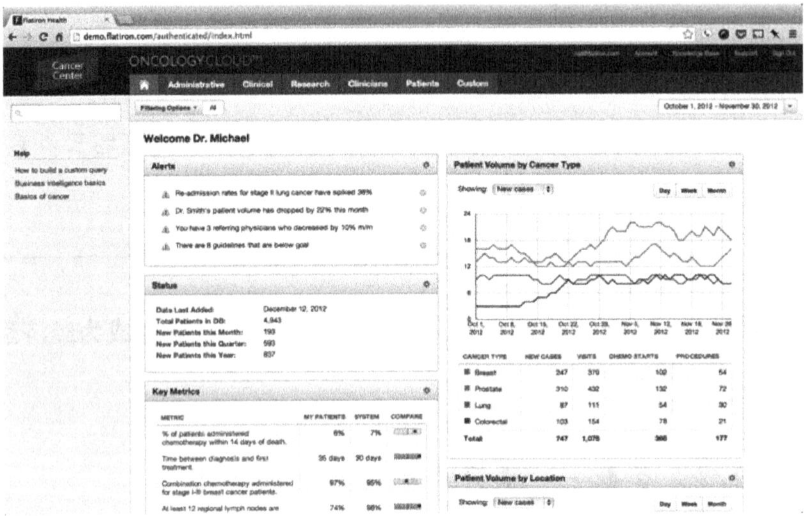

图 14－1　OncologyCloud 界面展示

还有很多大型的医疗和基因研究项目存在，但 Baseline 搜集的信息数量更大，范围更广。他们希望帮助研究人员更早地发现心脏病和癌症的各种迹象，进而推广预防措施，而不仅仅把精力放在治疗上。该项目并不局限于具体的疾病，而是会使用各种全新的诊断工具搜集成百上千的不同样本。之后，谷歌便会利用其庞大的计算能力来寻找这些信息中隐藏的“生物标签”，从而帮助医疗研究人员提前发现疾病。这些数据今后将为保险公司带来巨大的价值，他们一直以来都希望通过各类信息降低风险。

谷歌直接利用了互联网的大数据，由人类开发制作的各种网站上的信息，通过大数据整合挖掘，变成一种搜索工具返还给人本身。

14.1.3 去哪儿——One by One 系统精准营销

旅游电商平台“去哪儿网”利用 One by One 系统，通过大数据分析对客户进行精准定位，推测其需求并推荐产品。

“去哪儿网”与“东海航空”开展了一系列的合作项目（图 14 -2）。在大数据营销维度上做了进一步的突破和升级，并联手陈可辛导演的最新力作《亲爱的》首次试水大型线上线下跨界营销——“十一放价，亲爱的带你回家”，利用微博营销、微信营销等一系列线上营销手段，鼓励消费者关注并参与“有奖转发”活动，赢取《亲爱的》电影首映入场券、特价机票等奖品（图 14 -3）。最终，活动以 2 890万的线上可统计曝光量及全渠道 69.1% 的环比销量提升完美收场。

图 14 -2　去哪儿网与东海航空促销页

图 14－3　去哪儿与东海航空“有奖转发”活动

本次营销活动总曝光量达到了 2 890 万人次，精准营销用户总量达 50 万人次。“去哪儿”利用其 One by One 系统进行精准定位营销，目标用户参与转化率达到 6.74%。某种程度上说，目标用户参与转化率比流量还要重要。将转化率提高到一定程度，现有的流量和以后增加的新流量才变得更有意义，将会为企业带来更多销售，创造更多价值。

信息时代离不开数据，大数据正在不断影响和改变着人们的生活，对于保险公司而言，所有产品的拟订将基于大数据，如风险概率测算、生命表等。大数据和传统数据最大的区别在于对消费者的研究，从关注年龄、身高、健康等结构性特征转变为关注情绪、行为、活动、语言等非结构性特点，从关注网站点击量，到更深入了解这些人从哪里来、什么时候来、在网上做了什么、有什么行为偏好，以及每一个行为的转化率，并根据大数据形成模型，做出产品推荐。众安保险总经理说："以前有很多险种保险公司不敢去尝试，是因为缺乏厚实的数据支撑，费率、风险管控等都无从谈起。但是互联网提供的大数据，使以往看似不可能的风险保障都成为现实。同时自动化的投保、理赔流程的设定，以及互联网带来的低运营成本，也提高了保险公司经营此类极低保费险种的意愿。"

14.1.4 UBI 车险——主动牵手共享经济

所谓的 UBI（Usage－based Insurance）车险简单来说就是根据每个人的具体用车情况来确定车险保费。以美国前进保险公司（Progressive Insurance）为例，它推出了一项 Snapshot 计划，根据驾驶者的安全驾驶习惯制定不同的保险费率。

Progressive 会为申请该计划的用户寄送一个 OBD 设备，对驾驶者的驾车行为进行为期 30 天的测试，记录其车速、行车日期、里程、加速和刹车行为等信息。该设备还会对驾驶者的某些行为给出提醒，帮助驾驶者矫正驾车行为，例如当驾驶者急刹车时，就会发出"哔哔"声进行提示。在测试期结束后，Progressive 会结合车型、事故记录等传统因素，通过模型计算，给予测试者一个保费折扣，折扣率最高可达 30%。

当然，UBI 车险在互联网保险领域其实已经不新鲜了，另外一家保险公司 Metromile 则为 UBI 车险提供了新玩法。Metromile 提供的车险由基础费用和按里程变动费用两部分组成，其计算公式为：每月保费总额 = 每月基础保费 + 每月行车里程 × 单位里程保费。其中，基础保费和单位里程保费会根据不同车主的情况有所不同（如年龄、车型、驾车历史等）。

这种“按量计费”的模式具有更高的灵活性，使其更能适应一些新的应用场景，最典型的就是与 Uber 的合作。随着 Uber 等打车软件的风行，移动出行市场快速发展，不过也同时带来了新的保险问题。

如果私家车为 Uber 服务，其行车过程中可以分为几个不同的时段：

个人使用：车主关闭 Uber APP，不为其服务的时间段；

第一时段：车主打开 Uber APP，但还没有匹配到乘客的时间段；

第二时段：车主打开 Uber APP，同时已经匹配到乘客的时间段；

第三时段：车主打开 Uber APP，乘客上车以及到下车的时间

Uber 会为车主的第二和第三时段提供商业保险，但传统保险公司在得知私家车主成为 Uber 的司机后，由于风险大大增加，大都不再愿意为其提供保险服务。因此，车主个人使用以及第一时段就成为保险盲区。Metromile 则可以很好地适应这一新的情况。2015 年 1 月 29 日，Uber 宣布与 Metromile 签订协议，为其平台服务的司机提供基于行驶里程的汽车保险服务。在车主的个人使用和第一时段范围内，可以按照行驶里程购买 Metromile 提供的保险服务，在第二和第三时段则享受 Uber 提供的商业保险服务。

这种精细化的按量计费保险可以与共享经济完美结合。因为一件物品（无论是汽车还是房间）在自用和共享阶段，其风险是完全不同的，使用比例也各不相同，很难进行统一定价；而采用按量计费方式，根据

不同使用状态下的用量分别测定保费，则可以解决保险定价难题。随着共享经济的飞速发展，预计以 UBI 车险为代表的用度险同样会获得高速发展。

14.2 理论介绍

在互联网普及的当下，社会化应用以及云计算使得网民的网络痕迹可以被追踪、分析等，而这个数据是海量和可变化的。企业或第三方服务机构可以借助这些数据为企业的营销提供咨询、投放等营销服务。

14.2.1 从价格策略到成本策略的演变

价格策略（price）是产品价值的反映形式，也是顾客对产品价值的认定与需求满足程度的体现。价格是影响市场需求和购买行为的主要决定因素。企业在营销过程中制定适当的价格，就能扩大销售量，提高市场占有率并且增加利润。价格决策涉及两方面内容：一方面是价格政策，如高价投放与低价渗透；另一方面是具体价格，如基本价格、折扣、折让、支付期限等。因为消费者往往用价格来衡量产品的价值，而产品的价值是否与消费者的期望值相符合又影响着购买决定，因此价格策略在市场营销策略中的地位非常特殊。这种 4P 理论认为，企业只要围绕价格策略灵活制定决策，产品的销售就有了保证。但是，随着经济的发展，市场营销环境发生了很大的变化，消费个性化、人文化、多样化特征日益突出，单纯的 4P 理论受到了新的挑战。

成本策略（Cost）是在价格策略的基础上进一步优化消费者获得满

足的成本，或是消费者满足自己的需要和欲望所肯付出的成本价格。这里的营销价格因素延伸为生产经营过程的全部成本，包括：企业的生产成本即生产适合消费者需要的产品成本；消费者购物成本不仅指购物的货币支出还有时间耗费、体力和精力耗费以及风险承担。以往企业对于产品价格的思维模式是“成本+适当利润=适当价格”，新的定价模式要求“消费者支持的价格-适当的利润=成本上限”。也就是说，企业界对于产品的价格定义，已从过去由厂商的“指示”价格，转换成消费者的“接受”价格，我们把这看作一场定价思维的革命，新的定价模式将消费者接受价格列为决定性因素，因此企业要想在消费者支持的价格限度内增加利润就必须降低成本。

14.2.2 从成本策略到数据决策的演变

近年来，互联网改变了买卖双方之间的互动方式，同时也悄然改变着企业的定价行为，企业定价战略的意义更大。在持续变化的经济环境中，降价压力和技术增长，使得买方正差别化对待卖方，而卖方也差别化对待买方。

买方可以：

(1) 从成千上万的供应商那里获得即时的价格比较。顾客只需登录在线比价网站，就可以比较不同门店提供的价格，并且轻易找出成百上千条有关商家的产品、价格与评论。

(2) 自己报价并兑现。通过第三方平台，可以通过在线报出自己愿意支付的票价、费用等，查看有没有卖方愿意接受这样的价位。一些购买者数量较大的网站会将顾客订单累计起来，迫使供应商予以更多优惠折扣。

（3）得到免费产品。营销洞察专栏中的“放手赠送”描述了不同企业如何通过提供一些必要的免费产品而取得成功。

卖方可以：

（1）监控顾客行为并为个人制定价格。通过网络程序，企业可以评估影响报价的所有因素，从而为个人的定价请求提供更精准的服务。

（2）给予某些顾客特价。有些企业通过限时销售高档产品，使用外联网精确控制任一特定时刻的库存、成本和需求，以便于即时调整价格。

与传统的4P、4C理论不同的是，现代企业的管理、运营、决策和业务都需要依靠数据的支持。数据不仅能在定价和成本方面实现生产者利益与消费者利益的最大化，而且可以使企业的管理与创新减少对经验和直觉的依赖，更多地基于数据挖掘与分析，从而提升管理效能。营销管理是企业生成和应用数据的重要环节，探索大数据下企业的营销创新，对用户需求、动态沟通、价值传递以及数据决策等方面都具有重要意义。

14.2.3 数据决策

首先，数据分析可提升企业管理水平。随着我国市场经济的深入发展，企业发展从粗放型向集约型转变，经营管理决策也向着精细化管理的方向过渡，企业管理水平日益提升、精细化。正所谓“无数据，不真实”，离开了精确的、具有前瞻性的数据分析工作，精细化的管理、正确的经营决策、快速的降本增效就无从谈起。

其次，大数据可带来营销变革。进入移动互联网时代，从搜索引擎、社交网络的普及，到“人手一机”的智能移动终端应用，信息承载的方式日益丰富。社交工具、电子商务等替代了传统的商务和交流方式，客户存在的场景发生了急剧的变化，与网络和电子设备的全面接触使得人类大量的信息被记录存储于网上，形成所谓的大数据。地理位置、年龄、社交活跃度、购物记录、性格特征等都可以通过网络数据获得。这些数据维度众多且动态变化，为分析消费者的行为和特征提供了数据基础。

企业可以利用用户数据实现精准定位，精准定位的结果就是个性化营销。这个过程中，数据是基础，数据会来自不同的平台，进一步通过数据挖掘和分析，找到这些数据相对应的人群，再针对这些群体进行个性化的对比，并以此展开营销服务，实现“一对一”的推荐效果，从而使顾客的个性化需求在技术的帮助下得到满足。沃尔玛收购 Kosmix，借助社交分析工具来预测、引导用户需求，正是大数据帮助企业的例子。

数据营销作为新时代的营销方式，大数据的运用势必会让保险公司传统的陌生拜访、陪同拜访等大大减少，取而代之的是对分析得出的潜在客户的精准营销。这样一来，企业的销售支持系统也将迎来一次变革，从客户资源上说，客户资源与代理人的业绩评估水平相挂钩；从企业提供的佣金上来说，使用数据库中的客户名单，一方面减轻了代理人开拓新客户的成本，另一方面有助于企业运营成本的减轻。

大数据已成为当前营销理论的焦点，在营销管理、品牌管理、活动管理、客户关系管理等领域逐渐得到应用，并积累了丰富的实践案例。

在新的经济环境下，大数据技术的发展使传统商业模式正在潜移默化中发生变化，随着社交网络的扩张，数据大爆炸正在改写营销规则。大数据的营销价值在于，随着实名制社区和电子商务的普遍化，用户之间产生人际关系链，由此最终实现交易数据与交互数据的融合。企业在互联网时代应逐渐转型，借助大数据技术为生活服务。

15 保险数据决策

15.1 行业数据未深度利用

全球范围内，保险行业正处于科技推动变革的阶段。以互联网、社交网络、云计算和大数据等为代表的数字化技术，正在加速影响着保险行业的日常运作，而在所有的新技术中，大数据对保险行业的影响最具颠覆性。“大数据是通过获取、分析和解释规模巨大、格式复杂的数据，从而推动业务价值创造方式的变革。”

然而，随着行业潜在新进入者增多，大数据时代数据呈现出“准确完整、透明公开、资源共享”的特征，而互联网保险领域并未充分利用大数据。互联网思维的核心是用户体验，只有深入挖掘潜在客户和客户需求，并提供相应的产品和服务，才能为用户提供个性化营销。目前我国互联网保险仍处于初级探索阶段，仍停留在通过网络渠道进行投保、缴费、核保、理赔等保险业务的水平。信息不对称条件下，投保双方大多数时候处于不平等地位，对保险客户信息的核实以及投保条件的比对，需要先进的互联网保险技术的支持。

除此之外，保险企业新的营销模式对于大量数据管理、动态沟通机制、全渠道等有较高的要求，挖掘用户需求、设计保险产品、加强用户管理、精细化营销都离不开保险企业信息系统的支持。目前，我国的数据采集与处理能力仍处于较低水平：一是由于数据技术能力所限，搜集信息的准确性、及时性缺少保障，难以做到客观的数据分析和数据利用增值。目前的结构化数据中，大量客户信息不真实，其他非结构化数据可利用性不高，缺乏有效的数据采集技术。二是数据资源利用不足，保险公司系统中大量历史数据长期闲置，没有进行充分共享与交换。随着大数据挖掘技术的发展，大数据营销将成为保险市场的主流，因此必须加强保险企业 IT 系统的内部、外部建设以提供技术支持。

15.2　数据决策策略

“低价值、低黏度、标准化”的车险、旅游意外险、医疗险、理财险为主，少见长期、高额保险，复杂保险虽有，但是交易全程并非完全在线完成，突破性尝试很少，网销产品单一化，创新不足。这是我国目前互联网保险发展的主流，同时也是制约我国互联网保险爆发式增长的最大瓶颈。但是经过“双十一”移动消费浪潮的洗礼，商家开始迎接互联网给保险行业带来的冲击与挑战，推出了很多创新性产品。例如，淘宝保险、天猫医药馆和阳光产险共同推出的一款天猫医药险，患者通过医疗专家电话健康咨询，根据医生建议去天猫医药馆购买药品，确认收货后由保险公司赔付；众安保险推出的“一站式”保障服务，覆盖支付、物流等多个环节；还有一些专门针对“双十一”推出的颇具互联网特色的交易保障险：“双十一”限时到货险和奶粉破罐瘪罐险等。

互联经济时代，产品不仅仅是功能的概念，而是更广泛地融合了用户使用场景和用户情感。在经过这一场互联网浪潮的洗礼后，原来以冷冰冰的条款形式展现出来的保险产品很难再引起用户的兴趣。目前互联网产品的设计一般遵循以下几大理念——“大数据技术”理念、“设计思考”理念以及“工业 4.0”理念。这些理念将倒逼保险公司重新考量自己的产品设计，推出越来越多用户喜欢、用户主动购买的产品。

15.2.1 大数据技术是基础

信息规模的爆炸性增长是新互联经济时代最重要的特点之一。根据国际数据公司（IDC）的研究结果，2011 年全球产生的数据量为 1.82ZB，相当于每人产生 200GB 以上的数据。2020 年，全球的数据量将增长为 2011 年的 50 倍，其中，文件、电子邮件和视频等非结构化数据未来将占 90% 以上①。对于保险公司来说，数据的重要性不言而喻，各种形式的数据早已贯穿保险客户生命周期的全部过程。从潜在客户获取、保险服务提供到最后客户流失阶段，大数据可以为公司提供目标客户基本信息、风险状况和产品偏好等，使公司深入挖掘用户购买保险的决策过程：如何了解保险信息，通过哪些渠道购买保险产品。这些数据，都是新时代互联网保险产品设计不可或缺的数据资源基础。

除了我们耳熟能详的大数据之外，“设计思考”和“工业 4.0”理念为保险产品设计提出了新的挑战。

① 数据来源：PICC：《互联网与保险》，2014 年。

15.2.2 保险产品的“设计思考”

设计思考（Design Thinking）[①] 是互联网经济时代产品设计理念的主流思考模式。它是一种设计理念，通过理解用户内在的心智模型、用户所处的环境，以及观察在心智模型和所处环境双重作用下的使用行为，去设计一种真正能够融入他们的生活、被他们所依赖的产品。在这种产品设计浪潮的冲击下，互联网保险产品的设计也应该借助这样的思维模式，从三个方面考虑保险产品的设计。图 15－1 是产品设计创设的三个维度。

首先，产品设计增加了用户的“文化和习性”维度。这一点上，“小米”产品为我们做出了良好的示范，它将产品设计关注点从自己转移到用户身上，加强了与用户的感性沟通，提高了用户对产品的依赖性。同时，还要将用户纳入到整个保险产品设计的环节中，提高用户的参与感，增加产品对用户的价值。

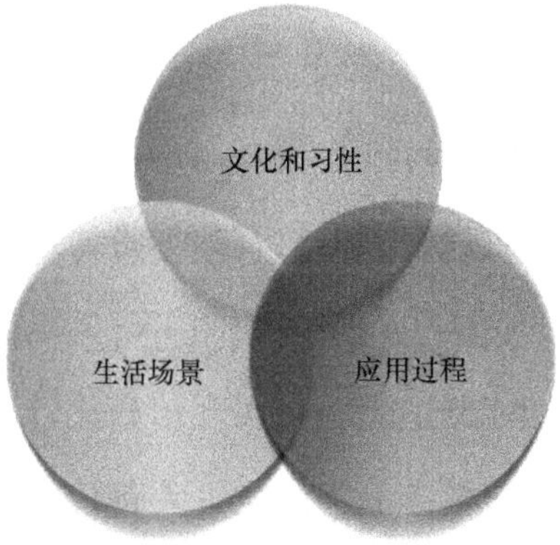

图 15－1 产品设计创设的三个维度

其次，产品设计融入用户“生活场景”。在移动互联经济时代，用户所处的场景不同，其所需要的产品和服务都会有所不同，单一标准化的产品已经不能满足用户及时性和随时性的需求。用户所处的“生活

① 设计思考是以设计师的敏感度和方法，运用可行的科技，以及能转化成顾客价值和市场机会的有效商业策略，来满足人们的需求。

场景”也是保险行业在未来产品设计中应该考虑的元素之一。

最后，产品设计是动态化的演进和应用过程，要“快速迭代”不断增加产品创新，逐步对其修正和完善以赢得用户好感和口碑。在保险产品推出市场后，不断对其修正和完善，也是保险公司促进产品创新应该考虑的维度之一。

15.2.3 “工业4.0”理念

“工业4.0”在德国被认为是第四次工业革命，是德国政府2011年11月公布的《高技术战略2020》中的一项战略，旨在支持工业领域新一代革命性技术的研发与创新，保持德国的国际竞争力。工业4.0将在前三次工业革命的基础上进一步进化，基于信息物理系统（Cyber Physical System）[①] 实现新的制造方式，从而在生产制造过程中，设计、开发、生产有关的所有数据将通过传感器采集并进行分析，形成可自律操作的智能生产系统。图15-2是工业4.0下的智能工厂。

智能制造是我们实现信息化带动工业化，工业化促进信息化的主攻方向，包括产品智能化、装备智能化、生产智能化到管理智能化和服务的智能化。其中工业4.0还提出了服务联网的概念，将智能服务作为智能制造的一个核心内容。服务的智能化，既体现为企业如何高效、准确、及时挖掘客户的潜在需求并实时响应，也体现为产品交付后对产品实行线上线下（O2O）服务，实现产品的全生命周期管理。

作为典型的服务行业——保险，也需要找到自己的变革路径。

第一，定价思路全线颠覆：标准产品趋于免费。互联网将颠覆传统

① 信息物理系统是指通过传感网紧密连接现实世界，将网络空间的高级计算能力有效运用于现实世界中。

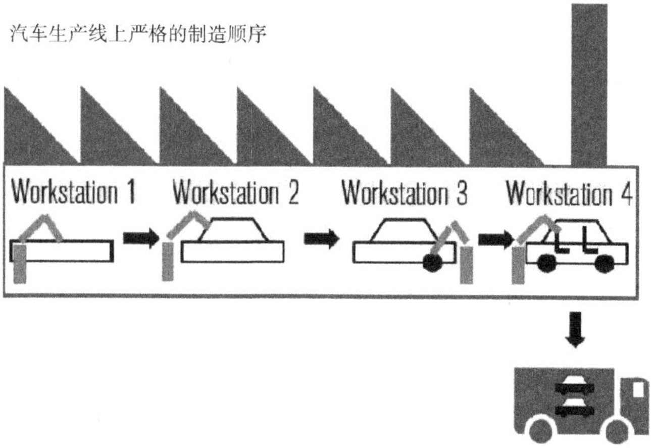

图 15－2　工业 4.0 下的智能工厂

保险的定价方式，大数据将是互联网产品定价的终极武器。更为重要的是，在互联经济时代商业规律的作用下，“免费经济”开始扮演越来越重要的角色。目前，我国有些保险电商、保险垂直搜索平台和保险公司官网上已经推出了免费保险产品，例如好险啊、泰康人寿等。未来将会有越来越多低价值、标准化的产品以免费的形式出现在消费者面前。

总之，互联经济时代的保险产品研发，需要充分利用大数据将保险需求、产品形态及其对应的价格机制精确到个人和群体，利用互联网打破时空局限，达到个性化风险控制和定价，提高保险产品的交互性。互联网背景下，形成了互联网生态，在新的生态下将滋生新的风险，对各种未知的风险定量化，将产生新的保险产品，为保险行业发展提供创新土壤。

第二，营销从全球化向个性化逐步过渡：实现精准化。大数据能精准锁定目标人群。传统营销大多以人口统计学特性来概括目标消费者，如消费习惯、心理特征、兴趣爱好这样的深度数据则需仰仗专业市场调查公司，而借助大数据技术，营销者可以无限地接近、近乎准确地判断每一个人的属性。一些企业通过收集海量的消费者信息，然后利用大数据建模技术，按消费者属性（如所在地区、性别）和兴趣、购买行为等维度，挖掘目标消费者，然后进行标签层的分类，再根据这些信息对个体消费者进行营销信息推送，如移动 DSP 的人群就按照三种标签层（属性标签层、行为标签层、目标人群层）进行划分，分析用户的个性化需求，借此提供个性化产品和服务，或者实现更精准的广告（图 15－3）。

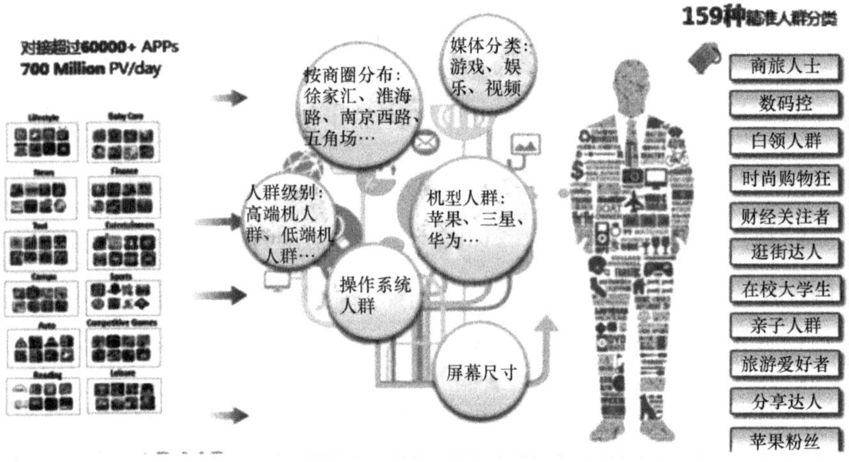

图 15－3 移动 DSP 精准营销

数据来源：钟伟山：《除了洞察人性，看看大数据的无所不能》。

互联网保险如果要精准营销，还必须了解客户需求，了解客户信息越多，营销机会就越多。客户的年龄、性别、职业、学历、地域和不同的阶层、收入都会影响消费行为，如何利用这些信息细分产品，分析客户需求，充分利用 LBS、社交、节日营销等都需要保险公司进行深入探究。

15.3 保险数据决策应用

15.3.1 人身保险：数据定位，快速试错

对于人身保险而言，首先，企业需充分了解自己在价值链及市场中的角色及优劣势，明确自身对整体价值链上下游参与者和市场的影响；需明确我能够提供什么产品和服务，我拥有哪些数据，哪些公司需要我提供的数据，而我又需要哪些其他数据来提升产品、服务和业务。通过对这些问题的回答，企业能够对自己期望的业务模式和合作者有初步的定位。其次，在前面圈定的合作者当中进行进一步的筛选和意向接触，洽谈合作模式，包括数据共享方式、客户共享模式等，最终明确共同合作构建平台。这里的合作者可能是其他公司，也可能是同一集团内的不同子公司。最后，参考互联网公司的经验，平台构建宜快速试错，选择某一个或几个产品、服务进行试点。在试点的过程中，与合作伙伴逐步磨合，探索适合的合作模式和业务模式，并对试点结果进行合理的评估，用于平台后续构建。在人寿保险领域，保险公司利用可穿戴设备（如：Jawbone 推出的 Up、Apple 推出的 HealthKit）能够实时监控人体健康情况（运动量、睡眠、心跳等），弥补生命表对于洞察细分群体的人体健康及生死概率能力的不足。

在物联网与保险公司相关的应用中，最为突出的是联网住宅的保

险，通过传感器对住宅进行远程监控有助于及时发现和缓解风险，从而降低理赔成本，提升消费者的客户体验。例如，在检测到火灾或泄露时，可以通过智能手机联系到投保人，并自动分配由保险公司或公共机构派出的紧急响应小组进行处理。尽管保险公司借助联网住宅（智能家居）进行风险评估的优势十分明显，但由于家财险相比车险保费规模较小，很难获得足以覆盖硬件成本、安装费用和维护费用的回报。与此同时，保险行业存在一种风险，保险公司可能会被挤出联网住宅市场。各行业的巨头已经加大了对智能家居产品的并购力度，如：谷歌收购了Next，三星收购了创业公司SmartThings，以搭建生态系统，开发自己的联网住宅产品，进而有可能形成自己的保险解决方案。

15.3.2 财产保险：风险描述，定价优化

大数据对保险价值链的影响体现在方方面面，这种对传统保险能力的改造与升级作用，我们称之为“改良”。根据BCG的研究，最重要的“改良效应”发生在5个环节，即：风险评估与定价、交叉销售、客户流失管理、理赔欺诈检测，以及理赔预防与缓解。

大数据为保险风险评估与定价带来了前所未有的创新，主要体现在三个方面：

（1）风险特征的描述被极大丰富。在大数据时代，风险特征的描述被极大丰富，数据资源的获取也将越发便利。在车险领域，基于使用的定价模式已逐渐被领先保险公司运用在产品创新中，除获得车型数据、汽车零整比数据、二手车数据以外，保险公司还使用车载传感设备收集驾驶员行为风险，开发基于使用的车险计划（Usage Based

Insurance，UBI）。

（2）保险是经营风险的学科，其关键要素在于精算，基于统计学的大数法则是精算理论的核心。传统精算理论中，精算师通过掌握与某项风险相关的暴露数据，运用大数法则对数据进行建模与分析，寻找其中的规律，辅以假设，对未来的风险进行判断，进而设计相应的保险产品。现如今，精算师可以运用大数据分析软件，对海量数据进行回归分析，精确地识别和确认个体对象的潜在风险。这种思维与传统精算思维存在着很大的不同，我们不认为传统精算理论将被大数据颠覆，但大数据的确可以帮助改造传统精算方法，产生一种将大数据方法融合在精算理论之中的、演进的保险精算方法。

（3）大数据还能帮助保险公司优化定价体系。定价原因往往会导致价值流失，比如在价格方面过于“一刀切”，当客户停止购买其中一种产品后还在延续捆绑折扣，不能及时更新定价，销售团队在提供折扣方面缺乏纪律性等。而大数据分析可以帮助险企及时、精准地发现问题并予以纠正，从而防止价值流失。

以车险为例，一家澳大利亚保险公司通过分析客户的购物筐数据来预测驾驶风险。分析显示，饮用大量牛奶并食用大量红肉的客户驾驶风险较低，而食用大量意大利面和米饭并在夜间开车和饮酒的客户则是高风险客户。美国前进保险公司（Progressive）利用车联网设备，收集驾驶时间、地点、速度、急刹车等驾驶数据，来判断驾驶行为中存在的风险，设计“从用”的个性化 UBI 车险产品。

在车险领域，可以关注填写保单的人，被保人的性别、年龄、健康水平、消费水平等，然后找到这些人，把它记录下来，在全网里面扩充目标客群。表面上这可能是帮助商户推广的行为，其实它背后蕴含的是帮用户找到其需求的行为。对于一个车险公司来说，它的用户会时刻关注着他的竞争对手，也会关注品牌的比较。还有一些和车生活相关的，如汽车市场、二手车市场、车贷市场等（见图 15－4）。

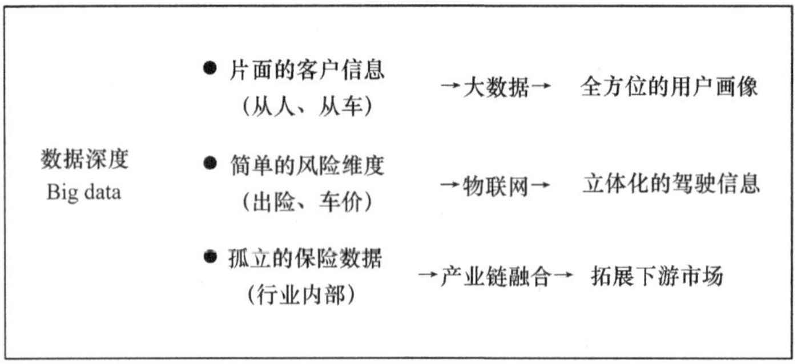

图 15－4　基于数据深度的用户精准分析

在做用户精准分析的时候，对一个商城客群汽车相关服务关注程度和保险行业抽样比较会发现，这个独特的商城客群呈现出非常不一样的特点。第一，他对二手车的关注远远高于行业水平；第二，他喜欢去参加车展，远远超出了汽车维修。这就能分析出客户的喜好，而知道了客户的喜好是什么之后，便能够更加贴近他们，知道给他们提供什么样的服务。

15.4　数据决策案例

15.4.1　人身保险数据决策案例

15.4.1.1　户外运动保险——数据决策

户外运动一个重要的特点就是自由并且充满刺激，买不到票、没有地方住、临时改变路线或者行程都是旅行的重要组成部分。虽然户外旅行能够让我们感受到更加美好的自然景观，但是其中隐藏的风险也不言而喻。“驴友”出事的新闻屡见不鲜，一个重要的原因是这些户外运动的组织形式大多是俱乐部、网站组团或者家庭之间自行组织，缺少必要的安全保护意识及措施。因此，对于户外运动这种高风险的项目来说，保险就显得更加重要。

2015 年 9 月，户外旅行的移动互联网平台 8264 在外，发布了《2015 年上半年中国户外旅行用户行为分析报告》。报告基于 8264 在外 700 多万注册用户的真实行为数据，分析了中国户外旅行用户的线上预订行为、移动端使用行为及相关行业发展趋势。报告显示，20—30 岁男性是我国参与户外运动的主力军，出行时间主要以小长假短线旅游为主，以徒步、深度游等为主（图 15－5 至图 15－8）。

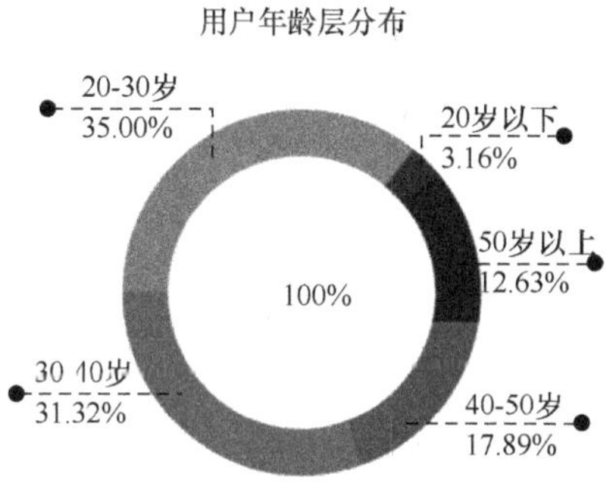

图 15－5　2015 年上半年我国户外运动用户年龄层分布

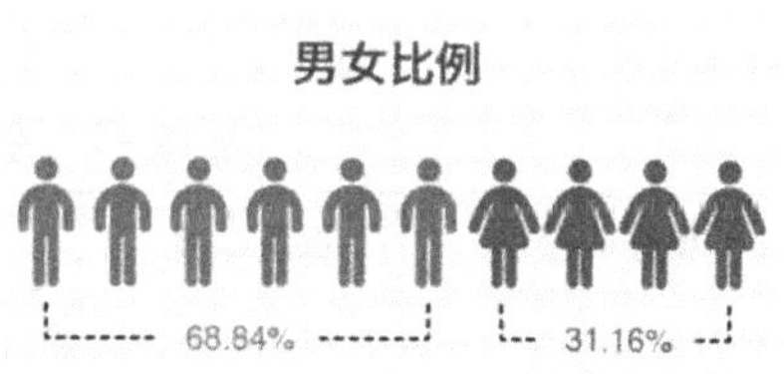

图 15－6　2015 年上半年我国户外运动用户性别分布

目前，我国多家保险公司均推出了专门针对户外旅行的保险，例如中国平安保险、安盛保险、中国人保、太平洋境外旅游保险等。下面就以中国平安户外运动保险为例，对我国户外运动保险产品做简要介绍。平安户外运动保险主要的承保责任包括人身意外、公共交通意外、航班延误、意外住院津贴和行李、证件损失等。具体承保责任和说明见表 15 - 1。

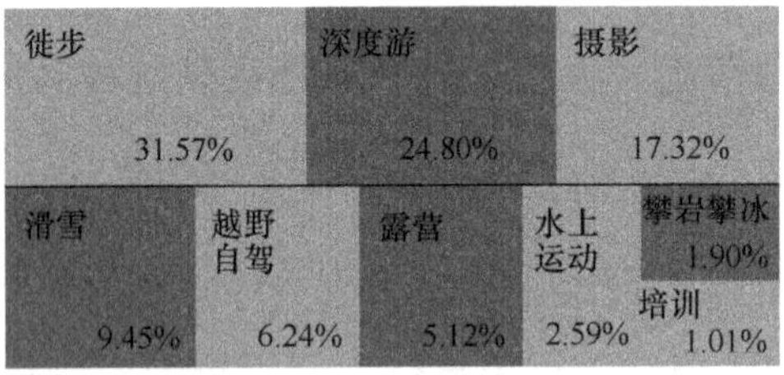

图 15 - 7 户外运动项目分布

数据来源：中文互联网数据研究咨询中心。①

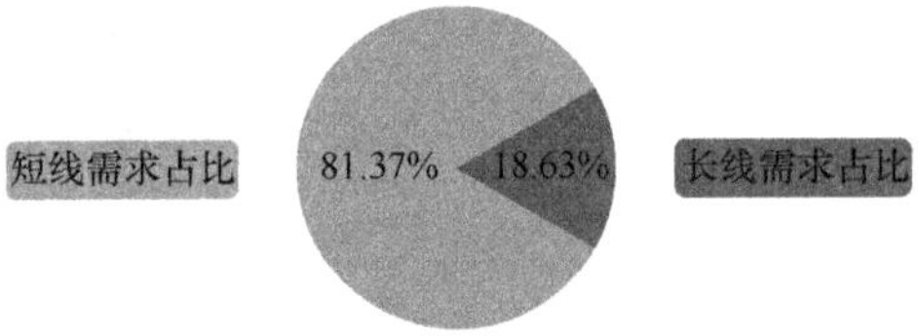

图 15 - 8 长短线户外旅行需求比例

数据来源：中文互联网数据研究咨询中心。②

表 15 - 1 平安户外运动保险

保障项目	保险金额	保障范围
意外身故/残疾	1 万—50 万元	旅行期间因意外事故导致身故、残疾
意外伤害医疗	1 万—50 万元	旅行期间因遭受意外伤害事故进行治疗，将依照条款，按照当地社会医疗保险主管部门规定可报销的、必要的、合理的医疗费用超过人民币 100 元的部分给付医疗保险金

① http：//www. 199it. com/archives/384445. html。

② http：//www. 199it. com/archives/384445. html。

续表

保障项目	保险金额	保障范围
高风险运动	可选	扩展意外身故、残疾、意外伤害医疗的保障范围；承保跳伞、潜水、滑雪、攀岩、探险等非职业高风险运动
公共交通意外身故双倍给付	1 万—50 万元	旅行期间乘坐公共交通工具途中遭遇意外导致身故，可获意外保障双倍赔偿
突发急性疾病身故/全残	1 万—5 万元	旅行期间因突发急性病导致身故或全残
境内紧急救援	15 万元	医疗运送和送返——被保险人罹患疾病或遭受意外事故，将通过指定的专业救援机构提供医疗运送和送返的服务并承担相应费用
	9 000 元	丧葬/安葬费用——被保险人在非常住地身故时根据其亲属的要求，将承担当地丧葬/安葬费用
	9 000 元	亲属前往处理后事补偿——被保险人于事故发生 30 天内在非常住地身故，将按合同约定，补偿其一名成年直系亲属前往处理后事的交通及食宿费用
	9 000 元	亲属慰问探访补偿——被保险人在事故发生地的预计住院时间超过八日，将按合同约定，承担其一名成年直系亲属前往探访的交通及食宿费用
	服务	境内住院垫付及电话医学咨询——被保险人发生意外伤害或突发急性病时，可通过指定的专业救援机构获得住院医疗费用担保/垫付和电话医疗咨询服务
航班延误	200 元	在保险期间内，因恶劣天气、自然灾害、机械故障、罢工、劫持或怠工，其他空运、航运工人的临时性抗议活动，恐怖分子行为、航空管制或航空公司超售而导致其延误时间连续达 4 小时及以上，将按保险单上载明的金额赔偿（延误 4 小时以上可获赔偿 200 元）
意外住院津贴	50 元/天或 100 元/天	旅行期间因意外事故或突发急性病需要入院治疗，可按住院天数获得每日住院津贴
行李、证件损失	500 元或 1 000 元	旅行期间行李物品或旅行证件因遭受交通事故、自然灾害或盗窃抢劫而致损坏、灭失或遗失

15.4.1.2 昆仑“治未病”健康管理服务模式

众所周知，如若身体出现问题，首选的一定是医疗机构。然而，目前一种“特色健康险”健康体验同样赢得了市民的瞩目，不但拥有经济风险的保障，也同时拥有健康状态提升与维护的服务。事实上，这样的健康险已不仅仅局限于“保险”或者“健康服务”的范畴，更像是一种定制化的“预防保健服务”。昆仑健康保险股份有限公司创立了独特的健康服务管理模式——“治未病”保险产品体系（见图 15－9）。

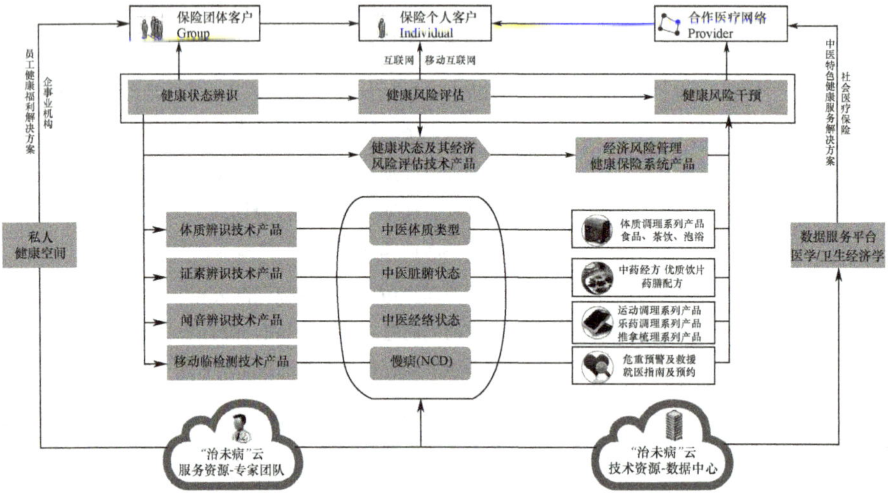

图 15－9 “治未病”保险产品体系

“治未病”保险产品体系是针对未病态、欲病态和已病态三类人群，通过重点、基础、配套三种方式，提供相应的疾病保险、医疗保险、护理保险、失能收入损失保险和意外伤害保险，形成“治未病”保险产品体系。其运作原理依托数据中心的“治未病”云技术资源，将数据服务平台与合作医疗网络、保险个体客户、保险团体客户连接起来，对保险群体的健康状态进行辨识，评估健康风险并进行健康干预。

将以已病态人群为突破点，专家团队重点研究开发针对慢性肝病、糖尿病、高血压人群的“治未病”保险产品（见图15－10）。

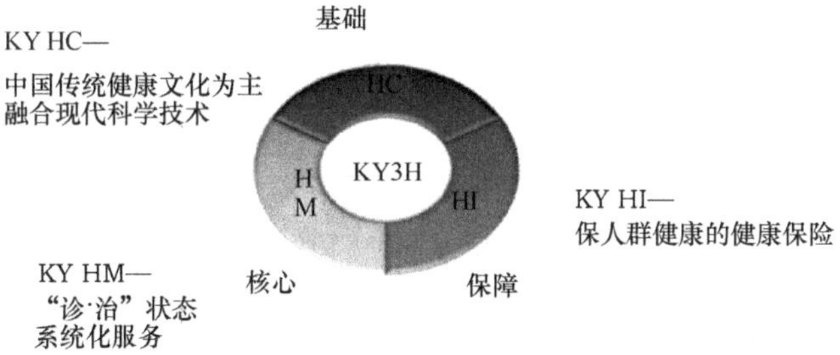

图15－10　“治未病”保险服务核心理念

其服务核心理念是健康保险与健康文化、健康管理结合形成“诊·治·保”系统化服务，简称KY3H一体化。知己（KY3H）服务的“KY”蕴含“Know You”之意，“3H”是健康文化（Health Culture）、健康管理（Health Management）、健康保险（Health Insurance）的简称（见表15－2）。

表15－2　“治未病”保险产品体系

健康状态	方式	保障范围
未病态	重点：疾病保险	重大疾病、风险慢病
	基础：医疗保险	医疗费用（普通、高端）
	配套：护理保险、失能收入损失保险、意外伤害保险	护理金、失能保险金、意外伤害保险金
欲病态	重点：疾病保险	易患疾病、重大疾病
	基础：医疗保险	易患疾病的医疗费用
	配套：护理保险、失能收入损失保险、意外伤害保险	护理金、失能保险金、意外伤害保险金

续表

健康状态	方式	保障范围
已病态	重点：疾病保险	已患疾病并发症、二次重疾
	基础：医疗保险	已患疾病并发症的医疗费用
	配套：护理保险、失能收入损失保险、意外伤害保险	护理金、失能保险金、意外伤害保险金

“知己（KY3H）服务”引起关注的原因在于：体系构建科学，附加服务丰富。知己（KY3H）服务体系是以提升客户健康状态为目标，由知己、求己、求医等前后贯通、循环递进的结构化设计的三个环节组成。被保人在参保时即同步拥有其私人健康状态信息库，参保后服务中心将全面提供个人健康状态辨识与评估、健康状态干预等健康管理服务。为参保客户提供健康短信、健康电子期刊、知己健康手册、中医特色健康养生讲座、专家健康咨询等各项健康管理服务。同时，针对特定人群提供重大疾病关爱服务、女性孕育健康指导、高原旅行健康指导等健康管理服务。这一融健康效益与经济效益为一体的中医特色预防保健服务，在业内尚属首例，在提出之初即受到了政府、相关权威研究机构、权威人士的高度重视。在“健康投资”观念日益流行的当今，经过多年完善的“知己（KY3H）服务”再次引发消费者的关注。

目前，昆仑倡导的“治未病”理念，得到了国家中医药管理局、国务院的认可，成为中国健康产业发展政策、中医药发展政策的主要内容。其充分利用大数据和云技术满足社会对中医药服务多元化、多层次的需求，有助于开辟个性化健康文化、健康管理和健康保险一体化的健康保障之路，推动医药产品的创新升级。

15.4.1.3 阿里健康联手太平洋保险，发展互联网智能保险

在全新医药电商APP、钉钉问诊和人脸比对技术等医疗医药应用相继曝光后，阿里健康于2015年7月27日发布消息，宣布与中国太平洋保险旗下太保安联健康保险股份有限公司签署战略合作协议，双方将就互联网健康险产品进行探索，以开发商业保险健康服务的新模式，为互联网人群带来更多种多样的健康保险服务。阿里健康此举显示，阿里健康正在逐步完成从医药到医疗，再到保险的联动布局（见图15－11）。

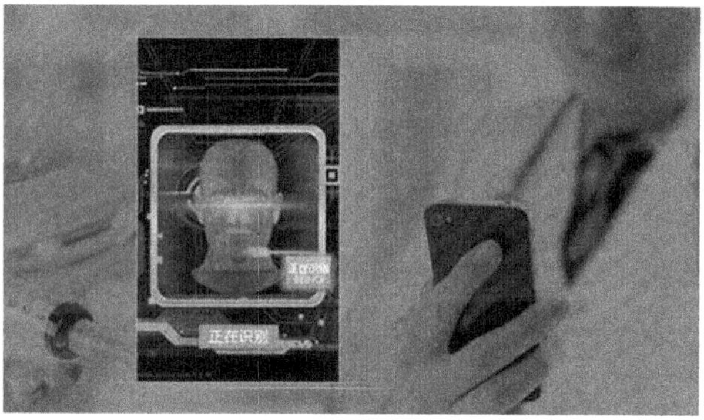

图15－11 人脸识别技术应用于互联网医疗场景

（1）健康险覆盖云医院平台患者。阿里健康表示，和太保安联合作后，除了对太保安联现有的健康险产品实现线上投保、理赔申请、审核、直付等在线流程，还将针对互联网的需求和场景开发新产品，其中包括为在阿里健康云医院就医的患者设计产品。此外，双方还将围绕分级诊疗等医改政策，探索社区医院、家庭医生、疾病防控、健康管理、慢病管理及养老护理等领域的商业保险服务模式。

太保安联健康保险股份有限公司隶属于中国太平洋保险（集团）股份有限公司，由中国太保和德国安联保险集团于2014年联手发起设

立。作为一家专门致力于健康和关爱事业的公司，太保安联的业务目标是为个人和团体客户提供全面的健康保险保障和健康管理服务。

“未来不排除阿里健康会推出类似于余额宝、娱乐宝形式的健康理财产品，让年轻用户在获得健康保险的同时，还能得到高于银行活期的收益。”阿里健康相关负责人称，双方的合作心态都十分开放，有助于营造符合健康服务业和健康保险业的经营模式，衍生出更多保险应用场景，构建线上线下一体化的健康服务新业务及其生态圈。

（2）发展互联网智能保险。创新构建互联网智能保险控费体系，将是阿里健康和太保安联合作的切入路径之一。阿里健康的电子数据能力、大数据分析能力、风控引擎和人脸识别防作弊等技术，将与太保安联积累的理赔经验充分融合，形成行业控费的双保险安全体系。

大数据分析用于互联网保险产品研发，可以更精准、有效地满足参保人需求，结合阿里巴巴在互联网电商领域的深厚积淀，将有机会形成“中国特色”的PBM模式，促进医疗、医药、保险和健康管理的良性互动。

此前，阿里健康已经和浙江、河北等地政府小规模试点合作，通过数据分析发现骗保行为。试点结果显示，通过数据监控部分药品流向，一定程度上为医保节约了资金。

如果将医保控费解决方案运用于商业保险，不但能为商保公司提供医保经验，还能帮助商保公司建立风控系统，实现精细化管理，控制理赔风险。太保安联相关负责人也表示，通过双方的优势互补，能够从医保控费、云医院医疗控费等方面提升商业保险公司的运营空间和效率，从而降低运营成本。

15.4.1.4 百度用大数据实现保险精准营销和优质用户识别

通常来说，如果数据量足够大，数据具有关联性并有业务落脚点，这样便可以被称为“大数据”。百度基于自己的数据库开放平台，几乎掌握着所有产品线的用户行为数据，利用海量数据进行数据处理和市场、品牌、用户需求的分析，可以把这些海量数据转化为直观具体的分析结论，在数据库里形成客户行为沉淀。

所谓精准受众营销示意，其实是一个如何搞懂用户的示意。比如，今天要去旅游了，搜哪个地方有意思；今天想去买一件衣服，或者想知道一个电子产品的性能如何，人们都可以通过百度搜索。这些行为都会被留意下来，在数据库里对这个客户形成沉淀。如果现在有一个保险类客户，要想拥有更多优质用户，就要先确认一些种子用户，把这些种子用户放到大数据分析模型里面进行学习，通过这个学习的过程就可以确认用户需要什么。谁有更多的资料，谁更能分析透彻，谁就更懂用户。

2015 年 9 月 8 日的百度世界大会上展示了一个关于人寿险的案例——新华少儿险。调查发现，新华少儿险的用户展现出非常有意思的特点：这款保险的用户对“猪猪侠”、“小公主索菲亚”等这些东西感兴趣，看似跟保险没有关系，但这些就是他们的特征。数据分析结果显示，实验组比对照组的点击率提升了将近 6 倍，它意味着对这家公司产品感兴趣的人对上面这些关键词也感兴趣，同时它的销售成本节省了一半多。所以，百度公司并不能强行塞给用户一个东西，而是要为保险公司找到需要保险的用户，也为用户找到他所需要的产品。

15.4.2 财产保险数据决策案例

15.4.2.1 交通保险——基于大数据的定价

保险定价要考虑某一事件发生的概率、愿意付费的人群数量和金额，以及公司的运营成本、税费和必要的利润。在互联网时代，大数据技术为保险产品定价提供了新的支持，随着政府数据的逐步开放——2015年11月江苏省交通运输厅与百度签署了《战略合作框架协议》，通过分析海量用户数据的消费行为特征，可以得到目标客户的购买需求和支付意愿；通过大数据可以更精确地计算出意外事件发生的概率，使保险产品价格与客观风险状况的精细匹配成为可能。

去哪儿网与青岛航空的合作是一个典型的例子。青岛航空突破了传统航空公司的思维定式，大胆运用互联网思维，与国内最大的在线旅游平台去哪儿网深层次合作，入驻去哪儿网建立旗舰店，并采用了去哪儿网新推出的智能定价系统，与互联网平台进行信息和营销的无缝对接，首飞航班机票在3天内就已售罄，其机票通过去哪儿网的销售比例超过九成，大幅刷新了民航在线销售比例的纪录。青岛航空新开的这条航线已经有航空公司在飞，而且是亏损的，加一个航班进去理论上只能是亏上加亏，然而去哪儿网进行大数据分析后，将消费者搜索点击行为和最后的购买行为作为一个参数模型，推导出整个需求曲线和供给曲线的拟合程度，通过准确定价激发消费者需求，同时想方设法将其他交通工具的客流转移到航空工具上。在由中国互联网协会主办的2014中国网络营销大会上，去哪儿网青岛航空旗舰店凭借独特的深度快营销方式，得到权威专家评审团的一致认可，一举摘得最佳互联网创新营销奖。基于大数据的产品智能定价，帮助青岛航空在这条航线上实现了盈利，这对于竞争激烈的保险行业同样具有借鉴意义。

15.4.2.2 补偿性保险——气象指数与大数据

（1）气象数据的作用。气象条件主要包括气压、温度、降雨、湿度、风速、日照时间等，各种气象条件都有可能会在某个领域内对生产经营活动造成影响，成为影响其盈利水平或稳定性的关键因子。

综合分析过去多年的气象大数据，可以计算特定气象风险在未来一段时间内发生的概率及其置信区间，通过气象条件与经营结果的相关性分析，即可获得在目标期间内一个或多个风险因子造成损失的期望值，从而为保险定价提供基础。

（2）气象数据在保险业的直接应用。我国目前的保险市场上，气象数据在第一产业领域的应用已经有诸多实例。除了广泛开展的政策性农险以外，小范围区域市场的创新型应用也不断出现。如江苏的大闸蟹养殖保险，承保台风、洪涝等当地常见自然灾害的发生对螃蟹养殖带来的损失；而大连獐子岛的风力指数型水产养殖保险，则以风力指数作为保险承保理赔的基础。

除此之外，直观的气象数据也在生活领域被趣味性地应用。比如，航班延误保险已经被广泛提供在旅行产品上，高温津贴、中秋赏月等话题性保险也受到了市场的关注。

（3）气象相关保险的设计逻辑。尽管保险产品最终表现的形态多样，但气象相关产品的设计逻辑基础是通用的。首先是输入不同气象条件因子，来计算与经营结果的相关性，通常是选用相关系数绝对值最大的那个因子来考虑分析最大风险因子的发生概率和置信区间，这取决于历史气象数据的完整性和准确性，是保险产品定价模型的基础。业内普遍的看法是，相对有效的分析至少需要近30年的数据记录做基础，而判断结果的可靠性与做预测的时间区间有明确的关系，时间区间越长，可靠性越高。

对一般保险产品而言，风险因子造成的损失概率是保险定价的另一个基础。该项因素主要取决于承保标的的状态，相对比较容易获得其众位数和均值。而在不易评估和核算的领域，如农牧养殖业，可以忽略掉该项，直接以因子指数作为承保基础，以约定的保险金额作为损失程度。

在取得风险因子的阈值区间和损失概率的基础上，可以参考美式期权的二叉树和欧式期权的Black－Scholes模型，反推出保险产品的风险成本，加载相关的管理和销售费用来定价。

（4）海外的区域性巨灾应用。如果我们可以把一个固定的地点在气候风险的暴露（exposure）计算清楚，简单来看，就可以以一个经纬度的区间，通过选择场模型、对象模型、网络模型等多种建模方式以二维或者三维乃至多维方法计算综合暴露，气候的巨灾风险基本就可以计算承保。在美国的飓风区域内的应用，就是各个州政府和联邦通过购买商业保险公司承保的巨灾保险的方式解决重建问题。

例如，佛罗里达州政府同时参与飓风巨灾风险的直接保险和再保险市场，其巨灾保险制度主要由巨灾基金（FHCF）和居民财产保险公司（CPIC）两个机构组成。这些巨灾保险项目为美国经济和社会发展起到了稳定器的作用。

除了区域性巨灾之外，普通的风霜雨雪等也可以加入保险，目前在国外已经有应用的实例。

- **英国：降雨保险**

英国保险公司与气象部门合作，对英国各地的降雨进行分析，绘制成英国全国年和月平均雨量图，作为制定保险费率的依据，并将全国划分为2 000个不同等级的保险费率区。如今，天气保险已经进入英国人生活中的各个领域，凡是与气候有关的户外活动，诸如高尔夫球赛、高空特技表演、花卉展览、瓜果节、外出旅游等，人们大多都预先购买天气保险。

- **西班牙：阳光保险**

在西班牙一个叫太阳海岸的旅游胜地，当地的一家保险公司开发了一项叫作阳光保险的新保险业务。其主要内容是：游客若在太阳海岸21天的游玩中，有4个白天下雨，则保险公司赔偿被保险人3周开销的一半费用；如果遇到7天下雨，则赔偿其全部费用。

- **日本：樱花险**

在日本，每年观赏樱花是日本人最为重视的一个活动之一，日本的保险业者针对这个活动开发出了樱花险。其具体操作方法是：保险公司请气象专家参考近几十年来日本列岛的樱花开放规律，对当年的气温、日照时间等气象问题进行预测，并研究和分析这些气象数据对樱花开放期的影响，然后再预测各地樱花开放的具体日期。投保的旅行社、休闲娱乐场所以及其他客户可以根据保险公司的预测安排相关日程，如果樱花开放日期与保险公司的预测不一致，保险公司将向投保者支付赔偿金。

由于第一产业受到气候的影响最大，所以主流应用会集中在此领域。光伏发电（同理也包括潮汐发电、风电）等新的自然能源有关行业有广阔的应用空间。巨灾保险的研究开发也是目前行业内的主要课题之一。

除此之外，气象因素在大众保险领域的应用也有无限的想象空间。例如，中日韩区域间的游轮，经常在三季度产生因台风影响靠港和跳港的服务损失，游轮公司和旅行社往往需要提供一个额外补贴来处理该项损失。保险公司已经试探性推出了包含该项损失的产品，但是囿于过于依靠主观判断的小范围应用，导致理赔率过高，供应并不稳定，而应用气象大数据是可以完全解决这个风险的。

15.4.2.3 车险定价——基于大数据的决策

车险客户对价格比较敏感，可以利用大数据技术实现更加准确的定价，赋予用户更多的定价自主权。运用云计算、大数据等技术，消费者交易行为逐步成为可记录、可分析、可预测的内容，保险业定价模式将发生变化，风险数据信息的透明度有望提高。以重大基本险为例，目前已经出现基于利用可穿戴设备进行客户行为统计，从而精确评估风险、个性化定价的可变保费产品。在车险方面，车联网是大数据在保险行业最有潜质的应用之一，对于提升车险精准定价能力，提高保险公司风险管控能力都将有所帮助。但是，目前我国很多数据的获取还处于瓶颈阶段，保险公司应该加强数据收集、分析和整理的能力，更需要打通数据获取的途径。

车险套餐与综合交通意外险有相似之处。例如，平安保险在其官网上全新优惠上线了一款交通意外险，赋予客户自定义报价的功能，客户可以自主选择各项保障类型的保险金额，包括飞机、火车、轮船、汽车意外身故/残疾和航空延误保障，如飞机意外身故/残疾的保险金额从50万元到800万元不等，不同的保险金额对应的保费也不相同（图15－12）。客户自定义报价的功能，一方面满足了客户多样化的需求，消费者可以自主选择适合自己需要的交通意外险；另一方面这种定价也是基于大数据来实现的，平安保险运用大数据和互联网技术，赢得了用户的好评，增强了自身在交通意外险市场的竞争力。这对于其他保险公司的车险定价具有参考意义。

选择保额额度

保障类型	保障范围	自定义报价 自主选择 0.41元/人天 起	经济型套餐 高性价比 0.15元/人天	豪华型套餐 全面保障 0.49元/人天
交通意外险 承保范围	飞机意外身故 / 残疾	800万元	200万元	800万元
	火车意外身故 / 残疾	100万元	100万元	100万元
	轮船意外身故 / 残疾	不投保	不投保	100万元
	汽车意外身故 / 残疾	10万元	20万元	30万元
	航空延误保障	不投保	不投保	不投保
		0.41元/人天 起	0.15元/人天 起	0.49元/人天 起
		148元	56元	180元

图15－12　平安交通意外险自定义报价

基于车联网技术的里程定价（Pay－as－you－drive，PAYD）是近年来世界车险业的重大创新。该汽车保险产品基于车辆的实际行驶里程来收取保费，在车险定价时将汽车里程数作为重要的风险度量因子，并且综合考虑驾驶者的驾驶风格和其他因素，如速度、驾驶时间，使得汽车保费的收取变得更加公平合理。保险公司一方面可以用低价吸引汽车出行较少的客户，增加客户规模，另一方面利用车联网平台可以整合相关资源，为客户提供更多的服务，提升保险价值，改善用户体验。迄今为止，已有很多国家的保险公司对 PAYD 车险产品进行了实践并取得了良好的效果，如美国 Progressive 保险公司、英国 Norwich Union 保险集团、德国 WGV 保险公司、意大利 Sara 保险公司、澳大利亚 STOK 保险公司、日本 Toyota 和 Aoio 保险公司、南非 Nedbank 保险公司以及以色列 Aryeh 保险公司。此外，PAYD 车险还具有明显的正外部效应，如缓解交通拥堵、增加道路交通安全、降低汽油消耗、减少温室气体排放、降低交通设施建设和维修成本，等等。

2015 年刚成立的互联网保险公司“保骉车险”，以合作共保的形式联手，依靠双方大数据资源，以 OBD（车载诊断系统）、ADAS（高级驾驶辅助系统）、多通道场景式理赔服务体系等创新技术为驱动，力图将差异化定价和精准服务等未来车险概念变为现实（图 15－13）。依靠

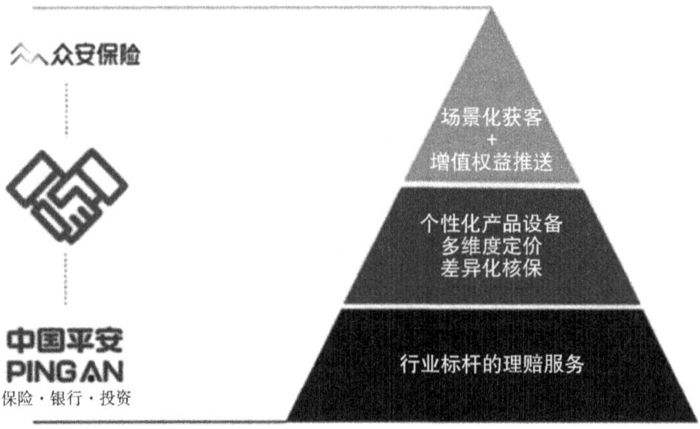

图 15－13　保骉车险

平安保险累积的历史数据，保骉车险提出了多维度因子定价概念：即在自主核保因子中，尝试引入更多的维度（区域、家庭、信用、驾驶习惯、行车历史等）对车险进行定价，不断更新并力求覆盖社交、征信、驾驶行为等线上线下数据，以丰富车险的定价因素，为我国互联网车险定价树立了标杆。

16 利用大数据发现和创造需求，构建保险C2B模式

16.1 供给侧改革下的保险 C2B

近年来，影响我国经济增长的主要因素发生了变化，“投资出口占比太大，消费占比太小”的时代正在远去，而“供给跟不上需求”成为经济增长的重要障碍。需求刺激效果甚微，需求不足仅是表象，供需错配才是实质，因而需要从供给侧着手改革。随着我国保险业迅猛发展，近200家保险公司仅每年向保监会上报备案的保险产品就有上千款，竞争异常激烈。但看似迅速发展的背后却存在一系列问题，从市场供求关系看，保险产品普遍存在不适销、不对路的情况，保险公司主推及创新性产品往往无法匹配客户实际需求；而客户需要的产品保险公司又无法提供。从近几年不少内地人到香港买保险的现象中就可以看出，并不是消费者没有保险需求，国内保险市场未能从需求层面出发设计保险产品，而香港的产品价格和设计让消费者觉得更贴切。在互联网金融

创新发展的趋势下，人们的消费习惯不断变化，中产阶层不断涌现，处理好保险供给和需求的关系是供给侧改革下的保险发展新思路，如何把握客户需求变化导向，使产品更贴近市场，这都是在经济发展新常态环境下，国家和社会对保险业的新期待和新要求。

2016年8月，《中国保险业发展“十三五”规划纲要》明确了供给侧结构性改革将是保险业“十三五”期间改革发展的主线。保险业的供给侧改革要求保险业通过深化改革，推进结构调整，优化要素配置，降低成本，提高效率，扩大有效供给，满足社会对保险的需求，使保险业更好地为经济社会发展服务。

而巧用互联网会大大提升保险业的运营效率。传统的保险产品由保险公司通过市场调研，结合经验判断“客户可能需要什么样的保险”去设计和开发产品，再通过不同渠道向客户推荐，客户始终只能在仅有的几款产品中选择，并且在产品组合、保险责任、保险期间、交费频率和期限上，都受到了严格限制。互联网金融时代，保险公司利用互联网思维打造保险新业态，客户可以根据需要在网上定制属于自己的保险产品。大数据分析使保险定价更加精准，而且可以分析发现客户的保险需求，更有针对性地进行推销和服务。基于互联网的碎片化特质研发的保险组合产品将实现先有消费者需求产生，而后由企业生产的真正C2B电子商务模式，最终推动保险产品的创新升级。

保险业新“国十条”提出到2020年要基本建成保障全面、功能完善、安全稳健、诚信规范、具有较强服务能力、创新能力和国际竞争力，与我国经济社会发展需求相适应的现代保险服务业，努力由保险大国向保险强国转变。目前中国已经是保险大国，从保费规模来讲中国是第三大保险市场，但人均保费及保费占国内生产总值比重这两个指标仍未达标，要变成保险强国是一个很艰巨的任务。通过供给侧结构性改革，构建保险 C2B 模式，实现精准化营销，从需求层面出发将是未来保险业发展的方向。

16.2 通过大数据实现精准营销和个性化营销

在智能互联时代，用户数据是重要的企业资源，对保险公司尤其如此。大数据与传统数据的区别在于它是规模十分庞大的非结构化数据，非结构化数据如情绪、行为、活动、语言等，比较繁杂、无规律性，体现的并不是因果关系，而仅仅是局部的相关性。保险公司通过大数据分析可以掌握用户的行为特征和消费习惯，进而分析哪些用户在什么时间有什么样的保险需求，最终实现精准营销。在目标客户中，有很多用户不愿意买保险，也有少数人很愿意购买，保险公司不可能普遍撒网，只有精准营销才能保证利润和效率。保险产品的设计需要大数据，通过以往的历史数据，估计“某一事件发生的概率”和“有多少用户愿意付费”，运用保险精算技术，可以巧妙地制定“众筹模式”或反哺模式，未来的方向也是基于大数据的保险研发。大数据做得最好的互联网企业是阿里巴巴，阿里有专门的团队来做数据，开发出了退货运费险等。从实践来看，与电商紧密结合的保险产品对保险公司的冲击是最大的（见图 16－1）。

通过大数据等技术的应用，保险公司可以充分发现消费者的需求，然后根据用户需求来个性化定制产品和服务，以用户为导向进行保险产

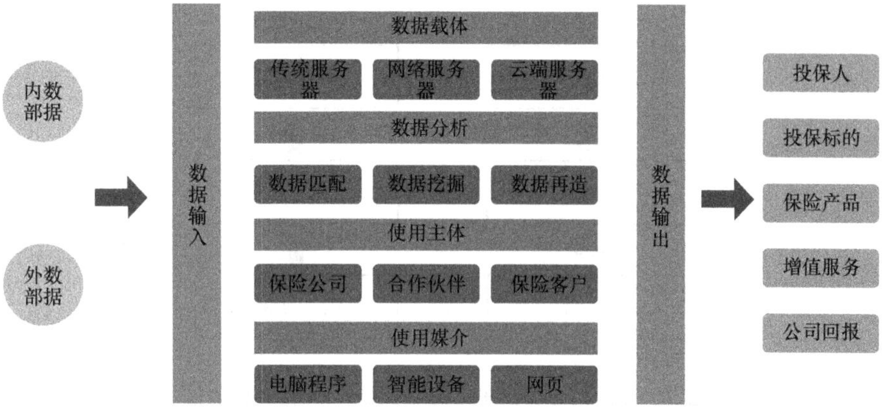

图 16－1　大数据在保险业的运用

品研发和改进，进一步改善公司的经营管理和运营模式，全面满足客户需求并建立牢牢把握消费者的 C2B 模式。传统的 B2C 模式是企业以自身为出发点，以自身已有的产品为基础开展营销活动，以产品销售出去为目的，这不是真正的以用户为中心。秉承用户至上的原则，应该构建保险企业的 C2B 模式，先由消费者提出需求，后由保险企业设计出适合的产品。消费者根据自身需求定制产品和价格，或主动参与保险产品设计、开发和定价，产品和价格彰显消费者的个性化需求，保险企业进行定制化生产（图 16－2）。

实现保险产业互联，构建 C2B 运营体系，要求保险企业通过大数据等技术应用，充分挖掘消费者的需求，然后根据用户需求来定制个性化的保险产品和服务，调整营销组合，以客户为导向进行产品开发和创新，反转企业经营管理和运营模式，全面实现客户需求。此外，保险企业还应引入大数据思维、平台思维、粉丝思维和社会化思维，对企业的传统价值传递渠道进行优化升级和转型，进一步实现跨行业信息、资源

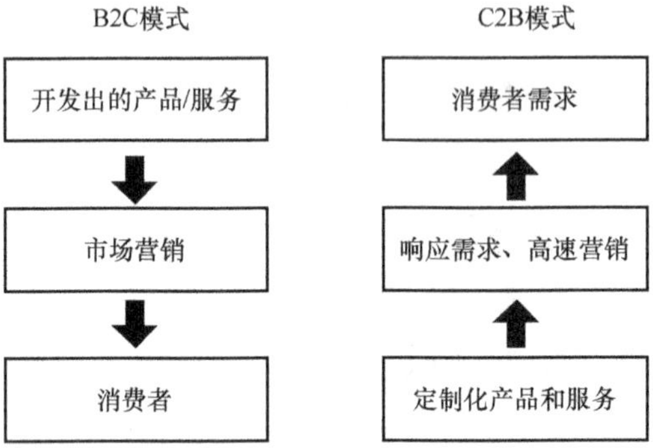

图 16-2 消费者需求为起点反转 C2B 营销价值链

和利益的整合。

前面提到的当前非常热的词汇“工业 4.0”本质上也是一种 C2B 模式。工业 4.0 实质上是基于信息物理系统的智能工厂和智能生产，直接将人、设备与产品实时联通，工厂接受消费者的订单直接备料生产，省却了销售和流通环节，实现小批量、多批次生产，为消费者的需求量身定做。工业 4.0 虽然是针对现代工业而言的，但是对保险业也有借鉴意义，保险公司应从消费者多样化的需求出发，不断设计和改进保险产品，在不断满足消费者需求中实施个性化营销模式。

16.3 加强保险企业 IT 系统建设以提供技术支持

在智能互联时代的冲击下，保险企业新的营销模式对于大量数据管理、动态沟通机制、全渠道等有较高的要求。无论是挖掘用户需求、设计保险产品、加强用户管理、精细化营销都离不开保险企业 IT 系统的支持，保险企业的 IT 系统建设主要包括以下两个方面。

一是对外建设，如官方网站，是企业通向互联网的窗口，消费者可以通过企业网站浏览信息，形成对企业形象的基本认识。保险企业官网直销有一个有趣的现象，保险企业的网络平台每天的访问量并不低，但是实际购买量很低。例如中国人寿官网平均每天访问量高到八九万人次，最高可达到20万人次，但是形成实际购买的转化率很低，相对于中国人寿的总销售额可以忽略不计。这反映了保险企业官方网站的设计存在很大问题，大多数险企网站的设计比较沉闷，保险产品只是简单的罗列，配以冗长专业的条款说明，缺乏趣味性，不能引导消费者耐心地挑选适合的保险产品，同时购买支付环节不够便捷，这些都影响了官网直销的效率。

二是内部建设，是指保险企业内部的信息部门、相关的设备设施等硬件和软件，包括网络、数据库和各类信息管理系统在内的工作平台，目的是帮助提高保险企业的运营效率。在智能互联时代，保险企业变革营销模式，企业信息化建设的支撑作用更为明显。实现营销模式变革，从4D模型来看，必须做到时刻以用户需求为核心，建立与企业利益相关方的多点动态沟通机制，重塑全渠道营销体系及以大数据挖掘为基础的决策体系。这对企业信息化建设提出了全新要求，必须开展和推动立体营销平台建设。基于IT系统支持的保险企业立体营销平台不仅包括传统的前端电子商务化，还应包括客户接触、交易管理、客户管理、营销管理和经营分析等相互衔接的子系统，为培育保险企业的核心竞争力提供技术保证。保险公司拥有庞大的用户数据，主要是用户基本信息和交易数据。当保险公司面临巨大的计算压力时，如“双11”高峰，可以考虑云计算等技术，将非重要的数据交给第三方，而对于交易数据等核心信息，因为涉及公司商业机密，只能通过自建云平台来解决。保险企业应当进一步优化保险业务系统、管理系统和决策支持系统，发挥其在企业管理、运营、新产品开发等方面的积极作用。

16.4 用大数据实现保险精准营销

一个保险类企业客户，想拥有更多优质的用户，就要先确认一些种子用户，把这些种子用户放到模型里进行学习，通过这个学习的过程就可以确认用户的需求。那么，谁有更多的资料，谁更能分析透彻，谁就更懂用户。

我们可以分析客群特征，比如填写保单的人，他们的性别、年龄、健康水平、消费水平等，我们找到这些人，把它记录下来，就可以在全网里面扩充目标客群。表面上这可能是帮商户推广的行为，其实它背后蕴含的是我们帮用户找到其需求的行为。在车险领域，对一个车险公司来说，它的用户会时刻关注其竞争对手，也会关注品牌的比较。还有一些和车相关的领域，比如说汽车市场、二手车市场、车贷市场等。

16.4.1 车险类精准营销效果

现代营销不仅仅是把东西推给别人，而是找准对方的需求，这才是营销的价值，不然它只是单纯的广告。图 16－3 是我们做的关于车险类的实验，时间是 8 天，两个组，一个是对照组。一组强制给客户展示广告，用户体验一般；另一个是实验组，我们用数据分析，知道这些人需要什么，喜欢什么，在哪个场合更关注什么。通过做对比实验，发现点击率提升了将近一倍。对照组同样的东西展现在十个人面前，只有一个人感兴趣，其他人都觉得你是在浪费我的时间。实验组有九个人关注这件事情，因为他需要，说明这是厂商和用户双赢的事情。

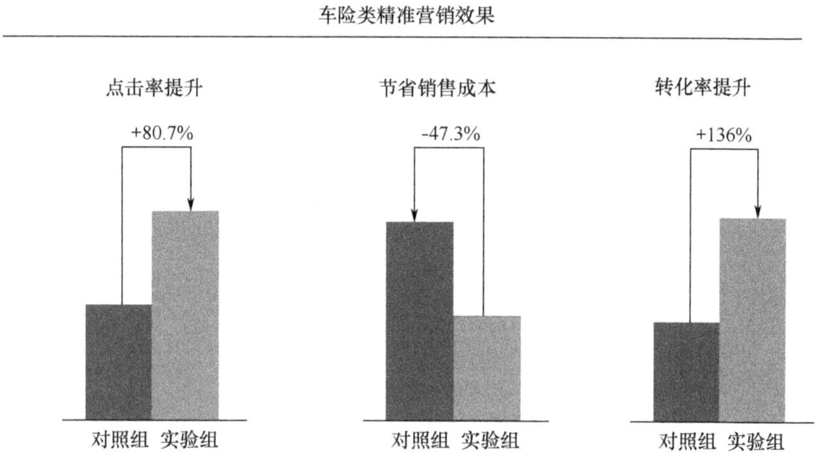

图 16－3　车险精确营销效果

大家可能还会有一个疑惑，是不是广告把钱赚走了？其实从对比数据看，实验组的销售成本反而是大大降低的，为什么呢？因为点开广告的人是真的想去了解详情，所以他们才会去做下一步的转化，留下销售线索或者购买，这样企业成本降低了，而需要这份保险或者需要这个产品的人快速找到了自己想要的东西，从而带来转化率的提升。

16.4.2　人寿险类精准营销效果

2015 年 9 月 8 日的百度世界大会上展示了一个关于人寿险的案例（图 16－4）。新华少儿险不像大家想的那样简单，卖给新生儿的父母就可以了，只要找一些有宝宝的家长，给他推保险，就行了。我们发现新华少儿险的用户展现出非常有意思的特点，他们对“猪猪侠”“小公主索菲亚”等这些东西感兴趣，看似跟保险没有关系，但这些就是他们的特征。

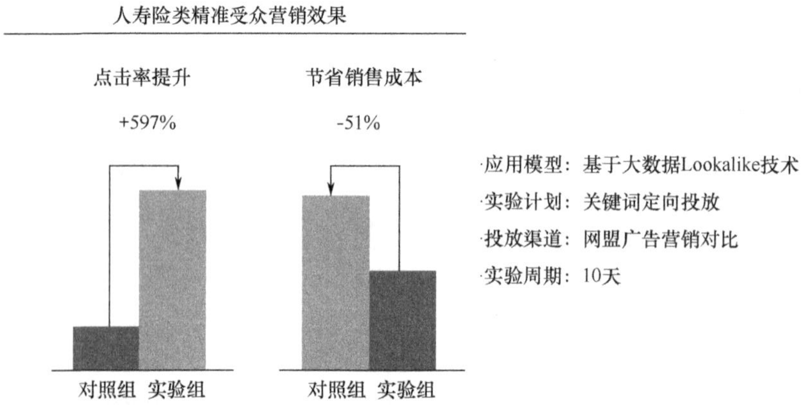

图 16－4　人寿险类精准受众营销效果

数据分析结果显示，实验组比对照组的点击率高了将近六倍，它意味着对这家公司产品感兴趣的人对上面这些关键词也感兴趣；同时它的销售成本节省了一半多。所以说，我们要找对人，而不是强行塞给客户一个东西，要为客户找到其需要的用户，也为用户找到他所需要的产品。

保险行业未来篇

17 区块链+保险

17.1 区块链定义

区块链作为一项分布式共享记账技术，是由多个节点参与、共同维护、有统一共识机制保障的不可篡改时间有序密码学账本的数据库，记载所有的交易记录。通过构建点对点自组织网络、时间有序、不可篡改的加密账本和分布式共识机制，从而实现去中心化信任的全网记账和共同公证，创造基于计算机算法，而不依赖第三方的信任机制，实现价值的点对点传输。在区块链上，互相不了解的任何人之间可以借助这个公开透明的数据库背书的信任关系，完成端到端的记账、数据传输、认证或是合同执行，而不需要事先通过某个中间方来达成信用共识。

这项技术也因其安全、便捷等特性逐渐得到了保险与金融业的关注。在过去两年里，说起科技领域热门的话题必然离不开区块链技术。这一脱胎于比特币的底层技术，以 7 年多的稳定运行证明了其高度安全可靠的架构和算法设计，同时凭借分布式账本和智能合约等创新性的技术，为多个行业的产业升级打开了巨大的想象空间，甚至有业内专家预言，区块链技术将掀起第二次互联网革命。

17.2 区块链特点

简单地说，它具有五大特点：①可追溯（时间戳），认可后不可修改——安全；②去中心化——简便节约成本；③分布式共识——信用、共享；④自动化——智能合约；⑤资源整合——商业模式创新。区块链采用非对称加密，同时多节点参与记账、核对，使得其记录具有高可靠性，加上时间戳和区块之间的数据指纹使用，具备良好的可追溯性；参与记账的各节点是独立的，而共识机制的设计使得各个节点正确记账获得奖励，刻意错记或篡改记录不被认可或面临极高的成本而不具有经济性，因而可以在没有权威中心的条件下达到去中心化信任的效果；最后，区块链自带智能合约的属性，大量合约之间自动执行大幅降低监督和执行成本，并为物联网价值交换提供坚实基础。区块链种种特点的联合，将为各行各业商业模式的创新带来可能。

17.3 区块链与保险

与传统保险相比，互联网保险更加关注用户体验，强调平等、透明、直接、便捷、低成本和高效率的交流和交易，这是社会文明进步，以及保险业发展的大趋势。

在互联网保险的创新过程中，遇到的最大瓶颈在于互联网的信用基础和安全机制尚不健全和完善，同时，还面临隐私保护等难题。就目前的技术而言，保险业尚未构建起基于线上的安全信任机制，也难以营造符合互联网保险商业模式创新的网络信用和安全环境。

与此同时，围绕大数据、互联网、区块链开展的研究正在触动保险业神经。业内人士认为，相应的技术或将为行业带来变革。支撑比特币发行的“区块链”技术得到全球金融技术研究机构的密切关注，其去中心化等特点将对现有保险业带来新的机遇和挑战。区块链技术在互联网保险领域的有效运用，将有助于打破传统保险向互联网保险转型的信用和安全藩篱，实现互联网技术与保险业的深度融合，探索更加科学合理和安全高效的互联网保险商业模式，推动互联网保险的真正落地，让互联网保险在更大范围、更深层次惠及社会和消费者，实现保险业的本质创新。

保险行业虽然对于区块链技术的参与相对比较保守，但学术界一直在进行积极的探索和研究。2014 年年底，由英国著名的 Z/YEN Group 咨询集团发起的欧美保险业论坛推出的长达 50 页的《终身之链》专项研究报告从多个方面讨论了区块链将会给保险业带来的创新和变革。

在研究区块链技术的同时，国内众多保险行业的专家学者，从业务流程、公司管理等多个角度深入探讨了区块链在保险业务中的具体落脚点。保险公司的日常业务交易虽然不像银行和证券行业那样频繁，但是对可信数据的依赖是有增无减的。

以区块链为代表的技术创新，正在逐步渗透和影响着保险等金融行业的整体面貌和商业模式，它带来的基础设施的升级和应用场景的创新，将会构建出全新的行业体系和综合生态。方兴未艾的区块链应用，将为保险行业带来更多的想象和发展空间。作为一种新型的互联网技术，区块链凭借分布式共享、去中心化和构建信用共识等特点，为重塑保险行业基础架构提供了一种可能，逐步开启了它从数字货币向金融资产应用延展的过程。

17.4 区块链在保险领域的特点及应用

17.4.1 风险管理

保险行业正面临越来越严重的规章制度漏洞和越来越多的诈保问题，小到个人大到机构。一个典型的例子，司机故意产生事故或者假装发生了事故，然后联合同伙申请赔偿。这种业内称为“Crush for Cash”的诈骗每年给保险公司带来 4 亿美元以上的损失。当理赔关联不同的保险种类和不同的受保人时，对抗诈骗就变得很困难，如果可以共享跨行业的数据、身份管理，诈骗团伙就很难利用 Crash for Cash 或者数据共享困难来进行诈保。

区块链技术以及相关应用可以改变人们管理身份识别和个人信息的方法。基于区块链的身份识别机制可以让人们受惠于个人数据存储和管理以及数据使用许可框架，第三方机构（比如保险公司）甚至是分布式声誉评级机构都需要获得使用数据的许可。个人不再需要可信第三方存储或者管理他们的信息。这些应用可以减少识别和声明欺诈，增进对产品的信任，降低费用，从而提高市场占有率。区块链技术扩展了可被去中心化存储和记录的事物范围，有意义的应用可能出现在这些相关领域：事故、健康数据记录，日常数据和相关的认证功能。绝不丢失数据的理念将改变社会对身份识别、隐私和安全的看法。

区块链技术在漫长的时间段里，为互动加盖时间戳，并记录负债。区块链应用可能在两个互相矛盾的方向上影响我们对时间的观念。通过对保险产品跨空间（市场覆盖）和时间（特定事件保险）的调整，区块链可能会缩短时间的概念。考虑一下 Uber 或者 Airbnb 的协作经济模型，用户可以像的士一样使用他们的汽车，像旅馆一样使用他们的房子，如果这些产品能够具体到使用日期，那将影响他们日常旅行和居住的选择。同时，区块链可能拉长时间的概念，给人一种永恒的感觉。因为没有人可以离开他们的区块链数据，交易记录不能被更改或者删除。

区块链的时间戳机制完整记录了交易和流转过程，且记录不可伪造和篡改，较好地解决了逆向选择和道德风险，推动保险机构服务能力的提升。区块链技术可以数字化管理个人数据，简化信息认证，与互联网相结合，能够把保险嵌入互联网服务场景，快速叠加后的服务能力更强。同时，还能够以此扩大覆盖范围，相对缩短时间周期，使得原来的保险期限再分段成为可能，并据此开发出更具时间弹性的多样化保险产品。

将不同行业的数据引入区块链，可以提高核保、核赔的准确性和效率。利用区块链，可以将不同保险公司之间的数据打通，相互参考，从而及时发现重复投保、历史理赔等信息，及时发现高风险用户。举一个重疾险的例子，如果能在区块链上查询到投保人所有的就诊记录，甚至直系亲属的就诊记录，对于投保人当前的身体状况、患病史、家族病史就有了一手的资料，可以有效地杜绝带病投保。此外，保险公司为投保人保险也有了依据，可以追踪以前的记录，防止保险公司的不道德行为。保险业的信息不对称、不确定性、风险预测等一系列的概念都会被改写。区块链技术因其时间戳记账等特点，在保护了信息隐私的同时有效解决了保险业的逆向选择和道德风险问题。而且，区块链在数据方面的应用还能支持行业数据的飞速发展，例如保险公司利用行车记录仪的数据来判断行车危险系数，降低年轻但行车安全的司机的保险金等。

17.4.2 监管

市场经济理论表明：有效市场应能够同时实现“市场自由”与“监管有效”。然而，在传统模式下，往往难以实现两者的兼顾、平衡和融合，特别是金融危机之后，在“审慎监管”原则的指导下，合格标准和内控要求的不断提高，大大增加了公司，乃至全社会的成本。但效率降低的同时，风险改善的水平却不尽如人意，实现有效监管的挑战依然严峻。

更需要关注的是，在“审慎监管”的大背景下，金融机构简单地将风险控制以及相关成本转嫁给企业和社会，导致了实体经济发展过程中面临融资“难”和“贵”的双重压力。金融供给不足已实质性地影响了社会和经济发展，其根本和长期的影响不容忽视。

利用区块链多方验证的交互式共识信任机制，可探索建立保险业的自我监管平台，其核心理念是，基于区块链技术，让每个客户端或节点均能参与审批每一笔保险业务交易，搭建实时的“点对点”管理和监控系统，同时系统内置检查、平衡和预警机制，确保系统中的任何终端均无法欺瞒系统。

通过“全网动态和实时监督”，利用区块链的无法篡改、可追溯特性，可确保保险行为的真实性与合法性，强化信息对称与交易安全，实现保险行业的高度自律与自治，在确保市场效率的基础上，有效降低监管成本，提高监管有效性。

在以区块链为代表的技术推动下，保险监管将实现三大转变，即从制度监管到技术监管，从政府监管到行业自律，从公司自我约束到社会外部监督。在保险业务手续费去向管控、政策性补贴资金去向管控、保险资金投资运用去向管控等方面，未来应用前景广阔。

一是对保险公司的监管。只要保险公司将日常运营流程搬到区块链上，并向监管机构开发一个记账节点（即使是一个只读的记账节点），监管机构就可以实时地观察到保险公司的全部业务动向。例如，资金流向和投资构成，产品的承保和赔付数据，主要的人事和管理操作等，无须等到保险公司事后申报，从而及时发现可能存在的业务风险和违规操作。

二是监管机构站在全国角度对区块链的使用。在此基础上，监管机构还可以利用大数据技术，对全国的保险市场进行分析和预测，及时发现和预防可能存在的系统性风险，或是发现潜在的保障需求和趋势，从而更好地为老百姓提供保障。

17.4.3　自动索赔

对于客户来说，保险合同通常充斥法律语言，十分复杂难懂，而在发生事故时，客户也经常要面对复杂的理赔流程。区块链技术在保险金交付和理赔支付方面有非常大的应用潜力。与区块链伴随而来的是智能合约，后者可以解决基于规则自动执行的问题，减少了道德风险。智能合约无须投保人申请理赔，也无须保险公司批准理赔，只要触发理赔条件，保单自动理赔，支付理赔金额。基于区块链的智能合同，可以通过一种透明的、不可修改的方式进行理赔，记录经网络批准的合同和理赔申请到区块链中，可以确保只有通过批准的理赔申请可以得到赔偿。例如，区块链将拒绝赔偿同一件事故的多个理赔申请，因为网络已经有赔偿记录。在合理设定赔偿规则的情况下，智能合同可以自动进行理赔。比如，通过区块链技术储存了一个智能航班延误险合约，又通过技术与互联网相连，获取公开数据；在这一前提下，航班延误一旦发生即为事实，是公开的记录，不会被伪造或者修改，也不依赖于个人主观意识的判断；所以一旦航空延误发生，智能合约即被触发，自动支付理赔。自动和及时的保单处理，既实现了高效的理赔，也减少了理赔处理的成本，同时，提高了客户和保险公司双方的满意度。

智能合约在互联网保险领域的应用，能够实现保险合同在分布式系统下的自动和自主执行（自执行），极大地提高保险交易双方的交互性。同时，大数据技术的广泛应用，极大地丰富了数据维度和数量，有效淡化了数据质量本身，从而实现了数据的“自验证”功能。这种“自验证（大数据）+ 自执行（智能合约）”的组合形式，使得“自金融”模式成为可能，进而为人们提供了一个“点对点”的风险融资“自解决”方案，其核心是构建一个“自定价”系统。

这种商业模式将不再依赖于保险中间商或中介，市场参与者可依赖于区块链技术，有组织地自行创建“虚拟风险池”体系，更加直接、主动地自行管理风险，形成分布式“微保险”或“微互助”平台，并可根据智能合约的实际执行情况不断实现自动重置和修正，保证模型真实客观地反映实际风险水平，合理调整赔付资金池，确保风险暴露的有效和动态覆盖。总之，在保险行业应用区块链技术可以显著提高理赔效率，减少欺诈，改善用户体验；将部分理赔自动化更是可以降低成本，从而降低客户的参保费用。

17.4.4 互助保险

按照保监会《相互保险组织监管试行办法》中的官方定义，相互保险是指具有同质风险保障需求的单位或个人，通过订立合同成为会员，并缴纳保费形成互助基金，由该基金对合同约定的事故发生所造成的损失承担赔偿责任，或者当被保险人死亡、伤残、疾病或者达到合同约定的年龄、期限等条件时承担给付保险金责任的保险活动。通俗理解，相互保险就是在平等自愿的基础上，以互相帮助、共摊风险、共享收益为目的，会员缴纳的保费汇聚成风险保障资金池，当灾害损失发生时，则用这笔资金对会员进行弥补的互保行为。相互保险在中国是个制度创新，从本质上来看是对保险本质的一种回归。与传统保险由资本方发起不同，相互保险是由一系列具有相同特质的客户发起，在平等自愿、民主管理的基础上，以互相帮助、共摊风险为目的，为自己办理保险的一种保险方式。人们面对风险时，凭借个人力量难以抵御，于是有共同风险的人便缴纳保费形成保障资金池，通过互保来分摊风险，这便是相互保险的起源。

相互保险和中国传统文化中“扶危济困”“人人为我、我为人人”的理念十分相近。一群人聚到一起来，去做一些交易或是保障，不需要有第三方甚至中间人去参与。对于相互保险来讲，保险的最初形态就是这么一个模式，大家都有共同的特点、共同的风险系数和共同的保障需求，聚到一起共同出钱，保障大家的风险。这本身就是去中心化的形态，而区块链对于这个形态会有比较好的支持。使用区块链技术解决网络互助平台上参与者之间相互信任的问题，不需要核保、核赔，事后分摊损失，不需要事先收取保费，也就无须投资团队。总之，不需要专门的管理人员，会大大降低管理成本，回归到保险最初的互助本意。依靠互联网为平台，构建共保的体系，让真正有需求的会员以更低的成本，享受更优质的保险保障，有利于发挥保险作为社会稳定器的作用，实现真正的"普惠金融"。同时，互联网时代下的相互保险，也能在与时俱进的同时，让保险和保障都真正回归到最初始的状态。

区块链技术除了能够缩减交易成本及有效防止欺诈和逆向选择，还可以重塑行业信用，使得保险重新回归到保障。它激活了传统保障模式——相互保险。区块链可以建立前后一体化的信任体系，使得未来保险回归互助，回归相互保险，可根据智能合约的实际执行情况不断实现自动重置和修正，保证模型真实客观地反映实际风险水平，合理调整赔付资金池，确保风险暴露覆盖。

区块链应用下的互助保险新模式，将推动保险公司的角色由传统的风险直接吸收者和处理者，转变为专业的风险管理顾问和"虚拟资金池"的管理者。去中心化保险互助组织的不断发展，正推动保险行业进入相互保险 2.0 时代，最终可能发展成为一个去中心化的"自治型保险社会"。其关键是构建一个具有刚性约束的"后信任"体系，市场参与各方在业务规则下各尽其责，保险业生态系统将可能实现完全自治，打造一个透明、可靠、满意、信任、忠诚的保险社会。

17.4.5 迎合消费者新需求

从根本上看，利用区块链技术实现保险创新的最大价值在于通过构建“价值网”，将传统的保险资金池“虚化”，继而颠覆传统保险（再保险）的基础逻辑和底层结构，催生“脱胎换骨”的商业模式：①技术层面的融合。比如，针对区块链数据不会泄露丢失等技术特点，部分保险公司正在研究将保单信息、客户信息及理赔信息放到区块链进行存储，避免意外事故对数据安全的冲击。②业务层面的合作创新，即让区块链在保险业务场景化拓展过程扮演新的角色。比如，区块链可以引入积分联盟等共享经济理念，推动产品服务创新，争取更大的获利空间。

如今保险行业的主要业务模式就是一个有足够资金支持的中心组织，与个人订立合同关系，区块链的应用可能改变保险公司提供互惠关系的方法。如果这在一定规模上取得成功，假以时日就有可能引入新的市场参与者，通过某些保险产品的自动化变革，使得传统保险公司脱媒，这些保险产品可能会围绕知名的或者日常的风险来做文章。通过基于区块链的点对点互助保险平台，区块链技术可以让人们更加直接地管理他们的风险，也许只需要部分资金支持。保险公司的角色逐渐转变为专业咨询和互惠池机制管理，而不是直接吸收风险。这种技术也可以支持普惠金融，以及创造个人与保险提供商之间互动的新模式。

区块链的跨时空特性，可以更加真实地反映承保风险，使得保险公司可以根据区域实际和时点特征，灵活调整保险产品承保范围并定价，制定有针对性的承保政策，有效拓展产品覆盖范围，满足个性化、定制化、差异化和碎片化的产品需求，推动互联网保险产品的自我进化。区块链技术可以促成不同个体和空间之间的交流，进一步模糊本地和全球的界限。区块链分布在很多不同的电脑上，通常跨越不同的地区，区块链应用使得我们可以跨区域交流传输价值和信息。区块链技术和相关应用在空间上和数量上都是全球性的，但同时也可以调整满足特定区域人群的具体需求。与空间的双向关系支持保险产品的量体裁衣，在空间上进行市场扩张，跨时空支持几乎实时的市场推广和产品定价调整。更进一步，区块链技术可以改变保险模型，从今天绝对的中心化和空间的锚定化模式，转换为点对点双向互动的保险平台，那时候，地域就变成相对无关紧要的选择条件了。因而可以据此开发出更具时间弹性的多样化保险产品，满足更多新的保障需求，例如临时动态保单，如按需车辆保险、根据特殊事件或特殊时段投保的人身保险，最终有利于提高客户满意度、忠诚度、信任度、透明度和可靠性。

17.5 另类声音，任重道远

区块链能成为解决问题的方案吗？对于保险行业来说，分布式账本技术和智能合约引发了许多讨论，但是接受度却是有限的。

安联保险风险转移完成的灾难性的掉期互换，标志着采用区块链技术的重要发展，为以后更多的相关活动铺平了道路。但万事开头难，为区块链制定行业标准会面临一个巨大阻碍：保险保障自身的性质。

令人惊讶的是，行业损失担保（ILWs）是全球保险行业区块链讨论中的重点话题。为了利用区块链技术的所有优势，保险保障需要的是一个独立的数据来源，从而可以决定何时支付索赔——只需参考巨灾索赔指数的使用方式。用区块链的行话就是“Oracle”。ILWs 和其他指数触发器保障（如参数学）都能在区块链环境下得到充分利用，因为它们依靠的是独立第三方报告来决定某个事件的发生时间。

可是，大多数的保险政策，都不是通过这种方式。原被保险人遭受损失，保险公司会进行审查，然后会支付相应的索赔，该支付反映的是底层的损失（在政策的背景下）。对于区块链智能合约来说，基本的保险政策无法满足的原因如下：

- 其工作流程只是对现有的流程进行模仿，并不会提高效率。
- 其损失是自我报告式的（本质上来说），没有给区块链解决方案提供消除偏见或欺诈风险的机会。
- 任何成本的减少都不足以证明技术的投资是合理的。
- 原始保险政策的性质无法让其架构很好地在区块链上运作。保险公司想要降低这些风险，一般它们会在赔偿的基础上，将风险转移到弥偿基准上。某些情况下，ILWs 更有意义，也是区块链真正得以行之有效的首个机会。

但是如果原始保险公司以其他方式购买保险保障怎么办呢？这样不就有点本末倒置了吗？为什么保险公司要为了迎合智能合约而改变政策编写方式呢？当然，它们也许不会。可是某些情况下，在原保险市场中区块链的应用是有意义的，这也是参数学可以起作用的地方。

全球保险和再保险行业对参数保障肯定都不陌生，这曾经在灾难债券和 ILWs 中都扮演过重要角色。最近，参数学的使用在原始市场中得到了一些发展，涵盖了飓风和地震。虽然这只是个开始，但是这样的渗透力度还不足以证明区块链智能合约解决方案的实施是行之有效的。

17.6 进一步加强区块链在保险行业的探索和应用

现代保险服务业只有回归到风险损失的经济补偿和风险管理的基本职能，才能使之成为完善金融体系的支柱力量，改善民生保障的有力支撑，创新社会管理的有效机制，促进经济提质增效升级的高效引擎和转变政府职能的重要抓手。

区块链为保险行业提供了广阔的前景，但在全球范围内还需要进一步探索和完善。特别是在我国，区块链作为一个全新的概念和理论，对它的认知、研究和实践刚刚起步，因此区块链的应用还有许多问题需要解决和完善。

第一，区块链的容量和效率不能满足大规模运用的要求。目前区块链技术的交易速度还比较慢，难以处理复杂执行逻辑的应用场景，还不能满足大规模应用的实际需求。

第二，安全性仍需实践的完善与检验。区块链的应用保障信息和数据在交易和传播过程中的安全性至关重要，直接决定了它的推广前景。因此区块链的安全性仍需要在实践环境中进行检验与完善。

第三，缺少相应的行业标准和制度规范。目前对于区块链的发展缺少统一的行业标准，也没有相应的法律制度给予保障与规范。

第四，与传统金融体系的融合需要进一步加强与完善。

为适应新形势下互联网金融的商业模式，作为被广泛关注的技术应用，保险业应高度重视区块链技术的发展，不断加强区块链的探索研究；密切关注国际区块链领域研究与发展的动向，积极参与区块链国际行业标准与规范的制定，不断提升行业发展与应用的话语权和主动权；加强对于区块链的研究与探索，加强区块链技术与人才的储备，强化监管政策的引导与跟进。

区块链技术还处于发展的早期阶段，存在多种可能性和大量的未知数。虽然有几个国家的政府鼓励区块链试验，但是大多数政府更倾向于等等看，让民间在区块链的应用上做实验。区块链技术对于技术专家来说可能并不复杂，但是对于非专业人员还是较难以理解的，尽管其知名度正在快速提升，但是对公众的教育仍然是必要的。无数初创企业正在努力降低区块链的技术复杂性，这将帮助其快速普及。区块链技术不是一个完整的解决方案，但可能是未来保险业形态的一部分。

现阶段，有 3 个领域值得主流保险公司关注：

第一，他们可以试着建立私有区块链，不与比特币或者其他区块链连接，作为抓手与客户和监管机构讨论未来将如何发展。

第二，他们需要探索私有区块链如何运营和收费，可以在不同协议和经济机构做实验。

第三，他们不但应该严格审视现存信息技术架构，而且应该审视其现有的和未来的产品，看产品和风险管理方面，哪些地方可以使用区块链技术或者相关应用进行改进。每一家人寿保险公司的核心系统都是一个居于核心地位的、庞大的中心交易账户。至少，作为今天集中式数据库模型的可能替代方案，区块链值得保险公司在技术上进行评估。

任何新技术的研究开发都需要一个过程，我们要以创新的意识、科学的精神、长远的眼光，不断探索总结推进区块链技术在金融领域的应用，我们相信区块链技术一定会拥有广阔的前景和美好的未来。

17.7 区块链在国内保险行业的发展

国内已有多家保险企业布局区块链。2015 年 9 月，全球 R3 区块链联盟成立以来，先后有 3 家知名保险企业加盟，包括友邦保险香港（AIA）、中国平安保险、MetLife。

2016 年 4 月，平安集团加入了区块链国际联盟组织 R3。中国平安作为第一位中国成员，加入了全球 R3 区块链联盟。平安集团创新执行官屠德言在公开场合透露，区块链是平安未来进军的重点。平安集团准备成立一个金融科技部门，以助力其区块链的发展。该部门将与国内外机构合作，或投资、或互动，共同发展区块链技术。平安集团旗下子公司涉及金融、医疗、健康等多个领域，对区块链技术的需求显得尤为迫切。

众安保险高层对区块链在行业的应用有很多见解。众安保险首席执行官陈劲在公开场合透露，目前，众安保险开发了基于区块链的分布式文件存储和数据存储技术，结合智能合约开发框架，未来可以提供很多开箱即用的工具。利用这些工具，保单、理赔等信息的存储将会更加安全，不必担心泄露或丢失。

人保财险执行副总裁王和认为：首先，区块链可以使我们原有的互联网，从信息网络走向价值网络；其次，区块链可以建立前后一体化的信任体系，使保险回归互助、回归相互保险；最后，区块链信息透明的特点满足了消费者的知情权和选择权要求。

此外，水滴互助、易安保险、火币网、慕尼黑再保险、宜信保险服务、千方集团、新发展资本等机构，在北京五道口发起成立了“区块链保险实验室”，共同探索区块链技术在保险领域的应用前景。

17.8 区块链在国内保险行业的应用

17.8.1 阳光保险推出区块链应用“阳光贝”积分

在国内金融机构还处于热议与理论研究阶段时，阳光保险于2016年3月8日采用最新的区块链技术作为底层技术架构推出了“阳光贝”积分，用户在享受普通积分功能的基础上，还可以以“发红包”的形式将积分向朋友转赠，与其他公司发行的区块链积分互换。阳光保险或为国内第一家开展区块链技术应用的金融企业。

例如，阳光保险的某一位客户和几个同事在阳光官网积分商城领到了目前推广运营期间赠送的600个“阳光贝”积分，客户想兑换正在搞活动的积分商品——一款价值几千积分的休闲运动包，同事们马上通过“发红包”功能将自己的“阳光贝”转给该客户，使其如愿地在阳光官网积分商城兑换到了休闲运动包。

“目前市场上发行的积分只能自己用，很难积累到一定数额兑现商品。没想到这种新积分能在朋友间互转、赠送，这样再小的积分也可以发挥价值。如果将来有更多的企业都发行类似的区块链积分，那我就要对积分斤斤计较了。”该客户在体验了区块链积分后这样说道。

阳光保险作为区块链积分的发行方，在给用户带来全新体验，让用户活跃度与黏性更强的同时，充分体会到了区块链应用给企业所带来的应用部署快捷、安全透明、低成本接入和互通互联等一系列好处。

从决定启动区块链积分项目到“阳光贝”的推出，阳光保险表示仅用了两个多月的时间。从最新的反馈情况看，区块链积分上线后受到了用户的普遍欢迎，阳光保险将根据用户使用情况持续进行体验的改善，为用户带来更多的惊喜。

阳光保险区块链积分应用的落地，对区块链技术在各行业中的落地应用将是一个很好的示范。阳光保险称，已有一些金融和零售企业对这种区块链积分模式表现出浓厚的兴趣，正在积极洽谈加入。相信随着参与企业的逐步增加，广大积分用户手中的积分将不再是“鸡肋”，而是一份可流动、有价值的数字资产，或许某天可以兑换家门口餐厅的一份早餐。

17.8.2 阳光保险推出新型微信保险卡

区块链是一种分布式记账技术，可避免数据篡改和多重支付，能够实现数字资产安全信任地点对点传递，深受国内外金融界的关注。阳光保险应用区块链技术来实现上述独特产品特性，打造出了全新的保险卡用户体验 。通过继续与国内区块链应用实践能力最强的区块链技术服务商布比公司以及数字资产平台比邻共赢公司合作，整个产品开发周期短、成本低。三方的携手努力使得产品在移动社交网络高效传递成为可能，也使产品拥有了更丰富的应用场景。阳光保险新型保险卡是其在区块链应用上的进一步探索。

传统保险卡是一种类似于电话充值卡的塑料卡片，客户获得保险卡后，刮开卡背面的密码，打开保险公司网页登记保险卡的账号、密码进行激活，随后填写投保信息，操作步骤烦琐冗长。但这种新型微信保险卡单只需在微信端输入被保人和航班信息，就能立即获得保障，整个投保过程不到1分钟。另外实物保险卡在保存、赠送和转让时亦有诸多不便，而微信保险卡完全没有这些问题。赠送者可以随时随地在微信端发红包将航空意外险赠送给即将出行的亲友和客户。导游可发红包至微信群让旅行团成员们即刻投保，业务员可发红包让客户迅速体验保险产品。

这种产品60元购买一份，可使用20人次，每次可获得高达200万元的航空意外保障，相当于每次花费3元即可获得200万元的保障。相比市面上飞一次花费30元、保障40万元的航空意外险产品，具有极大的价格优势。多数航空意外险只有在飞机发生意外时才会出现理赔，所以在大多数情况下客户即使买到假保险也不易发现，而且很多时候中间商会抬高价格，转嫁到消费者身上。为了防止消费者买到“假保单”，防止价格被凭空抬高，与区块链技术结合后，依托其多方数据共享的特点，可以追溯卡单从源头到客户流转的全过程，各方不仅可以查验卡单的真伪，确保卡单的真实性，还可以方便后续流程，比如理赔等。区块链航空意外险卡单设立在区块链上，没有中间商，保险卡单价格很明显地降了下来，客户能实实在在感受到技术创新带来的实惠。利用新科技创新服务产品，是阳光保险推进终极客户战略的一次积极尝试。阳光保险方面表示：“客户是公司之本，我们希望通过科技创新来提升客户体验，引导客户回流并直接互动，让客户享受到真正的优惠和便利。”

这对于车险也同样适用。车险主要是为了帮助投保人覆盖因发生事故而产生的修车、赔偿等费用。智能车险合约的触发，就可以通过网络与车相连，通过区块链技术储存，一旦车发生事故，合约触发，就开始进入理赔阶段。在智能合约里，可以指定车主修车地点，避免投保人自行选择昂贵的维修厂，这样可以控制理赔费用的支出。

17.9 区块链在国外保险行业的发展

保险领域相对于银行、证券通常比较保守、谨慎，在区块链的应用方面保险行业的步子没那么快，区块链技术的应用仍处于初级阶段。区块链具有公开透明、安全可信、不可更改的特点，这些特点恰恰对保险行业十分有利。

2014 年年底，英国一个很大的咨询集团组织美国和欧洲多家公司召开会议，专门讨论区块链对于保险业务的影响和发展规划。伦敦作为欧洲的金融科技中心，是第一个把分布式账簿技术引进保险行业的国家。目前伦敦已经有多家保险公司在使用这项技术研发产品。保险业巨头约翰·汉考克（John Hancock）全面探索区块链技术，为保险应用做铺垫。为了展示分布式账簿技术如何重塑保险行业已建立的流程，人寿保险与金融服务巨头公司约翰·汉考克已开始了多个区块链概念证明实验。这家去年赔偿客户 246 亿美元的巨头公司，正探索将区块链应用于各个商业领域。约翰·汉考克公司的创新负责人 Ace Moghimi 表示，他的团队正致力于多个区块链应用，旨在使公司更透明、更有效。其他表示对区块链技术感兴趣的大型保险公司还有安联法国（Allianz France）等。而美国保险业对区块链技术普遍采取观望的态度，保险公司高管们认为：“保险公司不需要用某种比特币技术来增加竞争力，但是应该关注该领域，作为潜在的创新发展方向。”

17.10 区块链在国外保险行业的应用

17.10.1 德国保险业巨头安联旗下分公司与 Everledger

Everledger 是第一个获得“Meffy 奖”的区块链初创公司。Everledger 开发了一种基于区块链技术的钻石防伪验证数字，也因此获得了这个大奖。移动生态系统论坛（MEF）连续 11 年举办这个颁奖大会，目的是发现那些具有“颠覆性”的 Fintech 技术，该奖项也被视为移动行业的标杆。

2015 年 12 月初，区块链初创公司 Everledger 加入了保险业巨头安联旗下的法国分公司（Allianz France）创立的创业加速器项目。Allianz France 看到了区块链技术的潜力，打算与 Everledger 合作开发一个区块链概念证明产品，作为他们研究计划的一部分。早期区块链技术能优化目前的工作方式，提升数据的透明度。例如，Everledger 用区块链技术做了一个分部总账，记录高价值宝石（如钻石）的细节信息，这样保险公司或者潜在买家就可以查询宝石的历史记录，包括之前的保险理赔记录等，帮助保险公司对抗诈骗。

17.10.2 安联用区块链处理巨灾互换和灾难债券

欧洲保险业巨头安联集团（Allianz）对外宣布，已经成功使用基于区块链的智能合约处理巨灾互换和灾难债券交易，同时还表示区块链技术能够拓展这种金融工具的销售市场。

巨灾互换和灾难债券是高收益的债务工具，一般与保险相关，旨在应付出现天然灾害，例如飓风或地震的资金需要。设有特殊条款，若发行人由于既定天然灾害而蒙受损失，则其还本付息的责任可获延迟，甚至被完全豁免。

然而，这种债券的结算过程通常要花上数周甚至是数月的时间。安联说，智能合约技术可以把结算时间缩短到几个小时。这一测试项目由安联与投资机构 Nephila Capital 合作进行，测试结果显示，区块链智能合约技术确实能简化交易过程，提高资金结算效率。

区块链技术有利于提高巨灾互换和灾难债券交易的可靠性、可控性，还能缩短结算时间。因为区块链技术减少了人工操作流程，替代了第三方核验交易，可以自动确认交易生效。

保险交易的整个流程都是人工操作的，用区块链技术取代部分流程可以避免人为失误带来的损失。

17.10.3 SafeShare 为 Uber 型服务提供区块链实时保险服务

各个企业都可以从应用了区块链技术的保险公司那里受益。分享经济的崛起造就了新的商业模式，例如 Airbnb、Uber、Lyft，在这些商业模式中客户和服务提供商在不断改变。对于这些公司来说，没有现成的按需保险项目来给他们提供保险，这是因为这些企业存在着可变因素，使得传统的设置难以保持追踪。但区块链技术结合智能合约不仅会使追踪过程变得容易，同时它也将使得保险机构签发的理赔更加有效率。

这个过程已经被 Safeshare 公司实现了。该公司是一家使用区块链技术为用户提供保险项目的提供商，隶属于基石保险经纪有限公司。

SafeShare 看到这类企业对于实时保险的需求，使用由 Z/Yen 集团利用 MetroGnomo 开源时间戳服务创建的区块链技术，在为客户提供实时保险产品的同时，保存保险交易的历史。

SafeShare 专门针对基于“共享型经济”的新型创业公司，为它们提供基于区块链的实时保险解决方案。比如，Airbnb 的“沙发客”食宿分享型服务和 Uber 的打车服务在世界各地广受欢迎，它们都是基于共享型经济，个人以个人身份通过应用程序或平台各取所需、互利服务。Vrumi 也是一家接受了 Safeshare 公司保险项目的初创公司，为其客户提供实时保险服务，Vrumi 类似 Airbnb，让人们将多余的房间与那些寻找办公空间的人分享。

SafeShare 提供的区块链保险解决方案是由英国保险巨头劳合社（Lloyd）承保，开通了 24 小时索赔热线，除了提供实时、便捷的保险解决方案以外，区块链技术也有助于保险公司降低成本。

17.10.4 澳大利亚软件公司 Edgelogic 将物联网和区块链带到家里

在一个炎热的夏夜，晚上 8 点，澳大利亚偏远的内陆地区发生了电线杆倒塌事故。这个事故的后果落在了 William 和 Olivia Munroe 身上，他们在维多利亚大沙漠边缘的老金矿旁饲养牛羊，夏天这里的温度会接近 120 华氏度。而且孩子们要参加网上课程，这个家庭获取医疗急救服务的唯一途径也是互联网。面对空调、通讯和水源等各种需求，家里的备用发电机显然撑不了多久。总之他们一家的生活完全依赖可靠的能源。

9 小时后，电力公司派了维修队查找倒了的电线杆；客户投诉时告知了事故位置，但是维修队还是花了一天多时间才检修好。同时 Munroe 一家和附近邻居、企业、机构一直没电、没通讯，这带来诸多不便，以及经济损失和人身风险。在偏远地区，停电不只影响生活，同时也很危险。为了避免这种情况发生，电力公司会定期派工程队来检修电网。

想象一下，如果每一个电线杆都变得智能化，该会多么安全、方便和实惠。它们可以自己报告运行状况，对故障采取相应措施。如果电线杆着火倒了，可以及时生成事故报告，并通知维修队带着适合的工具到确定地点。同时电线杆还可以将电力传输任务暂时分配给附近的电线杆，毕竟它们都属于同一个电网。这样电力公司也不需要花费很高的现场检修成本，还可以尽快地恢复供电。

物联网的新软件和技术可以为现有的基础设施提供智能系统，例如可以为电网添加可以互相通讯的智能设备，搭建新的安全有弹性的网络，快速和相对低成本地提供更多服务和经济价值。

这个结构被称为网状网络——计算机和其他设备之间直接互联的网络。它们可以按照带宽、存储等网络特性来自动重新配置，因此不会损坏或中断。缺少廉价服务或渠道的社区可以用网状网络实现基本的连通。网状网络代替了传统的自上而下的组织、监管和控制模型，安全性和私密性更高，因为整个环节不需要中央组织的参与。

很多组织已经结合网状网络和区块链技术来解决复杂的基础设施问题。Edgelogic 是一家连接物联网和区块链的公司，通过住宅传感器返回的数据来发现和分析事故，Edgelogic 会应用区块链技术进行一系列自动赔偿支付。澳大利亚软件公司 Edgelogic 让我们看到如何把区块链技术带到家里，成为数字支付和物联网的桥梁。例如，当传感器检测到潮湿时就报告区块链，警告触发一系列指令，修理费就从保险公司转到了索赔账户，而住宅主人甚至不会察觉到曾经出过什么问题。

17.10.5 Blem 公司新产品：保险索赔数据链

Blem 公司（该公司为保险行业提供软件的解决方案）最新推出了一款充分利用区块链技术的产品，该产品维护记录了所有的索赔数据。分布式分类账将允许保险公司和被保险人追踪索赔资金以及他们双方在索赔上应尽的义务。这种基于分布式账簿的产品使承保人可以和再保人明确索赔记录和互相的责任。

用区块链技术储存记录可以帮保险公司一个大忙，对客户来说同样也是一大安慰，因为他们终于能放下心来，确定保险公司不会偷偷更改投保金额、索赔和结算等记录。无论记录何时被上传到区块链，都会被加上时间戳，任何人都不能更改。就算真的有人企图更改记录，这种修改行为会连同获取记录的密钥被详细记录下来。

同时，区块链在保险业的应用也将使保险公司能够自动理赔。把保险政策存储在区块链上，保险机构就可以为每个详述了支出数额的政策创建一个智能合约，到了需要理赔时该智能合约就会根据理赔前提条件以及理赔金额自动执行。如果出现了索赔，保险调查员可以验证区块链上的索赔记录。区块链不仅通过减少时间和人力简化了保险行业需要手动完成的这一过程，同时也减少了客户保险索赔的等待时间。

17.10.6 未来的区块链保险

- 未来竞争的商业模式将不再是保险企业对保险企业，而是“保险业链”与“保险链”之间的竞争。
- 服务长尾，很小的保险买卖都可以实现，私人定制专属的保险产品。
- 再也不能通过保险来洗钱了。

18 VR/AR+保险

18.1 VR/AR 的定义

VR（Virtual Reality）即虚拟现实，是由美国 VPL 公司创建人拉尼尔（Jaron Lanier）在 20 世纪 80 年代初提出的。它实际上是一种可创建和体验虚拟世界的计算机系统。此种虚拟世界由计算机生成，可以是现实世界的再现，亦可以是构想中的世界，用户可借助视觉、听觉及触觉等多种传感通道与虚拟世界进行自然的交互。它是以仿真的方式给用户创造一个实时反映实体对象变化与相互作用的三维虚拟世界，并通过头盔显示器（HMD）、数据手套等辅助传感设备，提供用户一个观测与该虚拟世界交互的三维界面，使用户可直接参与并探索仿真对象在所处环境中的作用与变化，产生沉浸感。

AR（Augmented Reality）即增强现实，也被称为混合现实。它是一项在虚拟现实基础上发展起来的新技术。AR 是一种将真实世界信息和虚拟世界信息“无缝”集成的技术，是把原本在现实世界的一定时间一空间范围内很难体验到的实体信息（视觉信息、声音、味道、触觉等），通过电脑等科学技术，模拟仿真后再叠加，将虚拟的信息应用到真实世界，被人类感官所感知，从而达到超越现实的感官体验。真实的环境和虚拟的物体实时地叠加到了同一个画面或空间同时存在。增强现实技术，不仅展现了真实世界的信息，而且将虚拟的信息同时显示出来，两种信息相互补充、叠加。在视觉化的增强现实中，用户利用头盔显示器，把真实世界与电脑图形多重合成在一起，便可以看到“真实的”世界围绕着他。

18.2 VR/AR 的特点

VR 技术是计算机技术、计算机图形学、计算机视觉、视觉生理学、视觉心理学、仿真技术、微电子技术、多媒体技术、信息技术、立体显示技术、传感与测量技术、软件工程、语音识别与合成技术、人机接口技术、网络技术及人工智能技术等多种高新技术集成之结晶。其逼真性和实时交互性为系统仿真技术提供了有力的支撑。它同时具有沉浸性（Immersion）、交互性（Interaction）和构想性（Imagination），使人们能沉浸其中、超越其上、出入自然，形成具有交互效能多维化的信息环境。沉浸性是指用户对虚拟世界的真实感，此种真实感将使用户难以觉察、分辨出其自身正处于一个由计算机生成的虚拟环境中；交互性是指用户对虚拟世界中的物体的可操作性；构想性是指用户在虚拟世界的多维信息空间中，依靠自身的感知和认知能力可全方位地获取知识，发挥主观能动性，寻求对问题的完美解决。研究和开发 VR 技术的根本目的是扩展人类的认知与感知能力，建立和谐的人机环境。

AR 技术包含了多媒体、三维建模、实时视频显示及控制、多传感器融合、实时跟踪及注册、场景融合等新技术与新手段，能提供在一般情况下，不同于人类感知的信息。AR 系统具有三个突出的特点：①真实世界和虚拟世界的信息集成；②具有实时交互性；③在三维尺度空间中增添定位虚拟物体。

18.3 VR/AR 的区别

VR 和 AR 有着不同的应用领域、技术和市场机会，因此区分两者之间的不同至关重要。

VR 让用户置身于一个想象出来或者重新复制的世界（如游戏、电影或航班模拟），抑或是模拟真实的世界（如观看体育直播）。VR 领域主要的硬件厂商有 Oculus、索尼（PlayStation VR）、HTC（Vive）和三星（Gear VR）。

AR 是把数字想象世界加在真实世界之上，主要硬件包括微软（HoloLens）、谷歌（Google Glass）和 Magic Leap。

区分 VR 和 AR 的一个简单的方法是：VR 需要用一个不透明的头戴设备完成虚拟世界的沉浸体验，而 AR 需要清晰的头戴设备看清真实世界和重叠在上面的信息和图像。从目前的状况来看，AR 比较适合服务企业级用户，而 VR 同时适用于消费者和企业用户，有些情况下，两者市场还会出现重叠。例如，目前大多数游戏基于 VR 研发，但微软也用 HoloLens 重新创作了《我的世界》这样的游戏。

虽然 VR 和 AR 有着不同的应用空间，但这两项技术都将推动 HMD 设备成为新的计算平台。但是无论在消费者市场还是企业市场，VR 和 AR 技术目前还很难说服人们在台式机、笔记本、平板电脑和智能手机之外，再购买额外的 HMD 设备。但是，VR 和 AR 均通过头部和手势操控，这种基于手势的操控非常直观，相信会给计算机生态系统带来新的变化。

18.4 VR 技术渗透市场

18.4.1 Oculus 虚拟现实设备

“2D 屏幕事实上把人们和数字世界隔绝开来了，比如你看到一只恐龙在屏幕上，无论画面做得多逼真，你都不会觉得有多恐怖，因为人们和它是相隔的。”但是 Oculus 可以改变这一切。Oculus 公司成立三年就被 Facebook 以 20 亿美金的价格收购，2015 年在旧金山举行的发布会上，Oculus 公布了首个消费者版本的虚拟现实头盔，带来了一个大大的惊喜。

Oculus CEO Brendan Irib 在现场宣布，变革人们娱乐和游戏的方式是他们最想做的事。Brendan Iribe 介绍了消费者版本的 Rift 套件——虚拟现实头盔、Constellation 感应器和 Xbox One 无线手柄。新的 Rift 头盔看起来很小，而且设计简洁精致，和开发者版本比起来似乎清秀很多，而且它用一层“膜”覆盖着，所以手感也很柔软。它有很宽的视野，专门定制的显示和光学系统，里面是两个 OLED 屏幕；还有 Oculus 一直研发的 Constellation 追踪技术，它可以确定你在空间中的位置。与此配套的是一个小型的桌上感应器，它可以追踪 Rift 头盔上的 LED 点，从而来追踪用户头部的运动。这意味着当用户戴着它走动和转动回头的时候，可以看到不同的画面。另外，它还配上了自己的耳机，可以通过头盔边缘的两个孔和头盔固定，这个声效系统同样也是沉浸式 60°环绕的。而如果你对这个耳机不够满意，可以很轻松地把它取下来，换上自己的耳机。

Rift 头盔非常轻，戴上去之后不会感觉到它在压着你。另外，由于它里面有一个按钮可以调节眼距，所以戴眼镜的用户将不用忍受头盔和眼镜的双重挤压。Rift 的套件组合里还会有一个微软的 Xbox One 的无线手柄，专门针对 Rift 进行了优化。Oculus 现场播放了一小段试戴者带着 Rift 玩赛车游戏的场景——确实令人有点小激动（见图 18－1）。

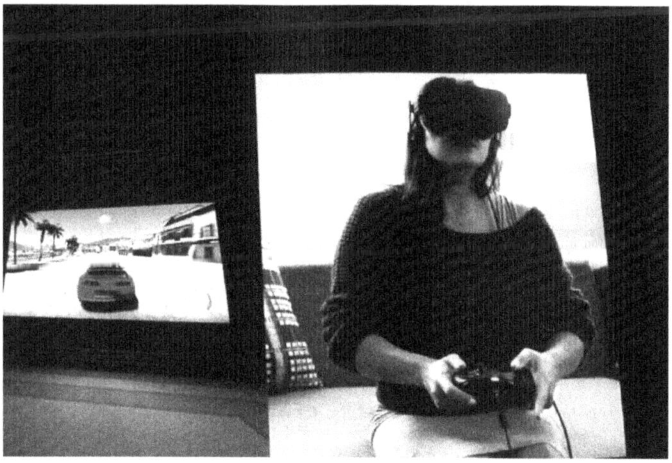

图 18－1　试戴场景

另外 Oculus 也一直在和微软合作，来保证这个设备可以被 Windows 10 上的游戏使用。Xbox One 的游戏将可以同步显示到 Windows 10 设备上，而现在 Oculus Rift 也将会有这个功能。一些 Xbox One 的知名游戏，比如 Halo 等，也有可能会来到 Oculus Rift 上。头盔虽酷，但是最大的亮点还在后面。Oculus 的创始人、今年 22 岁的 Palmer Luckey 穿着双拖鞋就上台，还很开心地说今天 10 点就起床了。不过他展示的新虚拟现实手柄——Oculus Touch，真正让现场沸腾了起来（见图 18－2）。

图 18－2 Oculus Touch

和市面上的手柄都不同，Touch 两个手柄是缺月的形状，所以它的开发代号就叫作“Half Moon”。根据 Luckey 的描述，Touch 颠覆了原有的游戏手柄，是真正配合虚拟现实设备使用的，它可以非常精准地识别用户的手势，比如挥挥手，或者是竖起大拇指，而且还可以追踪手指的动作，并且提供震动反馈。而且，它也非常轻。

另外，Oculus 还发布了一个叫作 Oculus Home 的软件，用来浏览和购买游戏，或者和其他玩家互动，这个界面也会有 2D 版本，所以不需要头盔就可以使用。移动和桌面虚拟现实最终将形成互补，而非竞争。

虚拟现实尽管有巨大的机会，但目前仍然缺乏一个能够点燃市场的“杀手级应用”。而 Rift 虚拟现实眼罩将成为一款全新的虚拟现实应用。

18.4.2 蚁视科技眼中的虚拟与现实

蚁视科技在成立不久的时候，定位还是一个像 Oculus 一样制造虚拟现实头盔的公司，所遇到的问题也是所有虚拟现实设备存在的问题：体验、内容、普及度。而在 2014 年 12 月 9 日，蚁视科技召开了发布会，一口气发布了 7 款产品，其中有 3 个成型产品和 4 个概念产品。一下子让人觉得，蚁视想做的好像没有那么简单。

蚁视所发布的 3 款成型产品，包括多次曝光过的虚拟现实头盔 ANTVR KIT（见图 18 –3）、配合手机使用的虚拟现实眼镜——机饕（见图 18 –4），以及头戴式的 3D 及 VR 摄像机蚁视相机。作为面向消费者的产品来讲，大多数人可能不太关心它们的配置及使用的技术，更关心所能实现的功能及体验。ANTVR KIT 是链接 PC 的虚拟现实头盔，结合专用的游戏可以实现虚拟现实的效果，更重要的是除了 PC 之外，它还兼容 Android、索尼 PS 主机和微软 Xbox 主机，当然最关键的就是有内容适配。机饕是一款利用手机当作屏幕的简易版虚拟现实头盔（其实更应该称为 3D 头盔），需要配合手机 VR 游戏及专用的视频文件来使用，适配 4—6 英寸的手机。蚁视相机则是一款头戴式相机，用来拍摄 VR 视频或是 3D 视频，适合用户去拍摄一些优美的旅游风景或者身临其境的运动，再配合 3D 显示器或者蚁视的设备来观看。蚁视的创始人覃政说，蚁视相机会挑战 GoPro 的专业运动拍摄的领域，让用户回看的时候更有身临其境之感。

图 18-3 蚁视 ANTVR KIT 虚拟现实头盔

图 18-4 蚁视虚拟现实眼镜——机饕

另外还有 4 款概念产品：超薄的虚拟现实头盔，现有的科技原理已经将头盔做得很薄了，但真的做到超薄的程度可能需要新的技术；AR 眼镜，类似 Google Glass 的眼镜；HR 眼镜，全息现实（Holography Reality），可以把它理解为一切与现实结合的东西都是用全息的方式让其与现实结合的更好；以及利用多个显示镜头镜片组成的一个隐身设备，简单来说，就是用采集摄像头和显示镜片组成一整套设备，将设备后方的图像通过前面的镜片显示，看上去好像是透明的一样。看起来，蚁视并不是想做一款游戏设备，也不是虚拟现实的内容商，而是真的做一家科技公司。

18.5 AR 技术的初步应用

18.5.1 迪士尼 HideOut 投影 3D 虚拟内容

迪士尼的实验室正在开发一个增强现实的产品——HideOut。他们的出发点是在真实物体和实时环境的表面上利用移动投影装置来判别投影对象，锁定它的位置，并将虚拟内容投射到合适的位置上来实现增强现实，与人完成交互。这些真实物体可以包括书籍、海报、桌面、墙壁以及棋盘游戏等。

如今，他们已完成一个原型系统的开发，这是一个软硬件产品，包含一个移动投影仪设备和一个可以通过红外线识别特定墨水的摄像头（见图 18－5）。它的基本工作原理是，在现实物体的表面用特定的隐形墨水印上标记，利用红外线摄像头可以扫描到这些人类肉眼无法识别的信号，然后其系统能够对信号进行处理，通过投影仪在特定的位置投射出 3D 的虚拟内容。

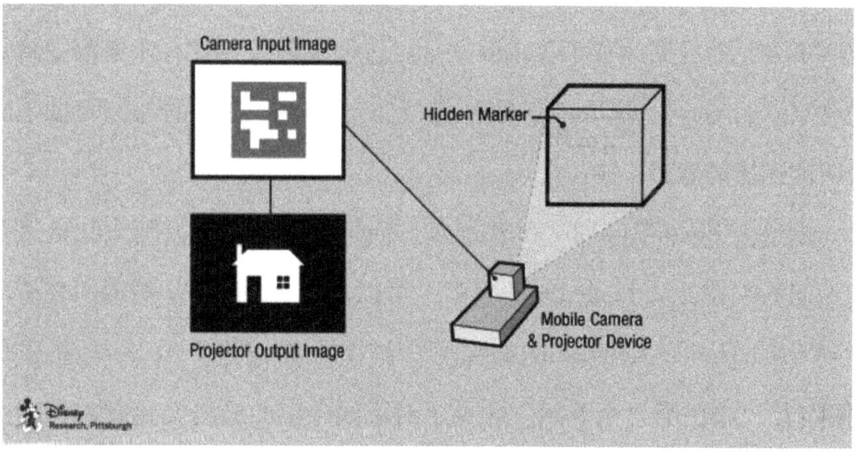

图 18－5　HideOut 原型系统

这种技术不只是实现了点到点的判别和投射，其系统本身同时判别多个指令来做出反应，即使是同一个位置，在不同的指令之下其投射的内容也是不同的。要实现这一功能，就要求摄像头能够同时扫描到多个指令，所以设计了一个放射型的识别范围，当摄像头靠近物体时，其识别范围较小，反之其识别范围就变大。作为一个原型，HideOut 还有很多不足之处，例如其还难以对曲面上的标记进行识别，同时其个头也比较大，如果做成一个便携的可穿戴计算设备或是能够和手机这样的智能终端融入一块儿，会更易于人们使用。HideOut 的开发人员表示，他们正在原型设备的基础上改进和完善，力求使 HideOut 以一个成熟产品的形态走向大众市场。

18.5.2 艺术品与增强现实

Vango 的前身是 ARTtwo50。ARTtwo50 的寓意是网站上出售的每一幅艺术品只卖 250 美元。可能团队随后发现把价格卖点直接做名字的确有些不妥，随后又改成了 Vango 这个经过抽象化，并带有业务范围暗示的名字。而 Logo 上选取首字母 V 做成类似 To - do list 的勾，大抵是服务明朗迅捷的意思。

创始人 Ethan Appleby 和 Patrick Coughlin 长期被外派阿布扎比做咨询顾问的工作，从 LinkedIn 的页面上可以看到 Appleby 从德勤的分析师做到 Good Harbor Consulting 的主管。其个人简述上，Appleby 甚至把“探险者”放在了“企业家”之前，对不同国家的旅居文化有着深刻的思考，这也让他成了斯坦福 Hasso Plattner 设计研究院的导师。而他在旧金山创立的 Vango 艺术品电商，自然是 Appleby 理念结合实际的尝试，到底 Vango 改变了什么？

与大多数创业者类似，创立 Vango 的直接催化剂，是 Appleby 在给新家墙上选配一张画时，发现不但购买渠道不方便，而且高昂的艺术品价格让缺乏专业知识的他望而却步，所以 Vango 从一开始便担负着改变这两件事的重任。Appleby 经过进一步调研发现，影响艺术品购买行为的一个重要因素是用户要考虑作品与自己房间里的装饰是否协调。

这也成了 Vango 最大的卖点。考虑到使用场景的便捷，Appleby 的团队最先开发出了 iPad 版本，用户可以通过虚拟增强技术通过拍照、定位人与墙面的距离来看到作品在自家环境下的效果，用户只需把 iPad 或手机旋转 90°，再点选距离便可以把 Vango“左右滑动”到自己家里。如果还是未能做出决定，你还能收藏起来并通过 Facebook 或 Twitter 让朋友们评论。当然了，Vango 还不失时机地提供智能推荐的功能，你收藏的愈多，系统还能根据偏好做不同风格分类的推荐（见图 18 －6）。

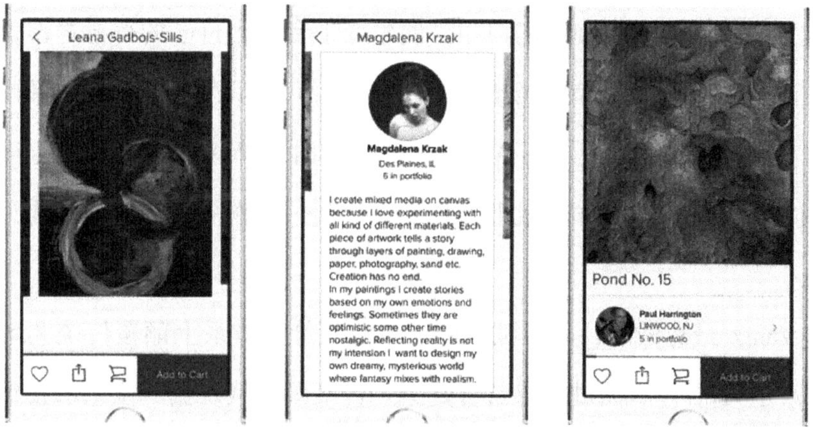

图 18 －6　Vango 页面

让 Vango 变得有趣的还有它的定价体系，每一张作品都只卖 250 美元（按当地工资水准折算大抵相当于 500 元人民币）。Appleby 从一开始便希望颠覆传统画廊暗箱操作、拒人于千里之外的价格体系。250 美元中的 200 美元是艺术家的收入，剩下的 50 美元包含了运费及 Vango 的佣金，算下来，Vango 大概只收取了 10% 左右（传统画廊 50% 分成），这也是 Appleby 的理念之一，通过提高给艺术家的分成比例来抵偿价格定位带来的收入差距。另一位创始人 Coughlin 认为，“不友好的画廊和混乱的定价提高了艺术品准入门槛，每个人都会想要一些海报装饰，但艺术品不一样，就像是普通人穿上了西装后，要为这些现代主义作品支付 3 000 美元”。

为了筹备公司，Ethan Appleby 和 Patrick Coughlin 花了大半年时间征集了 500 位艺术家，同时也制定了每位艺术家只能上传 5 张作品的规则。根据 2013 年最后更新的数据，在售的作品已达到 1 500 幅。Vango 的艺术家群体有不少是美术学院的在读学生，他们的创作环境往往就在学校，当然也有朝九晚五的白领，偶尔在平台出售自己的得意之作，因此 Vango 主要面对新兴市场群体。另一方面，为了维持成本，保持低调，Vango 从不办策展。用 Appleby 自己的话解释，他不希望商业运作的内容成为决定一张作品成败的主导，评判一张作品好坏的只有购买者本人。

Vango 最想做的，是尝试在购买体验及价格体系上颠覆传统艺术品市场，让更多艺术品进入寻常百姓家。传统画廊从发掘一位艺术家到运作至苏富比、嘉德等拍卖会，最终名利双收，需要 15—20 年的时间，而其中投入的场馆、策展、运营的成本，不胜枚举。更重要的是，画廊不仅仅提供一个展示平台及销售渠道，有经验的馆主还会负责艺术家的培养，技艺及风格的蜕变。这是传统画廊与在线电商渠道的第一点大不同。

由于传统画廊在每一位艺术家身上都投入了巨大的精力，所以相对封闭的环境及高企的价格便不难理解了。画廊最终的目的是要挖掘出具有商业潜力的艺术家，并达到拍卖会水准，所以画廊的真正目标人群从一开始便不是普罗大众。艺术品讲究唯一性，互联网从业者盘算的通过销售复制品等分成的模式远远无法弥补由此给作品带来的贬值。画廊的高佣金，本质上是由于某几个运作环节的高成本所致，这并非 Vango 这样的平台能解决的。虽然 Appleby 曾立下雄心要改变艺术品市场的现状，但公司定位却并不含糊：“Vango 是一家连接艺术家及初级买手的平台。”

对于 Vango 统一定价的做法，也让人联想到乔布斯当年在 iTunes 大笔一挥把每首歌曲的定价限定在 0.99 美元的做法。然而乔布斯这么做依靠的是苹果公司强大的产品线及成型的生态圈，Vango 作为一家创业公司从一开始便自定义规则，这对吸引更有经验的艺术家是不利的——要知道，艺术家们是一群多么傲娇及敏感的群体。

Vango 从广义上属于快消费类艺术品，其覆盖的年轻互联网消费群体众多，它改变了艺术品体验场景，让交易更便捷。Vango 的最大功劳，是在价格体系存疑的市场向用户提供了多一个选择的机会。

18.5.3 YIVA 时间胶囊

将自己的物品和写给自己的信纸放在一个密封的罐子里面，找一个地方埋下去，等到未来的某一天挖出它，看看过去的自己都留下了些什么，这是我们都玩过的时间胶囊游戏。YIVA 就把这个主意用在了日记应用上，不仅如此，它还融入了地理位置和增强现实的元素。先让我们看看 YIVA 是如何运行的：

在 YIVA 中，打开应用就会自动开启你的摄像头，用户会在手机画面中看到周围的景象。在这些景象当中，你会发现大大小小的气球，这些气球就是用户们所放置在这个地理位置的心情日记。点开每一个气球，都可以看到具体的内容，如果是你感兴趣的用户，还可以向他发出好友申请。当然，如果你觉得这种方式比较麻烦，YIVA 还提供了列表方式查看，以及随意查看任何地方的街景模式。

同样，自己也可以根据地理位置放出心情气球，选择让别人发现这些气球，或是只有自己或者朋友才能发现它们。虽然 YIVA 有着 300 字的字数限制，但是文字配上图片、视频、声音的方式能诠释更多的内容信息。图 18－7 是 YIVA 页面。

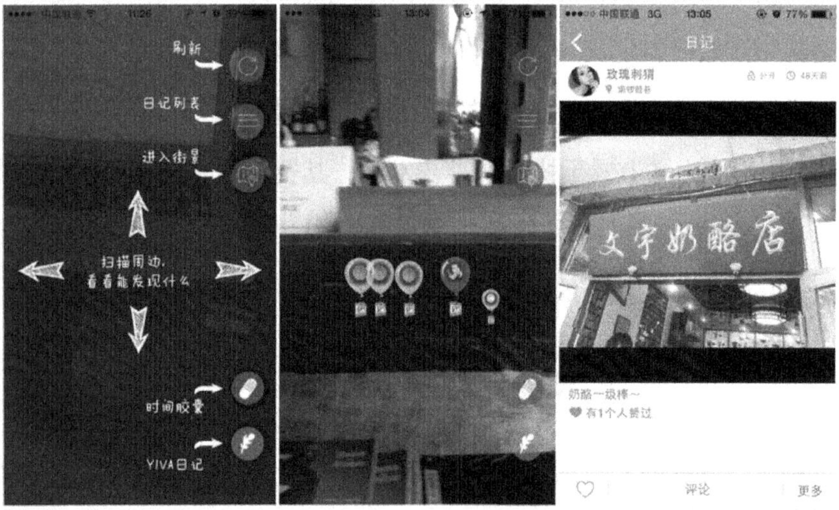

图 18－7　YIVA 页面

除了气球外，YIVA 还有时间胶囊模式——选择胶囊、填充内容、设定开启的时间、选择埋藏的地点。与心情气球不同的是，就像真正的时间胶囊一样，它被放置之后并不能马上找到，需要到了设置的时间才可以被发现。此外，时间胶囊还提供多人模式，你能邀请好友一起在同一个胶囊中放置各自不同的东西。然后，就像真正的时间胶囊一样，随着时间的流逝，可能你已经忘记在里面放了什么，甚至忘记了它的存在，直到有一天，手机震动，提醒你打开它，重温当初的记忆和感动（见图 18 - 8）。

图 18 - 8　YIVA 时间胶囊

值得一提的是，YIVA 调用了腾讯街景地图，这样即使用户没有身处实际的地点，也能体会到增强现实带来的效果。比如你到了一个地方，想起一件事，或者发现一处美丽的景色，将它拍下来，用文字记录，然后放置一个气球，可以是再次来到这个地方的时候查看，也可以直接用街景地图查看。同样，你可以在身处一个陌生地方的时候打开 YIVA 看看别人在这个地方留下了什么文字，也可以通过街景查看一个陌生的地方陌生的人留下的气球。

YIVA 的核心特色就在于让用户使用增强现实的手段结合时间 - 地点来分享与查看。将时间、地点与增强现实结合起来是一件有趣的事情，它可以为用户营造一种身在其中的感受，原因在于“心情”通常是随着时间和地点变化而变化的，比起一般的结合地理位置的日记应用，YIVA 无论是气球还是时间胶囊，都能有一种把用户带回到那个时间那个地点的感觉。增强现实会给 YIVA 加分不少，比起完全虚拟的世界，会感觉放飞的气球或者埋下的时间胶囊是真实存在的。

18.6 VR/AR 与保险

据估计，VR 和 AR 相结合的市场价值将在 2020 年达到 1 500 亿美元。它们为大众更加真实地体验太过危险、昂贵或不便在现实中实践的任何活动，提供了新的可能。危险的环境和高风险的行动，可以安全且逼真地复制到计算机生成的 VR 中，体验者可以在 VR 的帮助下亲身体验，亲身实践。当然，产品和金融数据在 VR 世界当中也将变得 3D 可视化。

VR/ AR 协会已经观察到一些公司如何利用虚拟现实达到提高工作效益的目的。为该协会博客“VR/ AR 节拍”（The VR/AR Beat）撰稿的科洛（Kris Kolo）介绍了 VR/ AR 在保险业的作用：它们通过虚拟现实模拟车祸。据科洛介绍：“保险公司已经倾向于将这种方法作为一种了解车祸性质的安全方式，它帮助减少事故索赔并提高了司机的安全意识。”

除此之外，VR/ AR 在保险业的作用还可以体现在保险价值传递上。在我国，对现有保险企业来说，怎样将保险的价值传递给客户，是一个大难题。未来，也许使用 VR/ AR 技术，使人身临其境地感受到危难时刻的痛苦，能使用户更加真切地体会到保险的重要性。

18.7 VR/AR 在保险行业的应用

18.7.1 斯洛文尼亚保险公司 VR 应用营销——体验滑雪跳台

2015 年世界滑雪跳台锦标赛决赛在斯洛文尼亚举行，作为比赛赞助商之一的斯洛文尼亚保险公司 Triglav 利用 VR 技术开发了一个虚拟体验跳台活动。制作方来自 Rebel 9 及 Pristop，使用了最新版本的 Oculus Rift，耗时 3 个月开发完成，在现场搭配了 3D 立体声让用户可以真实感受滑雪时的场景。

18.7.2 在日本东京进行 VR 体验之旅

2015 年底，在日本东京新宿东口进行了一次 VR 体验之旅，它是来自东京住友生命保险公司进行的一次科技宣传活动，使用韩国三星公司的 Gear VR，为现场观众带来了一场沉浸式体验。用户可体验到陨石落地、恐龙毁城等好莱坞情节，并在结局很喜剧化地由男女主角推荐保险——这种推销方式创意十足，能让人身临其境地感受到保险对人的重要性。

19 无人驾驶+保险

19.1 无人驾驶定义及原理

无人驾驶汽车（Self - driving Car）是一种主要依靠车内的以计算机系统的智能驾驶仪来实现无人驾驶的智能汽车，又称为自动驾驶汽车等。无人驾驶汽车能够在道路上安全可靠地行驶，主要依赖车载传感器对行驶车辆的周围环境进行感知与识别，对获取的车辆位置、交通信号、道路以及障碍物等信息作分析处理，从而控制汽车的速度和转向。

无人驾驶技术是一门建立在信息感知、信息控制以及信息执行等环节基础上的多学科、跨行业的综合性技术。车辆智能化的基础包括：信息感知、处理控制、动作执行，车辆智能将经由高级驾驶辅助系统（ADAS）向整车自动驾驶发展。无人驾驶技术一般分为 6 个等级，依次为完全手动驾驶、辅助驾驶、部分模块自动化、特定条件下自动化、高度自动化以及全自动化的无人驾驶。

无人驾驶系统的组成包括车载雷达、电脑处理系统、激光测距仪、微型传感器、视频摄像头、电脑资料库等，如图 19 - 1 所示。

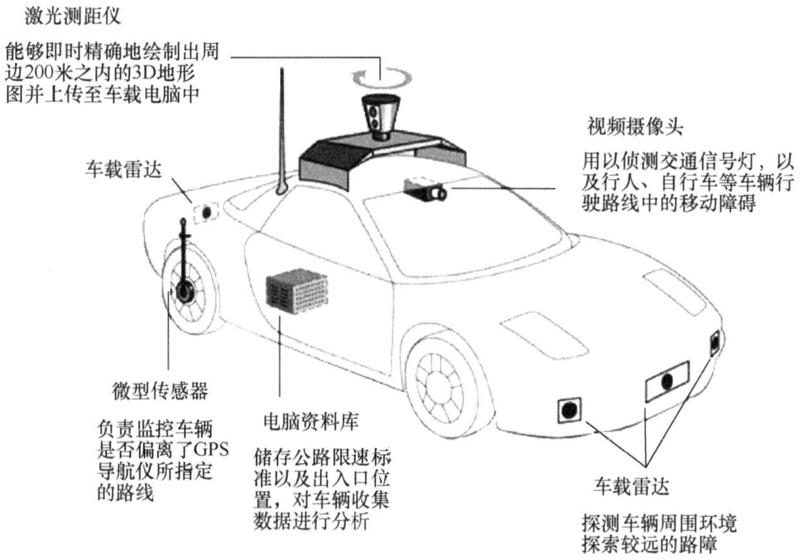

图 19 - 1　无人驾驶汽车的工作原理图

无人驾驶汽车需要感知车辆和周围物体间的距离，激光射线可以满足这一技术要求。车顶安装能够发射激光射线的激光测距仪，通过从发射到接触物体反射回来的时间，车载电脑便可计算出和物体间的距离。而为了使车辆能够避开隔离带等道路路障并提前做出处理，需要车载雷达探测行驶中车辆周围的固定路障。

车辆为了更好地探测路障，车载雷达的布局方式一般采用前三后一的安装格局。安装在车后方的雷达探测在车辆变换车道时左右后方是否有车，由于车顶激光测距仪的激光反射具有盲点区域，车后雷达可弥补这一不足，防止车辆发生侧面撞击，同时在车辆倒车时，可判断车辆的倒车距离，防止发生碰撞。安装在车前的三个车载雷达，能够探知车前方是否有路口以及前车是否有刹车动作，雷达把探测信息传递给车载电脑，系统对探测信息进行判断和处理，并作出相应指示操作。

如图 19－2 所示，在车辆底部装有雷达、超声波、摄像头等设备，能够检测出车辆行驶方向上的角速度、加速度等一些重要数据，再利用卫星定位系统 GPS 传输的数据进行整合处理，精确计算行驶车辆的具体位置。安装在车辆上的微型传感器能够监控车辆是否偏离 GPS 导航仪指定的行驶路线，而道路的宽度、交通信号灯以及车辆行驶的道路信息是通过车载摄像机捕获的图像经分析处理判断的。

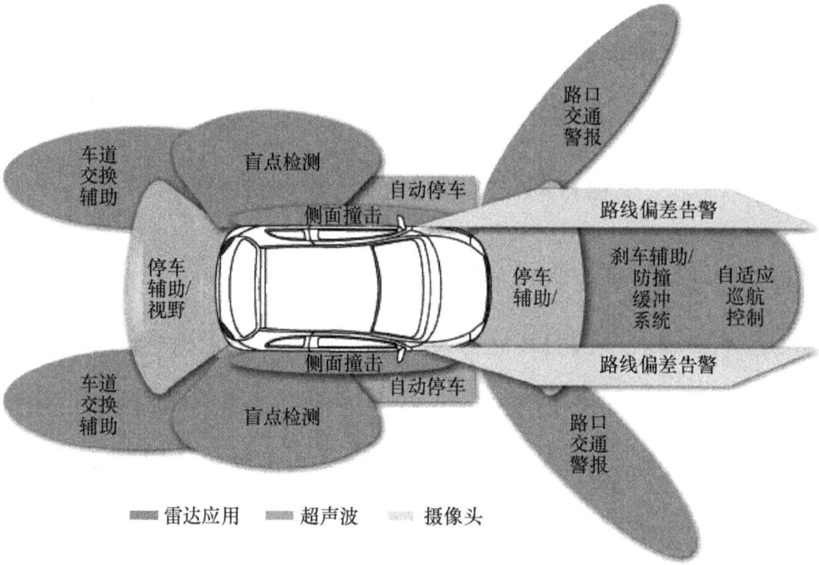

图 19－2　无人驾驶汽车中雷达、超声波、摄像头范围及应用

如图 19－3 所示，无人驾驶汽车为保障车辆在道路上，符合交通法规正常行驶，必须在车头安装摄像头对路面进行分析判断，避免发生占道、偏离路线以及错道行驶等情况。车辆在通过路口时，要利用车载雷达对人、车、物进行分析判断，避免发生交通事故。车辆对交通信号的判断是通过车载摄像机捕获的实时图像，再结合雷达测量的路口距离，分析处理后对车辆做出停车、行驶、加速、减速等指示，实现无人驾驶，提高交通效率。

图 19-3　无人驾驶汽车在路口的判断

19.2　无人驾驶的特点

（1）安全稳定。安全是拉动对无人驾驶车需求增长的主要因素。每年驾驶员们的疏忽大意都会导致许多事故，既然驾驶员失误百出，汽车制造商们当然要集中精力设计能确保汽车安全的系统。

（2）自动泊车。车辆损坏的原因，多半不是重大交通事故，而是在泊车时发生的小磕小碰。泊车可能是危险性最低的驾驶操作了，但仍然会把事情搞得一团糟。虽然有些汽车制造商给车辆加装了后视摄像头和可以测定周围物体距离远近的传感器，甚至还有可以显示汽车四周情况的车载电脑，有的人仍然会一路磕磕碰碰地进入停车位。

19.3 无人驾驶的发展现状

19.3.1 国外无人驾驶的研究状况

20世纪50年代，国外就开始了对无人驾驶车辆的探索研究。美国贝瑞特电子公司在1953年研制出全球第一台通过改装牵引式拖拉机而成的自主导航车，它的功能还仅仅局限于在布置好的导轨上传送货物。1971年，英国道路研究实验室（RRL）通过一段视频展示了其测试的一辆与通用想法类似的自动驾驶汽车。1980年，美国国防部为了让汽车拥有充分的自主权，开启了自主地面车辆（AVL）新计划，该项目采用摄像头和计算机系统来检测地形并对车辆进行导航。1990年，奔驰汽车公司和德国慕尼黑联邦国防军大学合作研制改装了奔驰S500汽车，为其配备了多种传感器，实时监测车辆周围的环境并作出相应反应，而其自动驾驶距离超过了1 000公里。

进入21世纪，无人驾驶汽车技术取得了更大的进步。2005年，美国斯坦福大学成功地对一辆大众途锐进行了配备激光测距仪、处理器以及GPS导航的改装，这对现在的无人驾驶汽车技术具有标志性意义。2009年，在美国国防部的支持下，谷歌开始研发无人驾驶汽车项目，一年之后，谷歌公司自主研制的无人驾驶汽车在城市道路上进行了行驶测试（见图19－4）。2011年，无人驾驶汽车与普通汽车一样可以上路的相关法律在美国得到通过，谷歌公司获得了美国无人驾驶汽车的授权，谷歌公司也成了世界上第一个获授权公司。在政策的有力支持下，无人驾驶技术正在不断完善，次年，一辆谷歌无人驾驶汽车获得了美国内华达州机动车辆管理局颁发的牌照。2014 年 5 月，在美国科技新闻网站举办的“Code 大会”上，谷歌发布了最新研发的无人驾驶汽车原型。2016 年 3 月，谷歌研发的具有人工智能系统的无人驾驶车，被美国车辆安全监管机构认定为符合联邦法律，意味着无人驾驶汽车又迈出了新的一步。目前，许多知名汽车公司都在研发无人驾驶汽车，都有独立的技术平台以及产业规划，都希望可以占领无人驾驶技术的前沿。

图 19－4　谷歌无人驾驶汽车

19.3.2　国内无人驾驶的研究状况

我国无人驾驶汽车技术研究虽然起步较晚，但一直在循序渐进地推进之中。20 世纪 80 年代，我国开始了对无人驾驶汽车项目的研究。1980 年，作为国家重点研究开发项目的无人驾驶汽车前身的“遥控驾驶的防核化侦察车”由国家立项。1989年，我国首辆智能小车在国防科技大学研制成功。1992年，无人驾驶技术取得重大进步，国防科技大学、北京理工大学等研制成功了由中型面包车配备计算机、控制系统和传感器改装而成的我国第一辆真正意义上能够自主行驶的测试样车（ATB－1）。ATB－1无人车既有人工驾驶性能也有自动驾驶性能，该测试样车的成功标志着我国无人驾驶技术研发的正式启动。

进入21世纪，我国加快了对无人驾驶技术的重点研制开发。2000年，作为我国无人驾驶汽车科技前沿的国防科技大学宣布其研究开发的第四代无人驾驶汽车试验成功。2003年，国防科技大学和中国一汽合作研发成功了一辆无人驾驶汽车——红旗CA7460，该汽车能够根据车辆前方障碍的情况自动变换车道。两年后，我国首辆城市无人驾驶汽车由上海交通大学研制成功。2011年，国防科技大学和一汽在2006年研发的无人驾驶汽车——红旗HQ3基础上取得重大进步，该车首次完成了高速全程无人驾驶试验，从湖南长沙出发，到湖北武汉结束，无人驾驶的平均速度达到87km/h，全程总行驶距离为286公里，标志无人驾驶汽车在我国又取得了新的技术突破。

2012年11月，军事交通学院研制的无人驾驶汽车完成了高速公路测试，是第一辆得到了我国官方认证的无人汽车驾驶，其高速公路测试行驶路程为京津高速台湖收费站到104公里之外的天津东丽收费站。2015年12月，百度无人驾驶汽车完成北京开放高速路的自动驾驶测试，意味着无人驾驶这一技术从科研开始落地到产品（图19－5）。2016年3月，“十三五”汽车工业发展规划意见出台，规划要求在“十三五”期间建立汽车产业创新体系，积极发展智能网联汽车。

图 19－5　百度无人驾驶汽车

19.4　无人驾驶与保险

关于无人驾驶、自动驾驶技术的进步让人兴奋不已，各大汽车制造商、科技巨头，优步、乐视、百度、谷歌等互联网公司纷纷宣布研发无人驾驶汽车，不禁让人们惊呼：无人驾驶时代真的快要来了。

也许 30 年后，像今天的手机占领了人们的手指那样，无人驾驶车将会解放大家的“腿脚”。今天仍然欣欣向荣的许多行业，到那时恐怕有不少会转型，甚至消失。对于各个行业的不同前景和变化速度，议论者各持己见，但似乎已经形成了一个共识，那就是车险这个行业，一定会是受影响最大的。

无人驾驶的保险问题，涉及的金额巨大。尤其是在匹兹堡、新加坡，以及刚开始无人驾驶试驾的波士顿，这些国家及地区传统的汽车保险都将会发生变化。

一些较大的保险公司，例如位于波士顿的 Liberty Mutual，和总部位于伊利诺依州的 State Farm 和 Allstate，这些公司都已预备了数百万美元以应对无人驾驶可能带来的改变。但是如果无人驾驶在日常生活中取代了人类驾驶，安全事故就会相应地减少，那么保险的使用范围会缩小，保险公司的利润也会减少。野村在一份金融科技报告中也对相关问题作了阐述。报告认为在技术进步的初期，主要的汽车保险公司，如中国人民保险公司、平安保险、中国太平洋保险，将随着驾驶风险大规模下降而获利。但最终，汽车保险行业市场将萎缩，利润率也将下降。

19.5 无人驾驶车险的两大瓶颈

19.5.1 无人驾驶保险问题十分复杂

毕马威会计师事务所（KPMG LLP），研究了无人驾驶对保险行业的影响，其主要负责人 Jerry Albright 表示："无人驾驶将会扰乱保险行业，传统的商业保险模式将会过时。"对于大多数的财产和意外保险公司而言，无人驾驶汽车保险业务将会成为他们的重中之重。目前美国保险公司的汽车保险费规模高达 2 000 亿美元。

随着无人驾驶汽车逐渐从实验室进入到城市街道，这一技术也引发了谁该对无人驾驶事故负责的争论。马萨诸塞州保险公司的发言人 Chris Goetcheus 表示，"即使是在无人驾驶技术成熟后，重新构建保险结构也十分地复杂"。

Goetcheus 表示："关于无人驾驶汽车保险这个难题，现有的问题要比答案多。"

问题包括：保险应该是司机、汽车制造商还是制造软件和硬件的技术公司购买？消费者是否需要购买基本的保险，基本的保险费包含哪些，具体是多少？此外还有一些特殊情况，万一人类在某些时候掌握了无人驾驶的控制权并开始驾驶，这种情况应如何处理？如果司机未定期更新汽车软件，又应如何处理？是否所有的无人驾驶技术都同等安全，不同价格的驾驶技术是否会影响保险费用？

Liberty Mutual 的高级经理 Hamid Mirza 表示："无人驾驶对保险行业的影响尚不明确，但是我们肯定会持续关注这一问题的。"为进一步研究无人驾驶汽车和司机的行为，Liberty Mutual 与 MIT 高级汽车技术联盟展开了合作，并且对于具有智能系统的汽车（例如，在即将追尾时自动减慢速度，在转弯时会提醒盲点等），Liberty Mutual 给予了优惠的保险价格。

Liberty Mutual 十分希望能参与到波士顿无人驾驶的试验中，以便了解无人驾驶如何保证行车安全，是否存在安全隐患等问题。因为这些问题都将会影响保险价格。

State Farm 的员工和汽车制造商们表示，他们已经在密歇根大学投入了价值 1 000 万美元的测试设备，用于收集数据，以帮助保险公司为无人驾驶汽车量身定制保险政策。为防止无人驾驶汽车影响公司利润，Allstate 已聘请研究员对智能汽车进行研究，探索新的收入来源。

19.5.2 关于无人驾驶的法律尚未完善

除了无人驾驶保险问题十分复杂之外，关于无人驾驶的法律尚未完善，这也是无人驾驶保险遭遇的困境之一。无人驾驶汽车所涉及的诸多事项尚待探究，相关条款和内容的确立须科学、谨慎。倘若法律规范过于严厉，将会极大挫伤汽车制造商与研发机构的积极性，从而阻碍科学技术的进步。而将责任归由消费者或车主承担也是值得商榷的，因为这将严重抑制消费。因此，主体及其责任将是一个既现实而又充满挑战的问题，但各地法案尚未予以正面回应。

美国保险监督官协会（NAIC）提出的保险建议通常都会被政府采纳，他们认为目前的保险框架不能满足无人驾驶汽车世界的需要。NAIC 官员认为保险范围需要调整，例如消费者应该只需购买自身安全和财产的保险，不需要购买无人驾驶汽车的保险。

在保险行业内，一些改变正在发生。沃尔沃汽车集团（Volvo Car Group）在伦敦推出一项无人驾驶汽车测试，并且愿意支付无人驾驶汽车造成的损失。

在匹兹堡，优步推出了 Ford Fusion 无人驾驶汽车的租车服务，并且还对此次租车测试购买了 500 万美元的保险。优步发言人表示，这一保险措施刚好与宾夕法尼亚议员提交的法案十分吻合，此法案的主要目的就是对无人驾驶测试建立一个保险框架。但是美国大多数州并没有关于无人驾驶的法律。

波士顿官员表示，波士顿街道将会被规划成无人驾驶的测试地。测试计划将在年底推出，但 Goetcheus 却表示，并未和政府保险官员谈妥如何解决保险责任问题。根据马萨诸塞州的法律，保险公司不必承保他们认为安全风险过高的事件，但是，谁能保证无人驾驶汽车不会变得越来越普遍呢?

位于纽约的保险咨询研究所首席保险精算师 James Lynch 表示，人们现在还是很喜欢脚踩踏板，手持方向盘，在开阔的道路上开车。“人们愿意改变这一习惯吗?”Lynch 对此表示怀疑，“对于无人驾驶，其普遍的印象就是在未来几年，我们只需要坐在车里，无人驾驶就会带我们去任何我们想去的地方……这听起来和早期的航空十分相像，但是需要多久实现，这是一个很大的问题。”

19.6 无人驾驶车险的改型

巴菲特说：“任何增强汽车安全性的技术都对社会有益，对汽车保险行业不利。但无论如何，汽车保险行业一直都在努力提升汽车的安全性。他们推动了安全带及其他安全措施的普及。但如果没有事故，也就不需要购买保险了。”

但盖茨认为，无人驾驶汽车可能还需要再过 15 年才能对整个保险行业产生重大影响。即便到那时，哪怕是最激进的无人驾驶汽车公司也将承认无法完全避免交通事故。

在传统形式下，首先，车辆保险的定价是基于损失的历史数据；其次，这个损失数据是基于一定的赔偿条件的；第三，在这个基础上，通过保费计算规则计算保费。通俗点讲：就是按照约定的赔偿方式，通过历史数据，我们可以得到某一个地区、某一类车、某一档保险金额的保险费，然后根据确定的保险金额确定规则，计算出费率。

保费计算规则有三类：①采用保险金额的方式，包括采用新车购置价和车辆实际价值的方式；②采用车辆类别的方式，如用途、排气量等；③采用车型的方式，即某一品牌、某一型号、某一年份的车辆。但无论采用何种方式，其实质都是要实现保费与风险相对匹配，而这种风险是基于一定赔偿条件的。在车险市场的发展过程中，定价模式一直是推动行业进步的重要因素。

既然交通事故仍旧不可避免，那么，对于消费者来说，车险的意义将会如何改变呢？业界普遍的看法是，无人驾驶最终会将汽车保险从财产保险转换成产品责任险。有人预计，真正的自动驾驶汽车将在2020年到来，会给汽车保险行业带来翻天覆地的变化。其中最明显的变化在于汽车保险将彻底转变成产品责任保险，无论是风险还是保费都将大规模减少。

随着人工智能等技术的应用，汽车将不仅仅是个受人操控的“交通工具”，而是有可能变成一个机器人，即自动化设备，所以车险很可能会演变成“机损险”“质量保证保险”等责任险的形态。然而，这又将带来新的问题。

从律师和保险从业人员目前的讨论来看，保险的承担方，未来将会从车主转移到汽车生产商。但是，如果无人车的车主没有按照规定的要求操作，或者没有下载最新版软件，在目前的英美法律系统中，车主也必须承担责任。另外，汽车生产商还可以把责任推给供应商。当然，如果仍然由车主承担责任，但由保险公司“操盘”追溯汽车制造企业，乃至供应商的责任，就可以保证理赔的高效。这也许是未来做车险的保险公司存在的意义。

这个分析的假设情境是“私家车”为主的局面。但在无人驾驶车时代，“分享”模式或许将成为主流，交通工具将主要由优步、滴滴这类租车公司运营，或者直接由汽车生产商拥有。如果预测成真，目前以私家车作为主要客户的保险公司，未来的局面会相当严峻；只有那些以

“对公”客户为主的保险公司，才有机会继续生存下去。不过，还有可能采取“自保险”模式——沃尔沃、谷歌和奔驰都表示将在无人驾驶汽车运营中采用这种保险方式。无论以哪个“未来情境”分析，车险行业的前景似乎都比较暗淡，怎样根据形势迎合新需求，是一个十分棘手的问题。

19.7 保险公司该如何应对无人驾驶保险?

19.7.1 提高工作人员的技能水平

围绕无人驾驶，保险公司最注重的还是上面提到的责任问题。无人驾驶中可能出现的情况很多，例如，万一自动驾驶仪在某一瞬间切换到了手动模式，谁来认定事故真实性和发生时间？谁将拥有访问车辆中数据“黑匣子"的权利？车主能否依法扣留数据然后干扰事故责任调查？

保险公司该如何面对这些事故呢？赔偿责任鉴定人员的专业知识需要达到怎样的水平呢？理赔调查员是否需要成为计算机专家来分析数据并还原事故？

从长远来看，保险公司必须提高工作人员的技能水平。虽然事故责任会从驾驶员转移到汽车制造商身上，但索赔流程将保持不变，并且需要更多训练有素的理赔员和维修技师来管理成本并维修车辆。（有数据称，这个行业里充其量只有 20%—30% 维修设施有能力应对先进的“智能汽车”技术）

19.7.2 寻觅新的商机

随着汽车新的使用模式出现，汽车保险公司将在新的行业环境中觅得新的商机，将会出现新的保险模型。保险公司可以针对客户指定的某段旅途保险，综合“驾驶员”（即汽车本身）、出行时间、路线选择、天气条件以及车上乘员情况等关键要素进行实时报价。此外，驾驶责任由于更多取决于汽车本身而非车主的驾驶技术，现有保险责任模型将会颠覆，承担保险费用支出的更多是汽车制造商而非汽车拥有者。

目前，虽然我国的无人驾驶汽车研究还处于初级阶段，但无人驾驶的趋势却已经明朗。所以，保险公司应提前做好应对措施，运用大数据分析，在不远的将来寻觅新的商机。

19.7.3 正确处理处于不断修改中的车辆

无人驾驶技术当前面临的环境限制仍然很多。

那些对实时环境做出反应的传感器和摄像头需要自动无人驾驶车辆在状况良好的道路、桥梁及公路上行驶。但许多高速公路、道路的条件还达不到要求，有些道路几乎没有中线，路面崎岖不平，一些街道上的坑洼甚至还很多。

更重要的是，自动无人驾驶技术仍处于起步阶段。例如：Google 自主驾驶技术的核心——激光探测和测距技术（也就是“激光雷达”系统）只是在理论上较为成熟。但在安全识别（街道）方面，理论与现实的差距有可能很大。

在自动无人驾驶汽车真正能卖给消费者之前，对驾驶区域的地形必须进行三维映射并上传到汽车计算机中并不断更新。而在3D实时地图技术得到普及前（一台激光雷达的成本目前高达7.5万美元），这几乎是不可能的。

众所周知，面对不同的事故，保险公司所应承担的责任是不同的。在未来的无人驾驶时代，车辆软件得到更新以适应新建筑及其他环境变化后，车主必须通知保险公司以便重新计算保费和责任范围。保险公司则必须学会正确处理处于不断修改中的车辆。

19.7.4 灵活应对发生的事故

关于伦理及人工智能的问题，一直是人们讨论的焦点。

我们可以试想以下情景：一辆无人驾驶汽车正在拐过一个街角，右侧是人行道，这时另一辆汽车进入无人驾驶汽车所在的车道并迎面开来。对此，机器人驾驶员应该做出怎样的反应？它应该转向人行道来避免迎头相撞，还是其他？

目前，数据传感器的处理速度还不足以处理每一个可能发生的情况。此外，电路和芯片并不具有道德观念和情感。在这种情况下，或许行人和自行车骑手应在他们的智能手机或穿戴设备上安装传感器来避免与机动车辆相撞。所有道路使用者都应该为交通安全负责，并利用电子技术进一步加强交通安全。

因为伦理问题与人工智能的掺杂，毋庸置疑，未来发生车祸事故的频率会降低，但造成事故的原因会更加复杂。保险公司需要做的是对不同的事故制定灵活的策略去处理。

19.8 无人驾驶保险的应用

国内的太平洋保险推出了一款农用无人飞机保险产品，这是行业首款无人驾驶飞机专用保险产品。

这款专用保险产品提供机身损失保险和第三者责任保险两种保障，基本涵盖了无人机作业中的主要风险。太平洋保险广泛参考各方资料，通过参加农用无人机推广现场会等活动深入接触客户、政府、渠道、农户，对农用无人机保险产品的市场潜力和风险状况做了专业调研，以满足客户的特定需求。

无人驾驶飞机的用途非常广泛，在农业领域正越来越多地被应用于植保作业、农业监测、辅助授粉等环节。无人植保飞机可在作物上空1—2 米处喷洒作业，每天单架作业面积可达 500 亩以上，2 架飞机能完成 100 名人工喷洒的劳动量。目前市场上的无人植保飞机大体在 15 万元左右。

农用无人机也是农险新技术应用的重要手段之一，通过为生产企业和客户提供专用保险产品，加深相关领域合作，有助于共同培育保险市场，扩宽农业保险服务领域。毋庸置疑，作为一项前沿技术，无人机在农业领域的应用对于提高农业生产效率等具有巨大的经济价值。与此同时，在中国发展农用无人机产业更能体现包容性创新对农村低收入人群脱贫致富和对城乡均衡可持续发展的社会价值。